Heiner Goebbels – Ästhetik der Abwesenheit

Mit freundlicher Unterstützung des
ZMI – Zentrum für Medien und Interaktivität
der Justus-Liebig-Universität Gießen

Heiner Goebbels
Ästhetik der Abwesenheit
Texte zum Theater
Erweiterte Neuauflage

Recherchen 160

Verlag Theater der Zeit
Verlagsleiter Harald Müller
Winsstraße 72 | 10405 Berlin | Germany
www.theaterderzeit.de

Lektorat: Nicole Gronemeyer, Harald Müller
Mitarbeit: Eva Holling
Gestaltung: Kerstin Bigalke, Sibyll Wahrig
Umschlagabbildung: Heiner Goebbels fotografiert von Wonge Bergmann

Printed in Germany

ISBN 978-3-95749-325-5 (Paperback)
ISBN 978-3-95749-326-2 (ePDF)
ISBN 978-3-95749-327-9 (EPUB)

Heiner Goebbels

ÄSTHETIK DER ABWESENHEIT

Texte zum Theater

Theater der Zeit
Recherchen 160

Texte zu Stücken

Texte zu Künstlern

WENN VOM BAUM SCHON DIE REDE IST, MUSS MAN IHN NICHT MEHR ZEIGEN

Ein Vorwort

Vieles ergibt sich während der Arbeit, die beim Theatermachen vor allem darin besteht, all das wegzulassen, was mich langweilt. Dazu gehören die üblichen illustrativen Verstärkungen und die im Theater wie im Film so selbstverständlichen Verdopplungen von Sichtbarem und Hörbarem. Wenn vom Baum schon die Rede ist, muss man ihn nicht mehr zeigen. Das heißt, es geht mir um das Weglassen dessen, was bereits in einem anderen Medium enthalten ist. Und um das Vertrauen in die beteiligten Künste und Techniken und vor allem in diejenigen, die dort *in ihrem Element* sind: Bühnenbildner, Toningenieure, Musiker, Darsteller, Techniker und viele andere. Mich interessiert, was kontrapunktische Spannungen erzeugt zwischen oben und unten, zwischen rechts und links, zwischen vorher und nachher; zwischen dem, was zu sehen, und dem, was zu hören ist; zwischen dem, was man zuvor erwartet hat und dem, was dann tatsächlich geschieht; zwischen dem, was man erlebt und dem, was man dazu denken mag; dem, was verstanden werden kann, und dem, was sich diesem Verstehen konstruktiv verweigert.

Nach dem Abschluss einer künstlerischen Arbeit ist man vielleicht ein bisschen schlauer. Dann weiß man, was man gemacht hat. Oder man glaubt es zu wissen.

So war es zum Beispiel vor gut zehn Jahren keine bewusste Entscheidung, dem Publikum in der ersten halben Stunde von *Eraritjaritjaka* (2004) alle Elemente – schön nacheinander – quasi *vorzustellen*, bevor sie gegen Ende des Stücks übereinander herfallen. Alle haben sie zunächst einzeln ihren Auftritt: Zu Beginn mit dem Konzert eines Streichquartetts die *Musik*; dann der Auftritt des *Körpers* des Schauspielers; die von diesem Körper getrennte *Sprache* mit den Worten Canettis; die *Spielfläche*, die sich – ganz in weiß – selbst entfaltet; das *Licht*, das macht, was es will; ein erstes *Requisit*, ein kleines Haus, als Protagonist einer eigenen Szene; dann erst das *Bühnenbild* – die Fassade eines großen Hauses; schließlich das *Medium Theater* selbst – in einem langen Monolog; und endlich der *Film*, der den Schauspieler aus dem Theater hinausbegleitet und mit ihm die *Farbe* ins Spiel bringt – denn zuvor war alles nur schwarzweiß. Auf diese Weise durchbuchstabiert, wird der Zuschauer ermächtigt, die Elemente im weiteren Verlauf der Aufführung zusammenzudenken, selbst wenn sie ihre Unabhängigkeit dabei nicht verlieren.

Auch hätte ich vor gut zwanzig Jahren bei den ersten Proben zu *Ou bien le débarquement désastreux* (1993) nicht sagen können, dass es mir bei dieser Musiktheaterarbeit um die ‚Aufspaltung theatraler Präsenz auf alle Elemente' geht.

Mittlerweile klärt sich einiges und ich versuche, daraus kein Geheimnis zu machen, sondern – in Vorträgen und Gesprächen, Preperformance-talks und Aufführungsgesprächen danach – so gut ich kann Auskunft zu geben. Auch deshalb, um noch mehr über die Arbeit und über mich zu erfahren: von den Zuschauern, von dem Team, mit dem ich das Glück habe arbeiten zu dürfen, von meinen theaterwissenschaftlichen Kollegen oder von Ihnen, den Lesern.

Dieses Buch soll keine *Ästhetik der Abwesenheit* liefern, sondern mein szenisches Interesse an ihr erläutern. Es handelt sich hier nicht um einen kontinuierlich verfassten Text, sondern um eine Sammlung von Aufsätzen, Vorträgen und Mitschriften, die in den letzten zehn Jahren entstanden sind. Damit schließt der vorliegende Band an die erste Anthologie *Komposition als Inszenierung* (Hg. Wolfgang Sandner) an, in der eigene Texte vor 2002 zusammen mit Beiträgen anderer Autoren versammelt sind.

Der Band besteht aus drei Teilen. Der erste Teil versammelt Texte zu meinen Musiktheaterarbeiten seit 2002. Aber auf die Frage, was mich zu den Arbeiten angeregt hat, geben weder diese Aufsätze noch das richtige Leben eine allgemeingültige Antwort: mal sind es Gemälde (*Landschaft mit entfernten Verwandten*), manchmal Texte (*Eraritjaritjaka*), ein andermal vielleicht das zyklische Geschichtsverständnis von Gertrude Stein (*Songs of Wars I have seen*) oder ein Klang – der Vokalklang des Hilliard Ensembles (*I went to the house but did not enter*). Erst bei *Stifters Dinge* schließlich war es tatsächlich die Idee der Abwesenheit.

Unter anderem bin ich auf der Suche nach dem *Inhalt* der *Formen*. Nach dem, was die Formen mit uns machen. Die Formen, mit denen wir uns allenthalben arrangiert haben, die nicht an unser Bewusstsein dringen und deswegen so viel Macht über unsere Wahrnehmung haben. Auch wenn meine Arbeiten nicht aus Visionen entstehen, sondern immer aus den vorliegenden Gegebenheiten und Möglichkeiten, geht es zugleich darum, sich nicht mit der Welt zufriedenzugeben, so wie sie ist. Sondern darum, etwas zu entwerfen, was wir noch nicht kennen; was potentiell alle angehen, berühren, beschäftigen, inspirieren und zur Imagination anregen könnte.

Der zweite Teil des Buches versammelt Reden und Aufsätze zu Künstlern, die auf die eine oder andere Weise für meine Arbeit Bedeutung haben: Robert Wilson, Erich Wonder, Jean-Luc Godard, Rimini Protokoll und das Ensemble Modern.

Der dritte Teil hat schließlich die Theaterausbildung im Blick: Texte zur Schauspielausbildung, zur Regieausbildung, zum Studium am Institut für Angewandte Theaterwissenschaft der Justus-Liebig-Universität Gießen (ATW) und an der Hessischen Theaterakademie.

Vielleicht ist man auch nach dem Schreiben ein bisschen schlauer. Offensichtlich kann Vieles, worüber diese Texte Auskunft geben, ebenso gut anders gesehen werden. Vielleicht ist es nicht einmal die „Abwesenheit“, die mir auf der Bühne zum Wichtigsten geworden ist, sondern eher die Verschiebung der Präsenz vom Visuellen zum Akustischen. Denn auf der *akustischen Bühne* (der Musiktheaterarbeiten wie der Kompositionen und Hörstücke) mag es Unterbrechungen, Kontrapunkte und Leerstellen geben, aber so richtig „abwesend“ ist da nichts. Wenn vom Baum schon die Rede ist, muss man ihn ja nicht mehr zeigen.

Ich danke Klaus Grünberg, Florence von Gerkan, Willi Bopp, Hubert Machnik, Stephan Buchberger, Matthias Mohr, André Wilms und vielen, vielen anderen, mit denen mich eine überaus lange und glückliche künstlerische Zusammenarbeit verbindet. Ich danke meinen Kollegen der ATW, insbesondere Helga Finter und Gerald Siegmund, für die inspirierend reflektierte Atmosphäre in diesem Institut, den Mitarbeiterinnen und Mitarbeitern und vor allem den Studierenden, mit denen ich gemeinsam künstlerisch forschen kann. Und ich danke der Lektorin Nicole Gronemeyer und meiner wissenschaftlichen Mitarbeiterin Eva Holling für aufmerksames und kritisches Lesen.

Ich danke den Produzenten, die mir die Chance geben, so zu arbeiten, wie ich es gar nicht anders kann. Umso mehr stimmt es mich traurig, dass René Gonzalez, der Intendant des Théâtre Vidy in Lausanne, uns in diesem Jahr verlassen hat. Mit ihm und seinem wunderbaren Team konnte ich fast alle Stücke der letzten fünfzehn Jahre realisieren.

Ich danke den vielen Kuratoren und Festivalmachern weltweit, die die Stücke eingeladen und gezeigt haben, für ihr Vertrauen in meine Arbeit. Und insbesondere den Zuschauern, die mir nachträglich neue Perspektiven auf die Stücke, über die ich hier zu schreiben versuche, eröffnet haben. Ob sie in einem Moment von Stifters Dinge einen „Sonnenuntergang am Meer erlebt" oder sogar „Gott gesehen" haben – es ist mir (fast) alles recht. Für mich bleibt es die Szene, in der zu den historischen Aufnahmen von Anrufungen der Seefahrer in Papua-Neuguinea in starkem Gegenlicht hinter schwebenden Vorhängen über drei Wasserbecken die Reflexionen der Wellen sichtbar werden. Sie ist nicht symbolisch gemeint.

Heiner Goebbels, im August 2012

THEATER ALS ERFAHRUNG

Vorwort zur zweiten Auflage

Just als der Band mit den Aufsätzen und Vorträgen zum ersten Mal erschien, bekam ich die Gelegenheit, als künstlerischer Leiter das Programm der Ruhrtriennale – International Festival of the Arts 2012 – 2014 zu gestalten. Bewusst habe ich dem Festival kein ‚Thema' gegeben. Denn Themen schränken nicht nur den künstlerischen Leiter ein, sondern auch den Auftrag an die Künstlerinnen und Künstler – und nicht zuletzt den Blick des Publikums. Gute Kunstwerke – das ist in der darstellenden nicht anders als in der bildenden Kunst – haben viele Themen und Bedeutungsschichten und geben nicht einmal alle ihre Geheimnisse frei. Unbewusst war es aber wohl ein Programm, die zeitgenössischen Künstler und ihre Arbeiten auf das hin zu befragen, was auch in der *Ästhetik der Abwesenheit* formuliert war.

Dort hatte ich zum Beispiel im ersten Kapitel die Ausnahmestellung des zeitgenössischen Tanzes beschrieben, der – gerade wegen seiner prekären Nicht-Institutionalisierung – in den letzten Dekaden stärker als Theater und Oper die Möglichkeiten der darstellenden Künste erweitert hat und uns zum Nachdenken bringt. Nicht nur zum Nachdenken über Bewegung, sondern auch zum Nachdenken über das Verhältnis von Musik und Tanz, von Klang und Bild, von Hören und Sehen. Zum Nachdenken über unsere Körper und die Körper derer, die anders sind. Deswegen waren es vor allem zeitgenössische Choreografinnen und Choreografen[1], die ich einladen und mit denen ich meist auch neue Arbeiten produzieren konnte – auch weil sie längst schon etwas anderes machen als Tanz: Kunst mit allen Mitteln.

Mein Hauptinteresse gilt dem Musiktheater, doch im Rahmen der Ruhrtriennale konnte ich nur eine eigene neue Arbeit realisieren: *When the Mountain changed its Clothing*[2]. Aber ich machte es zu meinem Programm, szenische Werke von Komponisten zu präsentieren (und teilweise auch selbst zu inszenieren), die im Repertoire der Opernhäuser der Welt gar nicht oder nur selten vorkommen, weil sie radikal mit der Tradition brechen und damit ein großes Potential für die Zukunft dieses schwerfälligen Genres bieten. Das tun sie auf unterschiedliche Weise: mit einer unhierarchischen, dezentralen Struktur[3] oder dadurch, dass die Aufmerksamkeit vom Gesang weg zur Musikalität der gesprochenen Sprache geführt wird[4]; durch die Körperlichkeit einer unangepassten, un-akademischen Musik jenseits europäischer Tonalität[5] oder durch den Abschied von jeder Narration[6]; mit einer Ideen-Oper, in deren Zentrum nicht mehr die Subjekte stehen, sondern die Materie[7] oder mit der Konkretion einer geräuschstarken und bildgewaltigen Musik[8]. All diesen Entwürfen ist Abwesenheit zu eigen; es fehlt jeweils das, was ‚Oper' seit 400 Jahren vorrangig definiert hat: der Gesang, die Story, die Protagonisten im Zentrum.

Das Publikum hat mich darauf angesprochen, dass es in den Aufführungen kaum Pausen gab. Aus gutem Grund: Es hat mit der Intensität zu tun, mit der zeitgenössische Künstler uns in komplexe Wahrnehmungsweisen eintauchen lassen, die nicht mehr der Linearität einer Narration und der klassischen Einteilung in Akte entsprechen, an die man nach einer Pause einfach anknüpfen könnte. Ästhetische Erfahrung ist – nach dem Philosophen Dieter Henrich – kein „passives Aufnehmen von Weltgehalten", sondern „aktive Aufmerksamkeit", in der die Unmittelbarkeit, mit der wir die Welt uns aneignen, unterbrochen wird.[9] Diese Unterbrechung des Alltags ist die eigentliche Pause.

Deswegen spreche ich von einem *Theater als Erfahrung*, denn Theater interessiert mich nicht als Instrument der Mitteilung. Darauf wird es allzu oft reduziert – schon allein, weil es auf Sprache basiert. „Everything which is not a story could be a play"[10] heißt es schon bei Gertrude Stein. Theater kann eben so viel mehr sein: eine Vielfalt von Eindrücken aus Bewegungen, Klängen, Worten, Räumen, Körpern, Licht und Farben. Und mit diesem ‚Mehr' kann das Theater uns vielleicht gerade da berühren, wofür uns (noch) die Worte fehlen. Kunst als Erfahrung steht auch für die Offenheit, das Geschehen auf der Bühne nicht immer verstehen zu müssen, einer fremden Sprache oder einer uns unbekannten Musik zuzuhören, einem Bild zuzuschauen, für das wir keinen Begriff haben.

Und ich gestehe es, es gab im Programm dieser Ruhrtriennale keine oder kaum Theateraufführungen. Warum? Zunächst, weil wir in Deutschland eine sehr reiche und zahlreiche Theaterlandschaft haben, und ich denke, ein Festival muss – weil es das kann – Dinge möglich machen, die im institutionalisierten Repertoirebetrieb der Stadttheater und Opernhäuser so nicht entstehen können. Stattdessen gab es vielfältige performative Formate, in denen die Wahrnehmung der Zuschauer im Zentrum stand.[11]

Und wenn man wie so oft im Theater ‚nur so tut als ob', werden die Räume der Industriekultur zu schärfsten Kritikern. Fehlt der Rahmen einer Guckkastenbühne, einer Blackbox oder eines goldenen Portals, merkt man angesichts der Materialität dieser Gebäude selbst noch in der letzten Reihe, ob auf der Bühne nur etwas vorgegeben wird. Mich interessiert Theater als eigene Realität, die eben nicht so tut, als würde sie nur auf eine andere verweisen. Gerade das gibt dem Zuschauer die Freiheit, das Theater mit der eigenen Realität und den eigenen Erfahrungen abzugleichen. Nähe und Ferne zwischen Theater und Realität sind nicht eine Frage der Interpretation des Regisseurs, sondern selbst zu entdecken, und die Zuschauer halte ich für weit cleverer als das kleine Team, das sich ‚da vorne' etwas ausgedacht hat.

In unserem medialen Alltag bekommen wir alles zubereitet und in seiner Form ‚totalitär' vorgesetzt. Fernsehmoderatoren starren uns an, Entertainer schreien uns an. Die meisten Filme sind exzellent gemachte Unterhaltungsmaschinen, die uns fesseln – aber nicht befreien. Die Möglichkeiten für individuelles Entdecken sind kleiner geworden, die Räume für unsere Vorstellungskraft enger. Hier kann die Kunst im Theater ein Schutzraum sein, in dem all das wieder möglich ist. Ein Theater, das uns nicht belehren und einschüchtern, das uns nichts verkaufen will, sondern das zu einer Erfahrung mit allen Sinnen einlädt. Vielleicht kann es uns dann, wenn die Sprache zurücktritt, sogar mit den Kräfteverhältnissen konfrontieren, die sich der Erkennbarkeit, Verfügbarkeit und Machbarkeit entziehen; Kräfteverhältnisse, die nicht greifbar und vor allem nicht personifizierbar sind. Das trifft für politische Machtverhältnisse ebenso zu wie für die ökologischen und virologischen Herausforderungen der Gegenwart oder die ökonomischen Prozesse, die sich nicht voraussagen lassen.

Der Versuch einer Augenhöhe zwischen Kunst und Betrachter fand vielleicht ihren sinnfälligen Ausdruck in dem Programm „No Education" – in dem unbedingten Vertrauen darauf, dass nicht nur einem erwachsenen Publikum, sondern auch den von uns eingeladenen Kindern und Jugendlichen eine eigene, unvoreingenommene Erfahrung mit Kunst möglich ist. Die Erfahrung, dass die Welt auch ganz anders sein könnte. Dass Kinder Kunst als lebendiges Laboratorium erleben können, das Gesehene und Gehörte untereinander diskutieren und zu den Experten unserer Festivaljury „The Children's Choice Award“ werden konnten.

Mittlerweile ist die *Ästhetik der Abwesenheit* auf Englisch erschienen, in veränderter und umfangreicherer Form auf Russisch und Polnisch, eine Übersetzung ins Französische und Tschechische ist geplant, und einzelne Aufsätze sind auf Spanisch, Italienisch, Portugiesisch, Norwegisch und Türkisch veröffentlicht. Ich freue mich über diese Resonanz und darüber, dass *Theater der Zeit* zu einer erweiterten Neuauflage bereit ist. Die Ruhrtriennale und die darauf folgenden letzten drei Jahre am Institut für Angewandte Theaterwissenschaft ließen mir allerdings wenig Zeit zum Schreiben – wenn man von einem Nachruf absieht, mit dem ich mich 2012 von René Gonzalez verabschieden musste, den Intendanten des *Théâtre Vidy*, das für mich fünfzehn wichtige Jahre lang künstlerische Heimat war.

Erst im Rahmen der Georg-Büchner-Professur, die mir nach meiner Emeritierung übertragen wurde und am ZMI, dem Zentrum für Medien und Interaktivität der Justus-Liebig-Universität angesiedelt ist, wird die Veröffentlichung von Aufsätzen und Vorträgen möglich, um die nun die zweite Auflage ergänzt werden kann: die Antrittsvorlesung über das, was ich jenem Georg Büchner verdanke; ein Vortrag über Medienwechsel bei Alain Robbe-Grillet, zu dem mich Martin Seel ins Frankfurter Museum für Moderne Kunst eingeladen hat, und ein Beitrag für das Mozarteum in Salzburg über mein Vertrauen in die Bedeutung und Chance der „Fehler“ bei der eigenen Arbeit. Mit Blick auf die Arbeitsweisen enthält die Neuauflage auch – nun zum ersten Mal auf Deutsch – ein ausführliches Gespräch mit der französischen Kollegin Eliane Beaufils und zwei ehemaligen Mitstreitern am Institut der Angewandten Theaterwissenschaft, Eva Holling und Lorenz Aggermann, über *Ensemble, Team & Polyphonie*.

Heiner Goebbels, im September 2020

1 Jérôme Bel, Bruno Beltrao, Boris Charmatz, Laurent Chétouane, Philipp Gehmacher, Anne Teresa De Keersmaeker, Xavier Le Roi, Mathilde Monnier, Lemi Ponifasio, Marie La Ribot, Tino Sehgal, Meg Stuart, Saburo Teshigawara u. a.

2 Mit dem Chor Carmina Slovenica, der aus 40 jungen Mädchen und Frauen zwischen 10 und 20 Jahren besteht.

3 John Cage, *Europeras 1&2.*

4 Carl Orff, *Prometheus.*

5 Harry Partch, *Delusion of the Fury.*

6 Morton Feldman, *Neither.*

7 Louis Andriessen, *De Materie.*

8 Helmut Lachenmann, *Das Mädchen mit den Schwefelhölzern.*

9 Vgl. Dieter Henrich, *Versuch über Kunst und Leben*, München 2001, S. 98ff.

10 Vgl. Gertrude Stein, *Plays*, in: *Lectures in America*, New York 1935.

11 Neue Arbeiten von Matthew Barney, Forced Entertainment, Romeo Castellucchi, Robert Wilson u. a.; Installationen von Harun Farocki, William Forsythe, Douglas Gordon, Ryoji Ikeda, Rimini Protokoll, Michal Rovner, Gregor Schneider; und in der Ausstellung *12 rooms* lebende Menschenbilder von Marina Abramović, Joan Jonas, Jennifer Allora & Guillermo Calzadilla, John Baldessari, Damien Hirst, Santiago Sierra, Xu Zhen u.v.a.

ÄSTHETIK DER ABWESENHEIT

Wie alles angefangen hat

Am ehesten lässt sich wohl das, was ich unter einer Ästhetik der Abwesenheit verstehe, mit der Erfahrung von *Stifters Dinge* demonstrieren, einer performativen Installation ohne Darsteller, die seit 2007 zu sehen ist. Aber vielleicht können wir einen Moment lang der Frage nachgehen, wie sich im Laufe der Jahre dieses Thema in meinen Arbeiten entwickelt hat, um besser zu verstehen, was genau dabei geschieht und was überhaupt ich mit „Abwesenheit" meine.

Wie alles angefangen hat? Vielleicht 1993 mit einem Vorfall während der Probe zu *Ou bien le débarquement désastreux*, eines meiner frühesten Musiktheaterstücke – mit fünf afrikanischen und französischen Musikern und einem wunderbaren Schauspieler, André Wilms.

Magdalena Jetelová, eine bedeutende bildende Künstlerin aus Prag, entwarf das Bühnenbild für dieses Stück: im Zentrum eine gigantische Pyramide aus Aluminium, die kopfüber mit der Spitze nach unten hängt, aus der heraus Sand rieselt und die im Laufe der Aufführung vollständig gedreht werden kann; an der linken Bühnenseite eine riesige Wand von roten Haaren, hinter dieser Wand fünfzig Ventilatoren, die die Haare aus Seide ständig in leichter Bewegung halten und mit dem Lärm ihrer Motoren den Schauspieler verrückt machen. Während einer Szene dieses Stückes verschwindet der Schauspieler hinter der Wand aus Haaren, in einer anderen Szene wird er von der Pyramide vollständig verschluckt und kehrt erst Minuten später wieder zurück – mit dem Kopf nach unten. Nach einer Probe dieser Szenen ging Magdalena Jetelová direkt auf den Schauspieler zu und sagte ihm begeistert: „Das ist wirklich großartig, wenn du verschwindest." Also definitiv etwas, was man niemals einem Schauspieler sagen sollte. André Wilms wurde prompt so wütend, dass ich die Bühnenbildnerin freundlich darum bitten musste, an keinen weiteren Proben mehr teilzunehmen.

Viel interessanter aber ist der intuitive Zugriff, mit dem sie – aus der Perspektive einer bildenden Künstlerin ohne Theatererfahrung – spontan einen der wichtigsten Grundsätze der darstellenden Künste infrage stellen konnte. Denn trotz einiger radikaler (und später wenig beachteter) Experimente der Theateravantgarde zu Beginn des 20. Jahrhunderts (der Stücke von Gertrude Stein und der Ansätze bei Wsewolod Meyerhold, Adolphe Appia und anderen Künstlern dieser Zeit), und trotz faszinierender Arbeiten amerikanischer Künstler in den sechziger und siebziger Jahren (Robert Wilson, Richard Schechner, Richard Foreman u. a.), die gegen die einschüchternde Autorität und Schwerkraft von Texten ein performatives Theater vorgeschlagen haben – ungeachtet all dessen beruhen Theater und Oper bis heute noch überwiegend auf dem klassischen Konzept einer künstlerischen Erfahrung, die sich an den Begriffen von Präsenz und Intensität orientiert. Der Fokus der Wahrnehmung liegt auf ausdrucksstarken Darstellern (Schauspielern, Sängern, Tänzern und Instrumentalisten): selbstsichere Solisten – sicher ihrer Rollen, Figuren und ihrer Körper.

Einzig der zeitgenössische Tanz hat unter allen performativen Künsten seit den achtziger Jahren Fragen von Subjekt und Identität aufgeworfen und versucht diese in die Choreografie von fragmentierten, ortlosen, unfertigen, deformierten oder verschwindenden Körpern zu übersetzen.[1] Theater und Oper weigern sich hartnäckig, ihre klassischen Konzepte zu befragen. Manchmal ändern sie den Text eines Stückes, manchmal ändern sie den Klang einer Oper – aber nicht viel mehr als das. Und die Schwerfälligkeit der Ausbildungsstätten für Schauspieler und Regisseure kennend, wird sich daran so schnell nichts ändern.

Was nur eine Anekdote und ein kurzer Augenblick während der Proben zu *Ou bien le débarquement désastreux* war, wurde zu einem entscheidenden Aspekt meiner Arbeit.

Bereits in diesem Stück ist das Moment der Präsenz aufgespalten. Die Bühne ist eben nicht nur illustratives Dekor, sondern selbst ein Kunstwerk, und der Darsteller muss akzeptieren, dass er die Präsenz mit allen beteiligten Elementen teilt, die zur Realität der Bühne gehören: die Konfrontation von Text und Musik, die Trennung von Stimme und Körper des Darstellers, der unerwartete Zusammenprall von einer mit einer anderen Musik (zum einen der Musik zweier Griots aus dem Senegal – d. h. Geschichtenerzählern mit traditioneller afrikanischer Musik –, zum anderen meiner eigenen Musik für Posaune, Keyboards und E-Gitarre), das Aufeinanderstoßen zweier Szenen usw. Zwischen diesen getrennten Elementen entstehen Distanzen, Lücken und Leerstellen für die Imagination der Zuschauer.

Ou bien le débarquement désastreux bietet weder ein komplettes Bild noch eine musikalische Chronologie oder gar eine lineare Narration. Dem Stück liegen drei Texte zugrunde, die auf mögliche Themen verweisen, die sich für den Zuschauer durch die Aufführung individuell ergeben könnten: Joseph Conrads *Kongo-Tagebuch,* der Prosatext *Herakles 2 oder die Hydra* von Heiner Müller und der Versuch eines Gedichts über den Kiefernwald von Francis Ponge. Die Themen kreisen um die Angst vor dem Fremden, um Gewalt und Kolonisation, und sie insistieren darauf, ethnische Differenzen anzuerkennen und zu respektieren, statt nach gemeinsamen Merkmalen zu suchen. Oder um es mit den Worten von Maurice Blanchot zu sagen: „The other is not your brother."

Im Übrigen sprechen die Stimmen in diesem Stück Französisch und Mandingo – also Sprachen, die viele Zuschauer vielleicht nicht verstehen. Und das ist mir durchaus nicht unlieb. Man kann darüber ‚ganz unbesorgt sein' – „to rest in it untroubled" wie Gertrude Stein es ausdrückt, wenn sie über ihre ersten Theatererfahrungen schreibt:

> I must have been about sixteen years old and [Sarah] Bernhardt came to San Francisco and stayed two months. I knew a little french [sic] of course but really it did not matter, it was all so foreign and her voice being so varied and it all being so french I could rest in it untroubled. And I did. […] The manners and customs of the french theatre created a thing in itself and it existed in and for itself […] It was for me a very simple direct and moving pleasure.[2]

Theater als „ein Ding an sich", nicht als Repräsentation oder als Mittel, um Aussagen über die Wirklichkeit zu machen – das ist genau das, was ich anzubieten versuche. Bei einem solchen Theater ist der Zuschauer eher Teil des Dramas einer Erfahrung anstatt Zuschauer einer dramatischen Handlung zu sein, in der psychologisch motivierte Verhältnisse von Figuren auf der Bühne repräsentiert werden. Es wird zu einem Drama der Sinne, wie in der starken Konfrontation aller Elemente dieses Stückes – Bühne, Licht, Musik, Worte, in der ein Schauspieler eher lernen muss, zu „überleben" als zu spielen. So wird das Drama der „Medien" tatsächlich zu einem doppelten Drama: ein Drama für den Darsteller wie für die Wahrnehmung des Publikums.

Diese Erfahrung einer auf mehrere Elemente aufgeteilten Präsenz erklärt vermutlich, warum ich zwei Jahre später – in dem Musiktheaterstück *Schwarz auf Weiß* – nicht auf die Virtuosität eines brillanten Schauspielers gesetzt habe, sondern auf achtzehn Musiker des Ensemble Modern – quasi auf einen „kollektiven Protagonisten". Das war zugleich auch ein Statement gegen eine oft auf vielen Ebenen hierarchische Kunstform: in der Organisation wie im Arbeitsprozess, im Einsatz der theatralen Mittel, in den künstlerischen Ergebnissen und nicht zuletzt im totalitären Charakter ihrer Ästhetik und Beziehung zum Publikum.

In *Schwarz auf Weiß* verschwinden die Musiker des Ensemble Modern nicht zugunsten von Solisten auf der Bühne im Orchestergraben. Sie spielen selbst auf der Bühne und entdecken andere szenische Fähigkeiten jenseits ihrer musikalischen Virtuosität: sie schreiben, singen, ordnen Gegenstände, spielen Badminton und anderes, werfen mit Tennisbällen auf Bleche und Trommeln (oder daneben) und lesen: „Du, der Lesende, weilst unter den Lebendigen; ich, der Schreibende aber, habe längst meinen Weg ins Reich der Schatten genommen."[3]

Man sollte aber diese frühe Vorwegnahme vom „Tod des Autors" in Edgar Allan Poes Parabel *Schatten* nicht nur wörtlich nehmen (Heiner Müller hatte mir diesen Text empfohlen, viele Jahre, bevor er während der Proben zu *Schwarz auf Weiß* starb). Wir können in diesem Stück die Abwesenheit noch auf ganz anderen Ebenen finden: zum Beispiel als Verweigerung jeglicher dramatischen Handlung. „Es passiert relativ wenig", hat es Ryan Platt in seiner Einführung zur Präsentation der Filmfassung von *Schwarz auf Weiß* an der Cornell University einmal ausgedrückt.

Und *Schwarz auf Weiß* ist auch ein Stück über das Schreiben. „Die Schrift, die sich traditionellerweise hinter der offensichtlichen Präsenz des Theaters zurückgezogen hatte, erklärt sich nun offen selbst zu einem Raum, in dem die dramatische Struktur ihren Ort hat", schrieb 1985 die Theaterwissenschaftlerin Elinor Fuchs. „Der Preis dieses Sichtbarwerdens – oder vielleicht sein Ziel – ist die Unterwanderung von theatraler Präsenz, die zugleich die selbst gegebene Präsenz des Schauspielers unterminiert."[4]

Präsenz ist in *Schwarz auf Weiß* in einem doppelten Sinne reduziert; einmal durch die eher amateurhafte „Nicht-Präsenz" der Musiker, die niemals zuvor etwas Vergleichbares auf der Bühne getan haben. Man kann es an der un-expressiven, un-dramatischen aber hochkonzentrierten Mimik der Performer beobachten; während wir ihnen zuschauen, tun sie nie so, als ob sie jemand anderes wären als sie selbst – sie sind eben Musiker – an diesem Ort und in diesem Moment. Oft wenden sie dem Publikum ihre Rücken zu, während sich die Aufmerksamkeit der Zuschauer auf diese „Landschaft“ aus achtzehn gleichzeitig handelnden Personen verteilen muss. Um noch einmal Elinor Fuchs zu zitieren: „Ein Theater der Abwesenheit [...] löst das Zentrum auf, verdrängt das Subjekt, bringt die Bedeutung ins Wanken.“[5]

In dieser Aufführung müssen wir als Zuschauer den Blick selbst fokussieren. Das ist in einigen Aspekten vergleichbar mit einem späteren Stück mit denselben Musikern *(Eislermaterial)*, bei dem das Zentrum der Bühne die ganze Zeit über leer bleibt. Die Musiker sitzen während der Aufführung an den drei Seiten der Bühne. „Präsenz“ findet vor allem auf einer rein akustischen Ebene durch die nahe Mikrophonierung und Verstärkung statt. Strukturelle Behinderungen Widerstände Schwierigkeiten für das Zusammenspiel der Musiker (der große Abstand zwischen ihnen, die Trennung der einzelnen Instrumentengruppen usw.) visualisieren für das Publikum die kommunikativen Prozesse des Ensembles, bei dem jeder Musiker für sich selbst verantwortlich ist, da es keinen Dirigenten gibt. Den Platz des Dirigenten nimmt eine kleine Statue des Komponisten Hanns Eisler ein – ein enger Freund und Mitarbeiter Bertolt Brechts. Seltsamerweise – und obwohl ich von professionellen Theaterleuten zuvor gewarnt worden war – nimmt die Aufmerksamkeit des Publikums, trotz der Abwesenheit jeglicher spektakulärer visueller Ablenkung während der Aufführung, nicht ab. „Die Erfahrung der dargestellten Präsenz im Akt der Rezeption nimmt in dem Maße zu, in dem die dargebotene Präsenz verschwindet“[6] – wie es Gerald Siegmund in seiner Studie über Abwesenheit formuliert.

Gerade bei Konzerten ist es oft der Dirigent, der einer Eigenverantwortung der Musiker auf der einen Seite und der eigenverantwortlichen Wahrnehmung der Zuschauer auf der anderen Seite im Wege steht. Elias Canetti sagt uns warum:

> Es gibt keinen anschaulicheren Ausdruck für Macht als die Tätigkeit des Dirigenten. [...]
> Das Stillsitzen der Zuhörer gehört so sehr zur Absicht des Dirigenten wie die Folgsamkeit des Orchesters. Es wird ein Zwang auf die Zuhörer ausgeübt, sich unbeweglich zu verhalten. Bevor er da

> ist, vor dem Konzert, sprechen und bewegen sie sich durcheinander. [...]
> Während des Spiels ist der Dirigent für die Menge im Saal ein Führer [...]
> Er, die lebende Sammlung der Gesetze, schaltet über beide Seiten der moralischen Welt. Er gibt an, was geschieht, durch das Gebot seiner Hand, und verhindert, was nicht geschehen soll. Sein Ohr sucht die Luft nach Verbotenem ab. Für das Orchester stellt der Dirigent so tatsächlich das ganze Werk vor, in seiner Gleichzeitigkeit und Aufeinanderfolge, und da während der Aufführung die Welt aus nichts anderem bestehen soll als aus dem Werk, ist er genau so lange der Herrscher der Welt.[7]

Diesen Text kann man in dem Musiktheater-Stück *Eraritjaritjaka* als virtuosen, eindrucksvollen Monolog des Schauspielers André Wilms an der Bühnenrampe (der klassischen Präsenz-Position) erleben, bevor er – gefolgt von einem Kameramann – die Bühne verlässt. Man sieht ihn fortan in einem Videobild, das in Echtzeit auf die Kulisse im Bühnenhintergrund projiziert wird, auf die weiße Fassade eines Hauses. Das Publikum sieht, wie er das Foyer des Theaters durchquert, in ein Auto steigt, durch die Straßen der Stadt fährt, in der das Stück gerade gastiert, wie er nach ein paar Minuten aus dem Wagen wieder aussteigt und ein Haus betritt und in einem der oberen Stockwerke seine Wohnung öffnet. Die Worte, die wir dabei hören, sind Canettis Aufzeichnungen entnommen: „Ein Land, wo einer, der ‚ich' sagt, schleunig in die Erde versinkt."[8]

Es ist unübersehbar: Die Abwesenheit des Schauspielers wird lange dauern. Das Publikum, befreit von der intensiven Präsenz des Schauspielers, der es bis dahin in seinen Bann geschlagen hat, ist plötzlich irritiert und verwirrt, aber zugleich auch entspannt. Die Zuschauer wissen nicht einmal, ob der Schauspieler, den zu sehen sie bezahlt haben, jemals zurückkehren wird. Indessen folgt ihm die Kamera in seine Wohnung, wo er allerhand undramatische Dinge tut: Briefe öffnet und liest, Notizen macht, die von Canetti übernommen sind (z. B. „Erkläre nichts. Stell es hin. Sag's. Verschwinde."[9]), wo er Wäsche sortiert, Fernsehen guckt, Zeitung liest und alleine zu leben versucht, ohne wirklich dazu in der Lage zu sein – und immer wieder laut denkt: „Mit Menschen kannst du nicht sein. Ohne Menschen kannst du nicht sein. Wie sollst du sein?"[10] Und er bereitet sich in der Küche ein Rührei zu. Die Küchenuhr im Hintergrund zeigt die aktuelle Zeit, und der Rhythmus, in dem der Schauspieler die Zwiebeln schneidet, ist synchron mit dem Streichquartett, das live auf der Bühne das Quartett in F-Dur von Maurice Ravel spielt. Beides beweist die zeitliche Authentizität einer durch das Video vermittelten Präsenz.

Rekapitulieren wir die verschiedenen Definitionsversuche eines „Theaters der Abwesenheit", wie sie bisher aufgetaucht sind. Abwesenheit kann danach verstanden werden:

- als das Verschwinden des Schauspielers/Performers aus dem Zentrum der Aufmerksamkeit (und sogar als ein Verschwinden von der Bühne …)
- als Aufspaltung der Präsenz auf alle beteiligten Elemente
- als eine Polyphonie der Elemente, z. B. als eine unabhängige Stimme des Lichts, des Raums, des Texts, des Klangs wie in einer Fuge von J. S. Bach
- als eine Aufteilung der Aufmerksamkeit des Zuschauers auf einen „kollektiven Protagonisten" mit vielen Performern, die teilweise ihre Individualität verbergen, indem sie z. B. dem Publikum den Rücken zukehren
- als Trennung der Stimme vom Körper des Darstellers und als Trennung der Klänge der Musiker von ihren Instrumenten
- als eine De-Synchronisierung von Hören und Sehen, eine Trennung oder Teilung zwischen visueller und akustischer Bühne
- als Entstehung von Zwischenräumen/Räumen der Entdeckung/Räumen, in denen Emotion, Imagination und Reflexion sich ereignen können
- als Abschied von Expressivität („das Drama findet nicht auf der Bühne statt", Heiner Müller)
- als leeres Zentrum: im wahrsten Sinne des Wortes als eine leere Bühne; also als Abwesenheit eines zentralen visuellen Fokus, aber auch als Abwesenheit dessen, was wir das „Thema" oder „Botschaft" eines Stücks nennen; vergleichbar mit der literarischen Strömung des Nouveau Roman französischer Autoren in den fünfziger Jahren, z. B. Alain Robbe-Grillet, der seine Themen mit irritierenden Techniken umkreist hat, oder vergleichbar mit Romanen, in denen die zentralen Themen nicht ausdrücklich genannt, sondern vielmehr permanent provoziert und für den Leser produziert werden (wie z. B. die Eifersucht in *La Jalousie)*

- als Abwesenheit einer Geschichte, oder um Gertrude Stein zu zitieren: „Anything that is not a story can be a play."[11] „What is the use of telling a story since there are so many and everybody knows so many and tells so many […] so why tell another one."[12]
- nicht zuletzt kann Abwesenheit verstanden werden als die Vermeidung von Dingen, die wir erwarten/Dingen, die wir gesehen haben/Dingen, die wir gehört haben/Dingen, die für gewöhnlich auf der Bühne gemacht werden. Oder, wieder mit den Worten von Elias Canetti, die wir hören können, wenn der Schauspieler in *Eraritjaritjaka* endlich das Fenster seiner Wohnung öffnet: „Den Rest des Lebens nur an ganz neuen Orten verbringen. Die Bücher aufgeben. Alles Begonnene verbrennen. In Länder gehen, deren Sprache man nie erlernen kann. Sich vor jedem erklärten Worte hüten. Schweigen, schweigen und atmen, das Unbegriffene atmen. Es ist nicht das Erlernte, das ich hasse, was ich hasse ist, daß ich darin wohne."[13] In diesem Moment sieht das Publikum den Schauspieler live auf der Bühne eines der bis dahin abgedunkelten Fenster öffnen – man sieht durch die geöffneten Fenster in der Wohnung des Schauspielers den Kameramann und das Streichquartett – und langsam verstehen die Zuschauer, dass er vielleicht nie wirklich die Bühne verlassen hat.

Diese komplexe und unerwartete Wendung im Verhältnis von Innen- und Außensicht (der Projektion des Kamerabildes auf die Fassade des Hauses vs. den eigenen Blick durch die Fenster in das Innere der Wohnung), die Verschränkung von Musik, Text, Wahrnehmung, Täuschung, und der überraschende plötzliche Schock einer unvorhergesehenen Präsenz – das alles wird für das Publikum zum eigentlichen Drama in *Eraritjaritjaka*.

Nach dieser Erfahrung wollten wir, mein Team und ich, in dieser Richtung weitermachen: Das Experiment, das wir nun mit *Stifters Dinge* (dem eingangs erwähnten Stück ohne Darsteller) versuchten, bestand darin, herauszufinden, ob die Aufmerksamkeit des Zuschauers auch dann anhält, wenn man eine der wesentlichen Grundvoraussetzungen des Theaters völlig außer Kraft setzt: die Präsenz des Darstellers. Denn selbst jüngere Definitionen der Performance-Theorie sprechen immer noch von leiblicher Ko-Präsenz oder der gemeinsamen Teilnahme von Akteuren und Zuschauern zur selben Zeit am selben Ort.[14]

So wurde *Stifters Dinge* zu einer „No-Man-Show“: Vorhänge, Licht, Musik und Raum – all die Elemente, die üblicherweise eine eher vorbereitende, unterstützende, illustrative oder dienende Funktion für die Aufführung und die Darsteller haben, werden hier (in einer Art ausgleichender Gerechtigkeit) selbst zu Darstellern, gemeinsam mit fünf Klavieren, Metallplatten, Steinen, Nebel, Regen und Eis.

Wenn aber niemand mehr auf der Bühne ist, dem die Verantwortung der Präsentation und Repräsentation zufällt, wenn nichts gezeigt wird, dann müssen die Zuschauer die Dinge selbst entdecken. Diese Lust an der Entdeckung wird erst durch die Abwesenheit der Schauspieler ermöglicht, die sonst die Aufgabe der Demonstration kunstvoll wahrnehmen und die Aufmerksamkeit der Zuschauer auf sich fokussieren. Erst ihre Abwesenheit produziert die Lücke, die diese Freiheit und das Vergnügen möglich macht.

In *Stifters Dinge* treten an die Stelle der Darsteller nicht-anthropomorphe Maschinen und Objekte – Elemente der Natur wie Wasser, Nebel, Regen, Eis – und Elemente der Bühne wie die Vorhänge, das Licht und akusmatische Stimmen. Wir hören körperlose Stimmen, die Stimmen von Claude Lévi-Strauss, William Burroughs und Malcolm X, und wir hören auch frühe Aufnahmen von anonymen Stimmen aus Südamerika, Griechenland und Papua-Neuguinea. Während der Beschwörungen aus Papua-Neuguinea sehen wir Wasserspiegelungen auf einem Ballett von Vorhängen, die sich langsam auf und ab bewegen. Die Wirkung solch akusmatischer Stimmen beschreibt Helga Finter so:

> Die aufgezeichnete Stimme legt zugleich die Konstruktion von Präsenzwirkungen beim Zuschauer nahe, da er die gesprochenen Worte als an ihn adressiert vernimmt. Dies ist auf den akusmatischen Status einer solchen Stimme zurückzuführen, deren Quelle unsichtbar bleibt. Was der Zuschauer hört, wird er so mit dem verbinden, was er sieht, um sodann Hypothesen der Motivation und Kausalität zu formulieren. Sein skopisches Begehren inszeniert, was sein invokatorisches Begehren zu hören vermag: So inszeniert die sensible Intelligenz des Zuschauers selbst, wenn er seinen eigenen audiovisuellen Text webt und liest.[15]

Im einem traditionellen, auf Text basierten Theater, im Ballett oder in der Oper erkennt sich das Publikum im Schauspieler oder Tänzer oder Sänger wieder; die Zuschauer identifizieren sich mit den Darstellern und spiegeln sich in ihnen. Das funktioniert offenbar in *Stifters Dinge* nicht, und auch nur selten in meinen früheren Stücken. Statt des Angebots einer Selbst-Bestätigung sowohl für das darstellende und das rezipierende Subjekt eröffnet ein „Theater der Abwesenheit“ eine künstlerische Erfahrung, die nicht unbedingt in einer direkten Begegnung (mit dem Schauspieler) liegt, sondern in einer Erfahrung durch Alterität.[16] Alterität, die nicht als eine direkte Beziehung zu etwas zu verstehen ist, sondern als ein indirektes Dreiecksverhältnis, bei dem die theatralische Identifikation ersetzt wird durch eine unsichere Konfrontation mit einem vermittelnden Dritten, etwas, das wir vielleicht den „Anderen“ nennen können.

Abwesenheit als die Anwesenheit des Anderen, als eine Begegnung mit einem ungesehenen Bild, einem ungehörten Wort oder Klang; als eine Begegnung mit den Kräften, die der Mensch nicht kontrollieren kann, die sich unserem Zugriff entziehen.

Was als Experiment begann, wurde dadurch, dass die Elemente selbst die Bühne betreten, quasi zu einem anthropologischen und ökologischen Thema für mein Team, das Publikum und mich.

Jetzt, nach mehr als 150 Aufführungen, kann man sagen, dass das Experiment aufgeht. Die Zuschauer reagieren zunächst vielleicht mit Unverständnis, dann mit Irritation und erhöhter Aufmerksamkeit, sind intellektuell und emotional bewegt und lassen mich danach oft erleichtert wissen: „Endlich niemand auf der Bühne, der mir sagt, was ich denken soll.“

1 Vgl. Gerald Siegmund: *Abwesenheit. Eine performative Ästhetik des Tanzes,* Bielefeld 2006.
2 Gertrude Stein: *Plays. Writings 1932 – 1946,* herausgegeben von Catharine R. Stimpson und Harriet Chessman, New York 1998, S. 244 – 269.
3 Edgar Allan Poe: *Schatten. Eine Parabel.*
4 Elinor Fuchs: „Presence and the Revenge of Writing: Re-Thinking Theatre After Derrida", in: *Performing Arts Journal 26/27* (1985), S. 163 – 173, hier S. 163f. (Übersetzung Nicole Gronemeyer).
5 Ebd., S. 163.
6 Siegmund, a.a.O., S. 81.
7 Elias Canetti: *Masse und Macht,* Hildesheim 1960, S. 442ff.
8 Elias Canetti: *Das Geheimherz der Uhr, Aufzeichnungen 1973 – 1985,* Frankfurt am Main 1994, S. 181.
9 Ebd.
10 Elias Canetti: *Aufzeichnungen 1973 – 1984,* München 1999, S. 54.
11 Gertrude Stein: „Plays", in dies.: *Lectures in America,* Boston 1935, S. 260.
12 Gertrude Stein, Quelle, S. 260.
13 Elias Canetti: *Die Provinz des Menschen, Aufzeichnungen 1942 – 1972,* München/Wien 1973, S. 204.
14 Erika Fischer-Lichte: *Ästhetik des Performativen,* Frankfurt am Main 2004.
15 Helga Finter: „Der (leere) Raum zwischen Hören und Sehen: Zu einem Theater ohne Schauspieler", in: Till A. Heilmann, Anne von der Heiden, Anna Tuschling: *medias in res. Medienkulturwissenschaftliche Positionen,* Bielefeld 2011, S. 127 – 138.
16 André Eiermann: *Postspektakuläres Theater. Die Alterität der Aufführung und die Entgrenzung der Künste,* Bielefeld 2009.

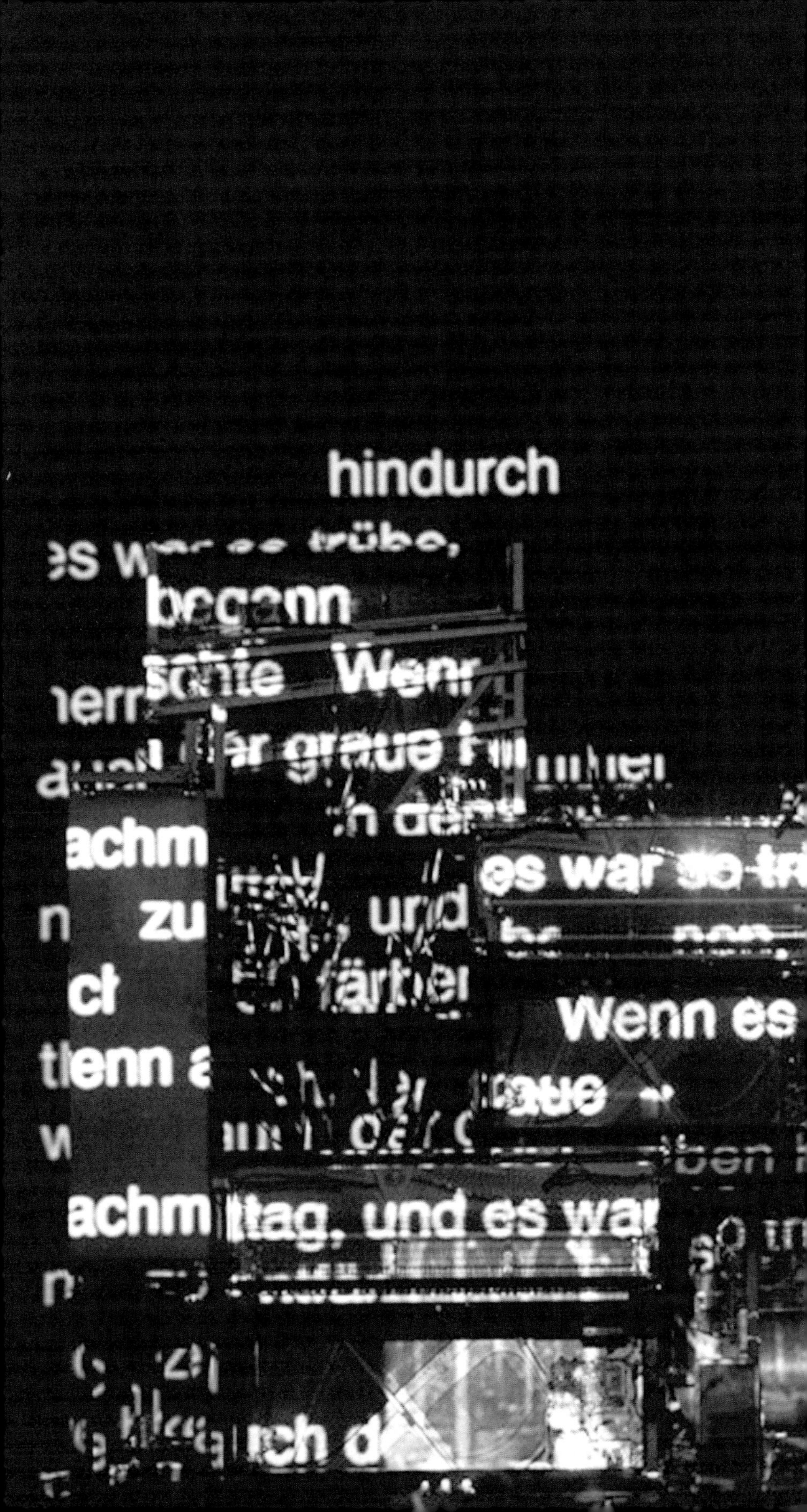

hindurch

es w… es trübe,

begann

Wenn

der graue

achm

zu

und

färben

es war

Wenn es

tlenn a

graue

achmittag. und es wa

rch d

Texte zu Stücken

BILDBESCHREIBUNGEN, TISCHGESELLSCHAFTEN UND KOMPARATIVE

Zur Oper *Landschaft mit entfernten Verwandten*

> Nicolas Poussin: „Im Vordergrund des Gemäldes sind die Figuren alle tragisch. Aber im Hintergrund ist alles friedlich, sanft und freundlich."
> Leonardo da Vinci: „Die linke Seite Ihres Gemäldes macht mich neugierig, die rechte zu sehen."[1]

Dieser fiktive „Dialog der Toten" ist Teil einer ersten Bildbeschreibung in dem Musiktheaterstück *Landschaft mit entfernten Verwandten*. Auch wenn diese Bilderoper auf den ersten Blick unzusammenhängend erscheinen mag, sich sogar gerade um diesen Eindruck bemüht, gibt es mehrere durchgehende Motive: unter anderem die Bildbeschreibungen. Hier diskutieren gerade die beiden Maler die Bildkomposition in Poussins für den Zuschauer/Zuhörer unsichtbaren Gemälde *Landschaft mit dem von der Schlange getöteten Mann* – eine außergewöhnliche Balance von Schrecken und Schönheit. Das Ringen um diese Balance provoziert auch in dieser Oper eine Perspektivenvielfalt, die den Betrachter immer wieder zwischen links und rechts, vom Vordergund zum Hintergrund, zwischen Ton und Text, gespielter und erzählter Zeit, von dieser zur nächsten Szene usw. schweifen lässt.

Schon den Landschaften in Poussins Gemälden fehlt oft ein eindeutiges Zentrum, und der Blick auf sie braucht den Respekt für alle Details. Dass das möglich ist, verdanken wir der – neben der angesprochenen Balance – zweiten Qualität Poussins: nämlich der, auch in der größten Entfernung nicht ungenau zu werden, nicht Unwichtiges durch Unschärfe auszugrenzen oder Besonderes hervorzuheben, sondern selbst einem in größter Weite zu findenden Gebäude oder einer Personengruppe, die am Horizont auftaucht, die gleiche Genauigkeit zukommen zu lassen wie den Objekten in der Nähe. Die einen werden im Vordergrund gerade gemordet, die anderen fischen weiter rechts im See und im Hintergrund gehen Jugendliche ausgelassen baden und bekommen von alldem nichts mit. Das lässt dem

Betrachter die Freiheit der Wahrnehmung; *ermächtigt* uns, *autorisiert* den Blick des Zuschauers; und dass diese beiden Verben etwas mit Macht zu tun haben, unterstreicht das Vorhaben.

Im dritten Akt der Oper folgen weitere Bildbeschreibungen, denen gemeinsam zu sein scheint, dass sie die Aufmerksamkeit des Betrachters auch auf scheinbar Unwichtiges oder auf das Schauen selbst lenken:

- ein Triumphmarsch in der poetischen Form eines Gedichts von T. S. Eliot, bei dem man die Zeit bis zur Ankunft des Kaisers im Wesentlichen mit Warten verbringt, mit Waffenschau und Würstchen. „What a time that took. Will it be he now? No.“[2]
- „Wie eine Schlacht darzustellen ist“, eine Anleitung Leonardo da Vincis zum Malen des Nichtdarstellbaren, der Gewalt des Krieges; eine Anleitung, die er in Farbempfehlungen auflöst: „die Kämpfenden wirst du rötlich malen … die Besiegten mache blaß …“[3]
- die Erörterung und szenische Rekonstruktion der Blicke und Repräsentationen im berühmten Gemälde *Las Meninas* von Velazquez nach einem Text von Michel Foucault, der um ein anwesendes/nichtanwesendes Herrscherpaar im Vordergrund/Hintergrund kreist.[4]

Es wird also über Bilder gesprochen (gesungen, getrommelt und getanzt), die sich weigern, das mächtige, oft gewalttätige Zentrum zu besetzen, oder es ausklammern, verschieben; die Zentrierung wird nicht in Szene gesetzt, nur angestrebt, angedeutet, auf sie hingearbeitet; schlussendlich bleibt sie ausgespart, um – wie von den beiden toten Malern – jetzt von uns, den lebenden Betrachtern, diskutiert, fokussiert und eingenommen werden zu können. Zudem gibt es Fotografien von Andreas Gursky, Walter Niedermayr oder Axel Hütte, in denen oft ein zentrales Objekt fehlt und in denen, der Tradition der Landschaftsbilder Poussins folgend, jedes noch allzu ferne Detail gleichermaßen scharf auszumachen und vom Betrachter erst zu fokussieren ist.

Dieser Blick, diese Art des Lesens, ist ein Verfahren, das die amerikanische Autorin Gertrude Stein mit ihren „landscape plays“ auf die Literatur übersetzt hat. Stücke ohne narrativen Strang und lineare Richtung, Klang und Textstücke, in denen der Zuschauer sozusagen herumschauen, herumhören, herumlesen kann. In ihrem Spätwerk aber verlässt sie die Sprachspiele, die uns manchmal fast sinnlos erscheinen oder nur noch rhythmisch, musikalisch, zu erschließen sind, und geht einen Schritt weiter: In dem Roman *Wars I have seen (Kriege, die ich gesehen habe*[5]*)* gelingt ihr ein ähnlich produktives Wechselspiel von Sinngebung und Sinnentzug mit der Gegenüberstellung verschiedener Erzähltechniken; womit sie das „Landschaftsprinzip" auf sehr entspannte Weise zu einer überaus politischen Perspektive werden lässt: Im Kriegsjahr 1943, das sie in Frankreich verbringt, montiert sie ganz unwichtig erscheinende mit sehr schwergewichtigen Beobachtungen. Sie schwadroniert unablässig, vermischt atemlos Privates mit Öffentlichem: Dass man z. B. wieder „Schuhe mit Ledersohlen trägt und nicht wie zu Beginn des Krieges nur mit Holzsohlen weil alle jetzt 1943 damit rechnen dass der Krieg bald vorbei ist wie der Bauer schon sagt alles was einen Anfang hat muss ein Ende haben", oder dass ihr das sinnlose Töten so vorkommt wie bei Shakespeares *Richard III,* dass sich Geschichte wiederholt und keiner aus seinen Erfahrungen lernen will … und plötzlich tauchen Sätze auf wie „I hate to have lovely places all smashed up and French people killed but what can I do?"

Auch bei Gertrude Stein also eine seltene Balance zwischen Humor, Zynismus, Schrecken und Gleichgültigkeit, provozierender Distanz oder provozierender Anteilnahme. Ist ihr der geliebte Hund mit Diabetes dann doch näher als die Frage, ob die Bomben auf die Italiener angebracht sind? Mit diesem scheinbar ungeordneten Nebeneinander von geschwätzigen Details, großen weltgeschichtlichen Vermutungen und sehr genauen politischen Beobachtungen provoziert sie das, was wir bei Poussin schon geschätzt haben: den Blick/den Fokus/die Bewertung des Gesehenen durch den Leser. Dass sie uns das nicht erspart, ist ihre Qualität, die ich für das Musiktheater zu übersetzen versuche.

Was haben die Tische damit zu tun? Sie werden immer wieder reingetragen, rangeschafft, umgruppiert und sind ein Zweites dieser durchgehenden Motive. Manchmal steht auch jemand darauf, wenn er sich für eine Rede zwischen all den Tröten Gehör verschaffen will, man nutzt sie, um Noten abzulegen oder darauf ein Instrument zu spielen oder um gar eine ganze Stadt auszubreiten, auszubauen, zu erörtern, bis sie dann spielerisch in Flammen aufgeht. Vor allem aber setzt man sich immer wieder an die Tische, um zu klären. Tischgesellschaften, Abendmahlszenen tauchen in jedem Akt der Oper mindestens einmal auf; einmal sogar im wörtlichen Zitat der gleichnamigen Arbeit von Katharina Fritsch, die im Besitz des Museums für Modern Kunst Frankfurt ist: An einem 16 Meter langen Tisch sitzen 32 identische Personen in Originalgröße. Und einmal im Jahr übrigens, das ist kaum bekannt, treffen sich in diesem Museum an einem derart gestalteten Tisch 32 schwarzgekleidete Personen zu einem einfachen, rituell inszenierten Sponsorenessen.

Wenn es im zweiten Akt meiner Oper langsam dunkel wird, sitzen und stehen an einem solchen langen Tisch etwa dreißig Menschen: Musiker des Ensemble Modern, Mitglieder des Deutschen Kammerchors, ein Schauspieler, ein Sänger und mehrere Statisten; ihnen wird zwar kein Essen serviert, aber es werden kleine Handbecken wie Teller verteilt, die später mit Stöcken gespielt zu einem großen Crescendo anwachsen; darüber hinaus haben die Musiker Instrumente auf dem Tisch. Wenn sich die angestammten Instrumente nicht zum Spielen am Tisch eigneten, wurden dafür sogar eigens andere, tischfähige, angeschafft oder gebaut: Der Pianist trägt ein Clavichord herein, der Cellist ein Tablecello, der Bassklarinettist einen Gartenschlauch mit Saxofonmundstück etc. Dazu hört man die Unterhaltung mit den Worten Gertrude Steins über die Sterne und warum Mondfinsternisse in Kriegszeiten ziemlich unbeachtet bleiben, obwohl sie doch insgesamt gesehen durchaus erschreckender sind als Krieg; und man lauscht einem Text von Henri Michaux, der diese Nacht klaustrophobisch als kubischen Raum beschreibt, in dem ein sisyphosartiger Kampf gegen Keller und Gewölbe den misslingenden Versuch beschreibt, ins Freie zu finden. „Doch vielleicht wird sich die Lage eines Tages ändern."[6]

Warum diese Oper *Landschaft mit entfernten Verwandten* heißt? Warum die bildende Kunst als Inspirationsquelle dabei so wichtig ist, und warum die Tischgesellschaften speziell dabei eine so prominente Rolle spielen?

Liebesgeschichten anderer haben mich auf der Bühne immer gelangweilt und ich glaube auch nicht, dass man den gesellschaftlichen Kräfteverhältnissen dadurch zu Leibe rücken kann, dass man sie auf psychologische Beziehungskonflikte reduziert – was leider in Theater und Oper immer wieder passiert. Mich interessieren gesellschaftliche, überindividuelle Konstellationen, mich interessiert der öffentliche Raum, und ich halte es hier mit Alexander Kluge: „In der Nähe, die uns erfahrbar ist, finden die Entscheidungen nicht statt."[7] Das hätten wir zwar gerne, danach sehnen wir uns, aber de facto ist das nicht so. An der Ausbildung der Fern-Sinne, für die Kluge plädiert, beteilige ich mich also gerne. Weil erst die Entfernung uns die Möglichkeit eröffnet, eine Nähe aufzuspüren, eine Ähnlichkeit zu entdecken, eine Verwandtschaft. „Wer mit dem Auge auf dem Gegenstand liegt, sieht ihn nicht", hat Heiner Müller gesagt. Und an dieser prekären Schwelle von Öffentlichem und Privaten, die jeder für sich selbst definieren muss, finden wir auch den Schlüssel für die Tischgesellschaft:

> Der öffentliche Raum wie die uns gemeinsame Welt versammelt Menschen und verhindert gleichzeitig, daß sie gleichsam über- und ineinanderfallen. Was die Verhältnisse in einer Massengesellschaft für alle so schwer erträglich macht, liegt nicht eigentlich, jedenfalls nicht primär, in der Massenhaftigkeit selbst; es handelt sich vielmehr darum, daß in ihr die Welt die Kraft verloren hat, zu versammeln, das heißt, zu trennen und zu verbinden. Diese Situation ähnelt in ihrer Unheimlichkeit einer spiritistischen Séance, bei der eine um einen Tisch versammelte Anzahl von Menschen plötzlich durch irgendeinen magischen Trick den Tisch aus ihrer Mitte verschwinden sieht, so daß nun zwei sich gegenüber sitzende Personen durch nichts mehr getrennt, aber auch durch nichts Greifbares mehr verbunden sind.[8]

Der Tisch garantiert also eine Übereinkunft, eine Art Generalnenner für die gleichzeitige Anwesenheit zahlloser sich widersprechender Aspekte und Perspektiven, die nichts von der Verschiedenheit des Einzelnen preisgeben muss. Das jetzt anstehende Problem ist das Austragen der Konfrontationen, der Vergleich, die Bewertung und das Aushandeln der unterschiedlichen Positionen. Die Tischgesellschaften, in denen übrigens das Kopfende meist frei bleibt, sind dabei auch Einladungen an die Zuschauer, dort im übertragenen Sinne Platz zu nehmen.

Trotz dieser quasi demokratischen Qualität der Übereinkunft, die die Tischgesellschaft voraussetzt, teilt sie uns nichts über das „Wie" und „Was" des zu Verhandelnden mit. Auch Saddam Hussein hatte einen solchen Tisch, das konnte man während des nach Cowboy-Manier geführten Krieges beobachten; aber natürlich hielt er die Schlüsselposition am Kopfende besetzt und nahm damit das produktiv leere Zentrum dieser Konstruktion gewaltsam in Beschlag. Seinen

Doppelgänger erkannte man daran, dass er bei diesen Tischgesellschaften nur zuhörte und nicht allein das Wort führte.

Das Problem sind die Komparative. Aus ihnen entwickeln sich die gesellschaftlichen Konflikte. Aus den Steigerungsstufen. „Von Superlativen geht eine zerstörerische Gewalt aus“[9], sagt Canetti. Sie ist in den Komparativen schon angelegt: sich über andere stellen. Weniger Wichtiges verdecken. Den besseren Schauspieler in den Vordergrund schieben. Die Differenz immer als Wertung ausmachen; dabei verkennen, dass etwas nicht besser oder schlechter, sondern anders ist – und das aushalten. Das war Giordano Bruno klar, der dagegen seine Theorie der Übereinstimmung der Gegensätze formuliert, die Hierarchie des Universums bezweifelte und „Gerade und Kreis“ im Unendlichen als dasselbe ansah. Als früher Dialektiker bezweifelt er „nicht die Unterschiede, aber die Rangfolge.“

Die Ängstlichen berufen sich aufs Naturgesetz und fragen im befürchteten Chaos einer prinzipiellen Gleichheit nach dem beruhigenden Moment: „Wo bleibt denn da die Ordnung, die Stufenleiter der Natur?“ Damit schließt der erste Akt. Die Chorsänger als frühneuzeitliche Personengruppe in den charakteristischen weißen Halskrausen, wie wir sie auf den Bildern von Frans Hals oder Rembrandt gesehen haben; sie sitzen und stehen als Tischgesellschaft um einen Tisch und debattieren diese Frage singend.

Beantwortet wird sie drei Akte später – am selben Tisch. In einer Kneipe treffen sich abgehalfterte Cowboys in Hillbilly-Manier und wissen, wo die Ordnung aufrechterhalten ist, wo alles ein bisschen besser ist als anderswo: im Wilden Westen.

I. Akt

Wo bleibt dann unsere schöne Ordnung, diese schöne Stufenleiter der Natur, auf der man emporsteigt vom dichtesten und solidesten Stoff, der Erde, zum weniger dichten, dem Wasser, zum feinen, zum feineren, zum feinsten?

Vom finsteren zum lichtesten? Vom schwersten zum schweren, von diesem zum leichten, vom leichten zum leichtesten, von diesem zu dem, der weder schwer noch leicht ist?

Von dem, der sich zum Mittelpunkt hin bewegt, und von diesem zu dem, der sich um den Mittelpunkt herum bewegt[10]?

IV. Akt Arthur Chapman, Out Where the West Begins

Out where the handclasp's a little stronger,
Out where the smile dwells a little longer,
That's where the West begins;
Out where the sun is a little brighter,
Where the snows that fall are a trifle whiter,
Where the bonds of home are a wee bit tighter,
That's where the West begins.

Out where the skies are a trifle bluer,
Out where friendship's a little truer,
That's where the West begins.
Out where a fresher breeze is blowing,
Where there's laughter in every streamlet flowing,
Where there's more of reaping and less of sowing,
That's where the West begins.

Out where the world is in the making,
Where fewer hearts in despair are breaking,
That's where the West begins.
Where there's more of singing and less of sighing,
Where there's more of giving and less of buying,
And a man makes friends without half trying –
That's where the West begins[11].

Es gibt in diesen beiden Tisch-Bildern nicht *den* Protagonisten, auf den hin alles zentriert ist. Es gibt auch nicht *die* Eindeutigkeit, die den Blick verengt, die Situation denunziert, oder sie auf eine interpretatorische Lesart festlegt, sondern den ständigen Versuch, die Bilder in einer fragilen Balance zu belassen oder sie zu öffnen. Der Blick des Zuschauers soll seine Aufmerksamkeit auf die Personen immer wieder neu einstellen können.

Man hat der Musik immer den Vorwurf gemacht, sie sei nicht greifbar, inhaltlich definiert, und für alles und jedes einsetzbar; man weiß es längst, es ist mit den Bildern nicht anders. Eine Arbeit des albanischen Künstlers Sislej Xhafa zum Beispiel, die von mir für die Oper auskomponiert wurde, zeigt folgendes Bild: Ein Sinfonieorchester sitzt auf einem inszenierten Foto und alle haben schwarze Kapuzen auf, die man von Banküberfällen kennt. Die Spannung aus kultivierter Instrumentalbeherrschung, zivilisierter Kunstausübung und erschreckendem Äußeren – die Kapuze scheint zu suggerieren, dass sich diese Leute vielleicht auch noch mit gefährlicheren Gerätschaften auskennen – steht für mich im gleichen Kontext einer Balance von Schrecken und Schönheit. Nur kurzfristig brach diese zusammen, als im vergangenen Herbst im Fernsehen Bilder von der Geiselnahme tschetschenischer Rebellen in einem Moskauer Musicaltheater zu sehen waren, wie sie mit genau den gleichen Masken die Bühne erstürmten, die zeitgleich die Musiker des Ensemble Modern auf der Genfer Opernbühne trugen. Für einen Moment musste ich glauben, die Szene gehe jetzt nicht mehr, werde jetzt zum tagespolitischen Statement. Wenige Sekunden später wurden aber in derselben Fernsehsendung Filmbeiträge gezeigt, in denen das russische Sonderkommando bei Übungen für den Sturm auf das Musicaltheater zur Befreiung der Geiseln zu sehen war: Sie trugen natürlich dieselben Masken. Erst jetzt war die Balance wiederhergestellt und es war klar: Die Szene hatte ihre Spannung, ihre Uneindeutigkeit nicht verloren. Das Tragen der Maske selbst ist noch kein Indiz für die politische Landschaft, aus der die entfernten Verwandten kommen.

Dass sich „eine Räuberbande und eine Schar Heiliger gar nicht so unähnlich sind", auch das steht bei Hannah Arendt. „Die einen kehren sich nicht um die Welt, weil sie zu schlecht, die andern, weil sie zu gut für sie sind."

1 François Fénelon: *Dialog der Toten,* Paris 1718.
2 T.S. Eliot: „Coriolan", in ders.: *Werke Band 4, Gesammelte Gedichte,* Frankfurt am Main 1988.
3 Leonardo da Vinci: *Schlachtbeschreibung,* in: André Chastel (Hg.): *Leonardo da Vinci. Sämtliche Gemälde und die Schriften zur Malerei,* München 1990.
4 Michel Foucault: *Die Ordnung der Dinge,* Frankfurt am Main 1974.
5 Gertrude Stein: *Kriege die ich gesehen habe,* Frankfurt am Main 1984.
6 Henri Michaux: „Die Arbeit des Sysiphos", in ders.: *Dichtungen, Schriften Band II,* Frankfurt am Main 1971.
7 Alexander Kluge: „Das Politische als Intensität alltäglicher Gefühle", in ders.: *Theodor Fontane, Heinrich von Kleist, Anna Wilde,* Berlin 1987.
8 Hannah Arendt: *Vita activa oder Vom tätigen Leben,* München 1967, S. 52.
9 Elias Canetti: *Die Provinz des Menschen,* Frankfurt am Main 1976.
10 Giordano Bruno: Zwiegespräche vom unendlichen All und den Welten, Darmstadt 1983.
11 Arthur Chapman: *Out where the West begins,* 1922.

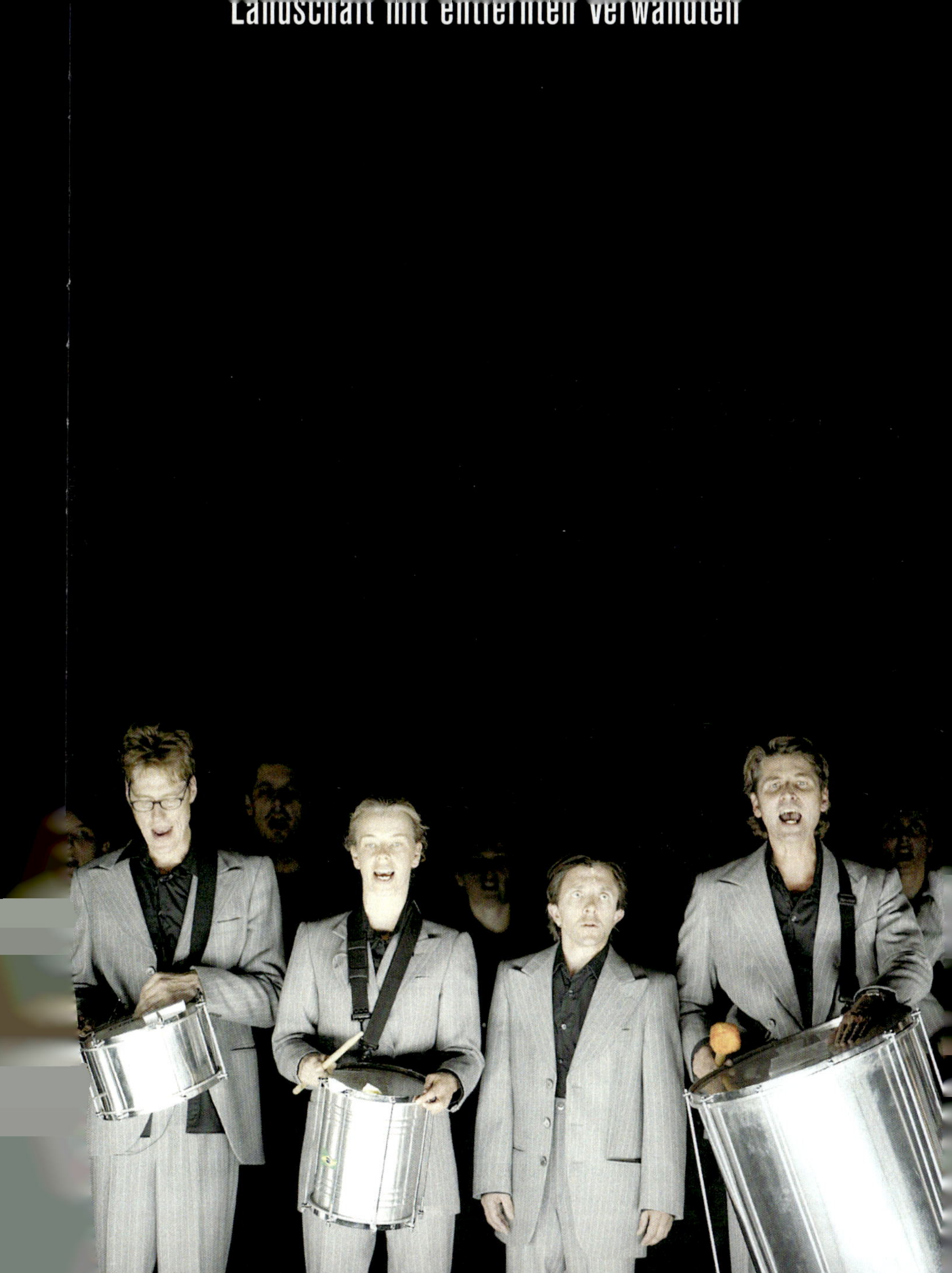
Landschaft mit entfernten Verwandten

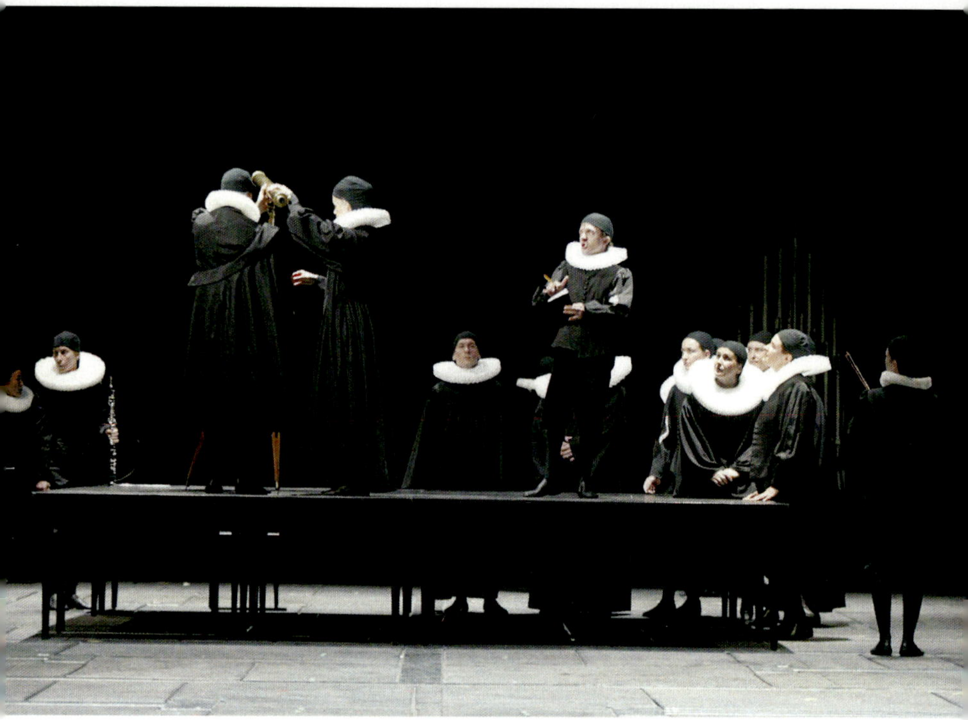

„Wo bleibt denn da die Ordnung, die Stufenleiter der Natur?“ (Giordano Bruno)

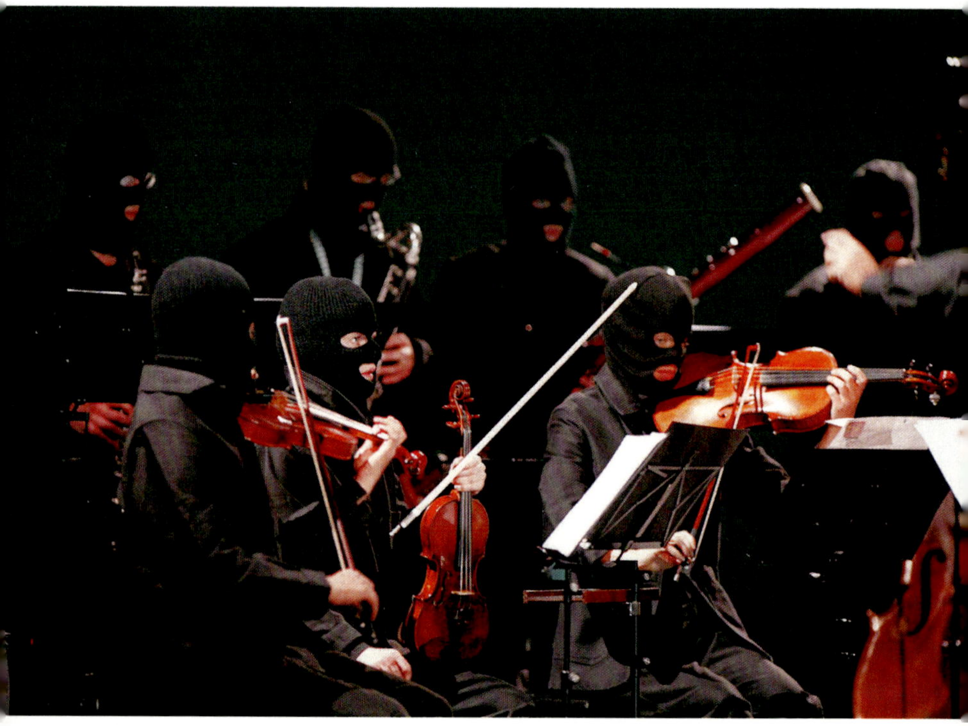

„... daß sich eine Räuberbande ...“

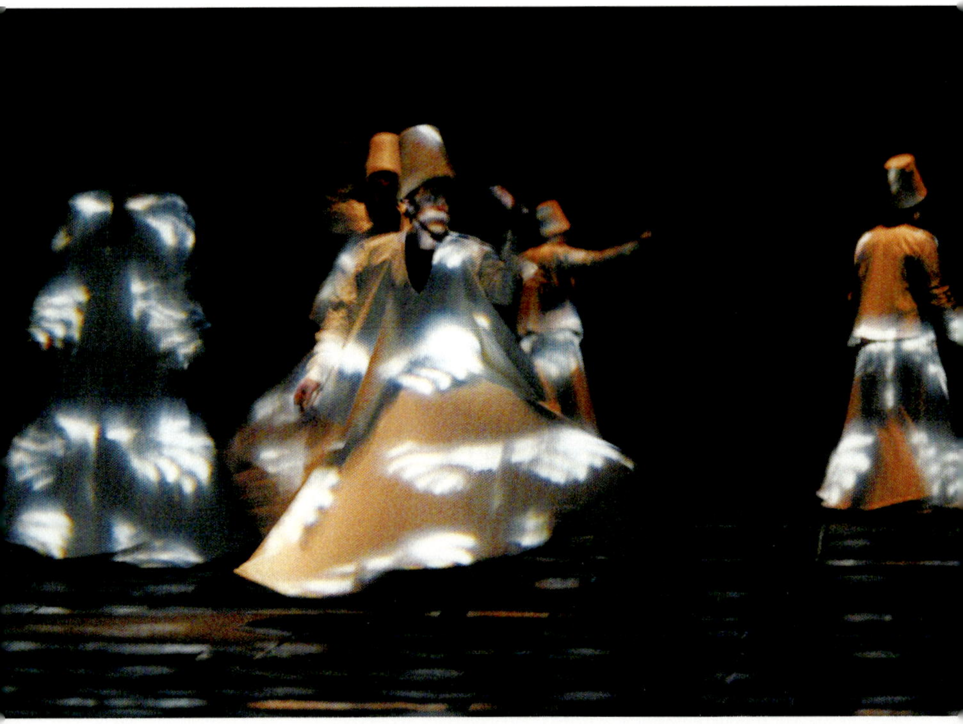

„… und eine Schar Heiliger gar nicht so unähnlich sind“ (Hannah Arendt)

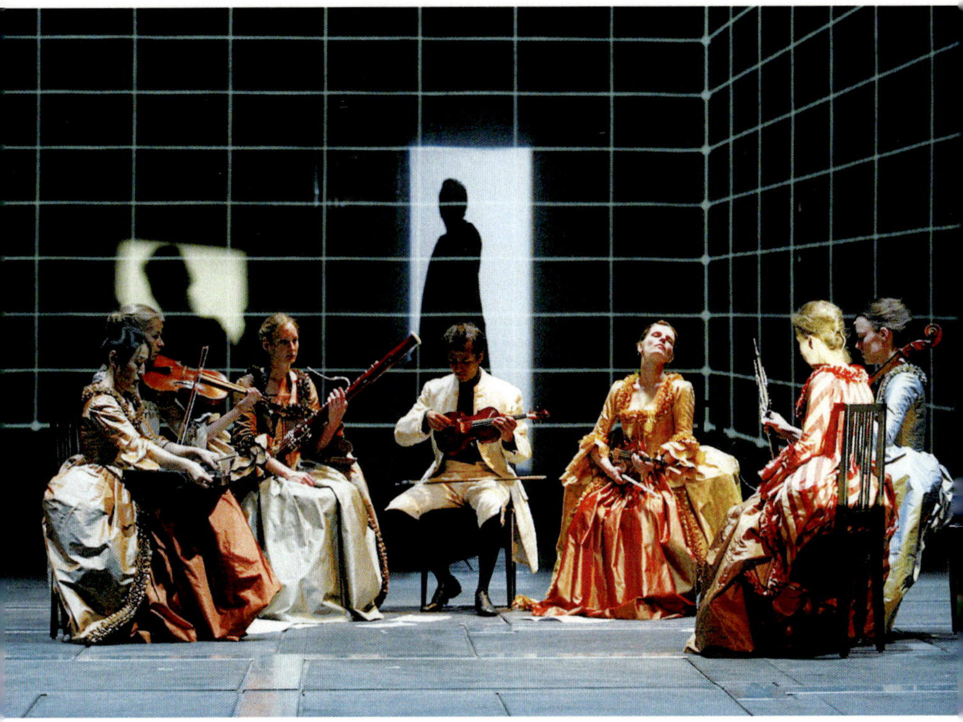

Las Meninas – eine Bildbeschreibung

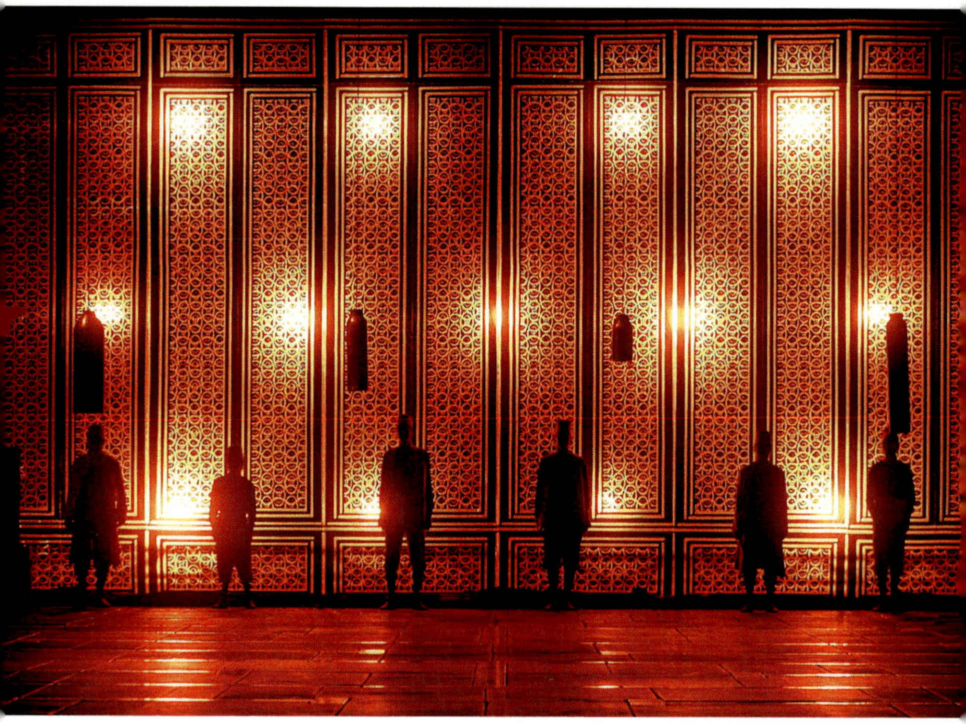

„Es gibt nichts Sichtbares ohne Farbe.“ (Nicolas Poussin)

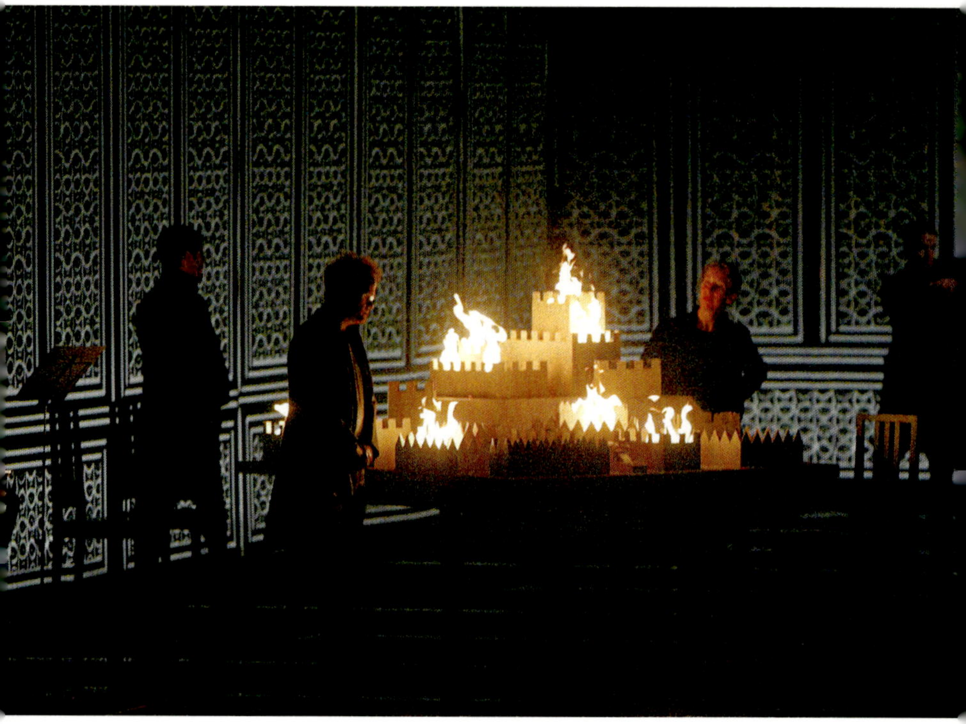

„I hate to have lovely places all smashed up and French people killed but what can I do?“ (Gertrude Stein)

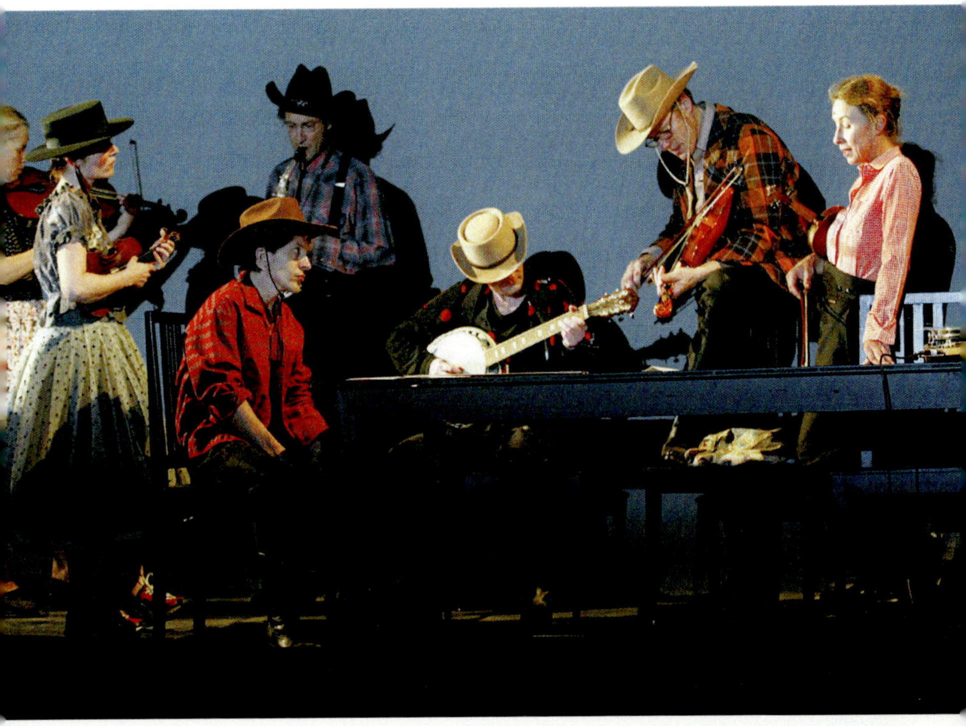

„That's where the West begins." (Arthur Chapman)

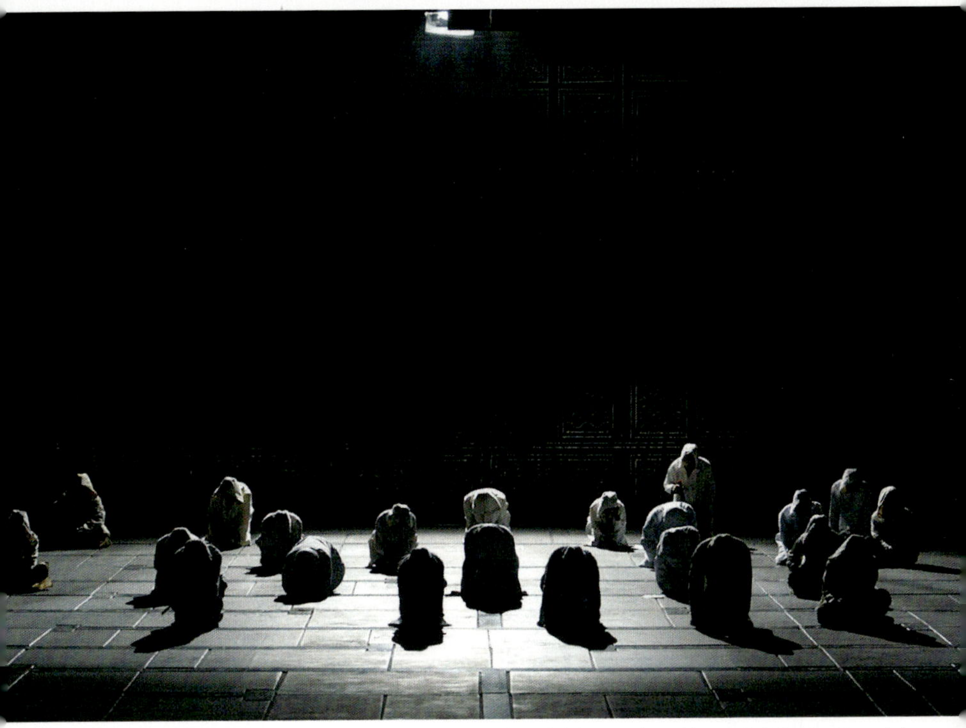

„Es gibt nichts Sichtbares ohne Distanz." (Nicolas Poussin)

Eraritjaritjaka

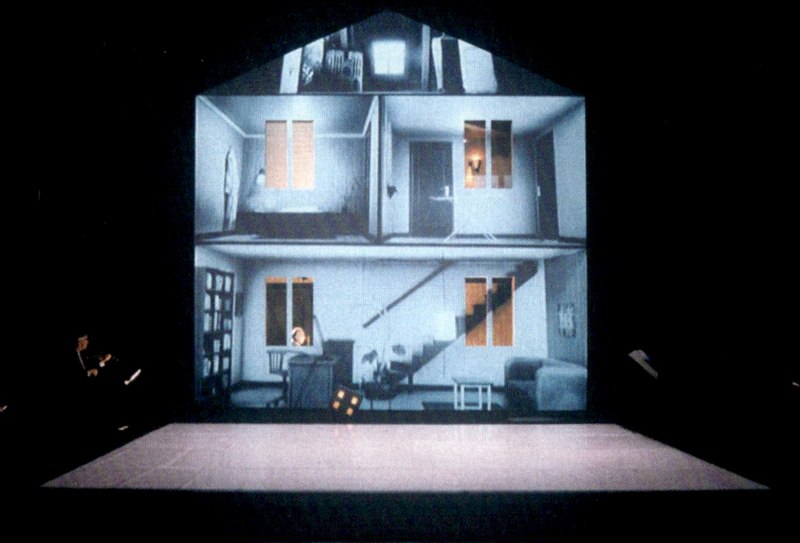

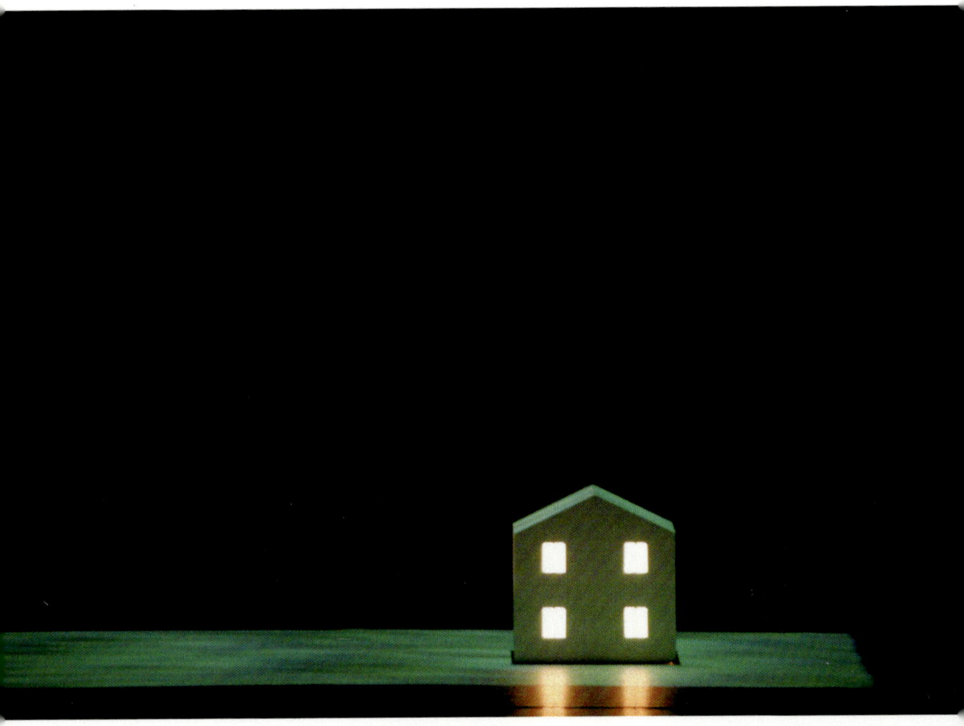

„Erkläre nichts. Stell es hin. Sag's. Verschwinde." (Elias Canetti)

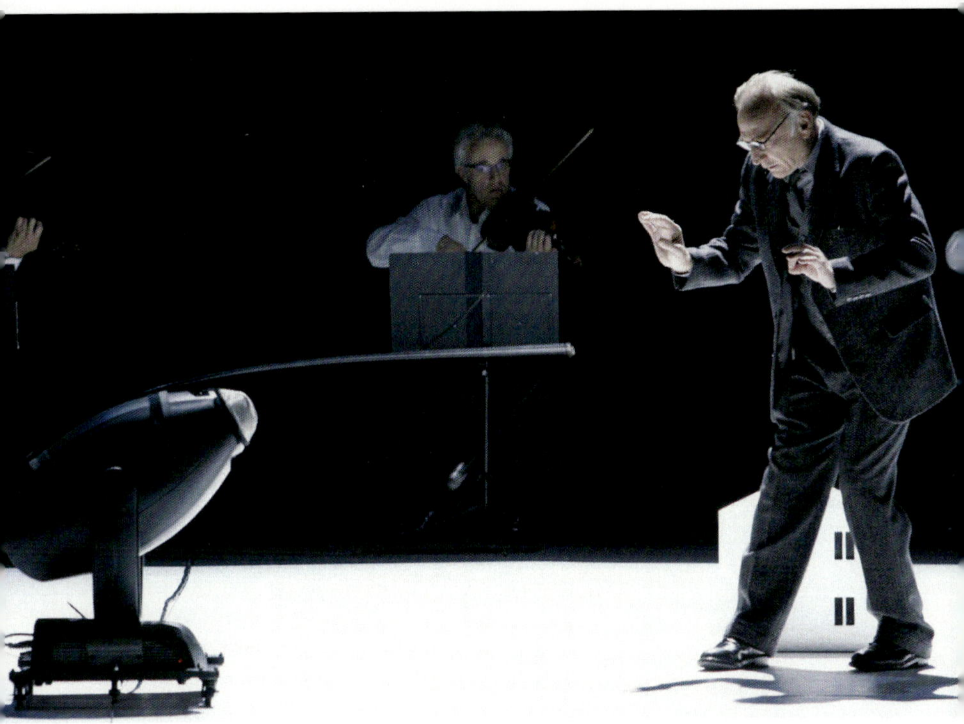

„Immer, wenn man ein Tier genau betrachtet, hat man das Gefühl, ein Mensch, der drinsitzt, macht sich über einen lustig." (Elias Canetti)

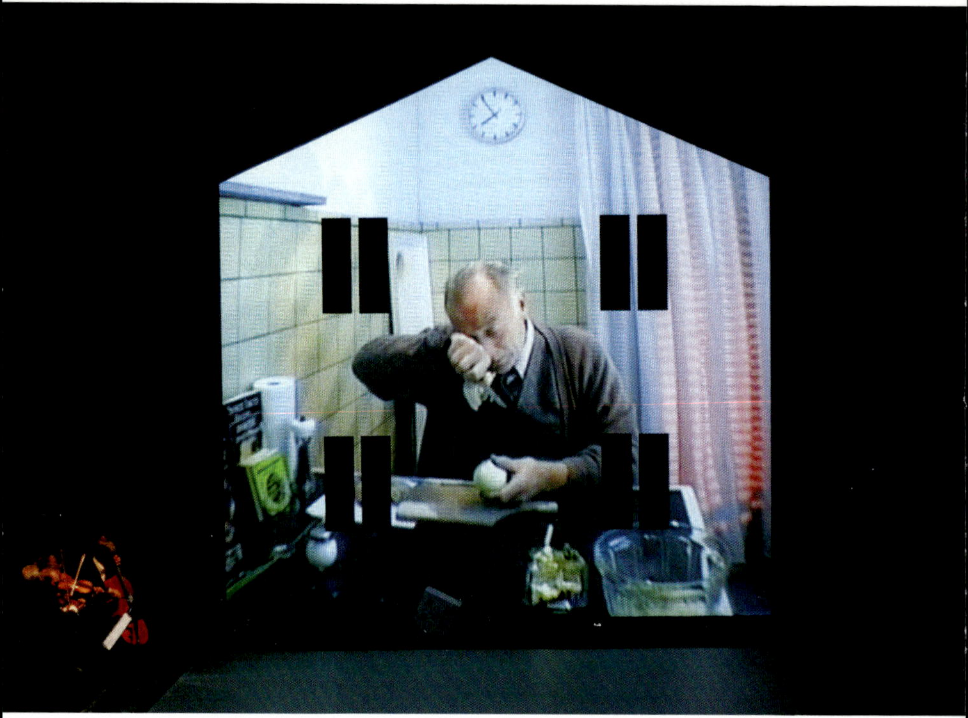

Wenn ich möchte, dass ein Schauspieler weint, geb' ich ihm eine Zwiebel.

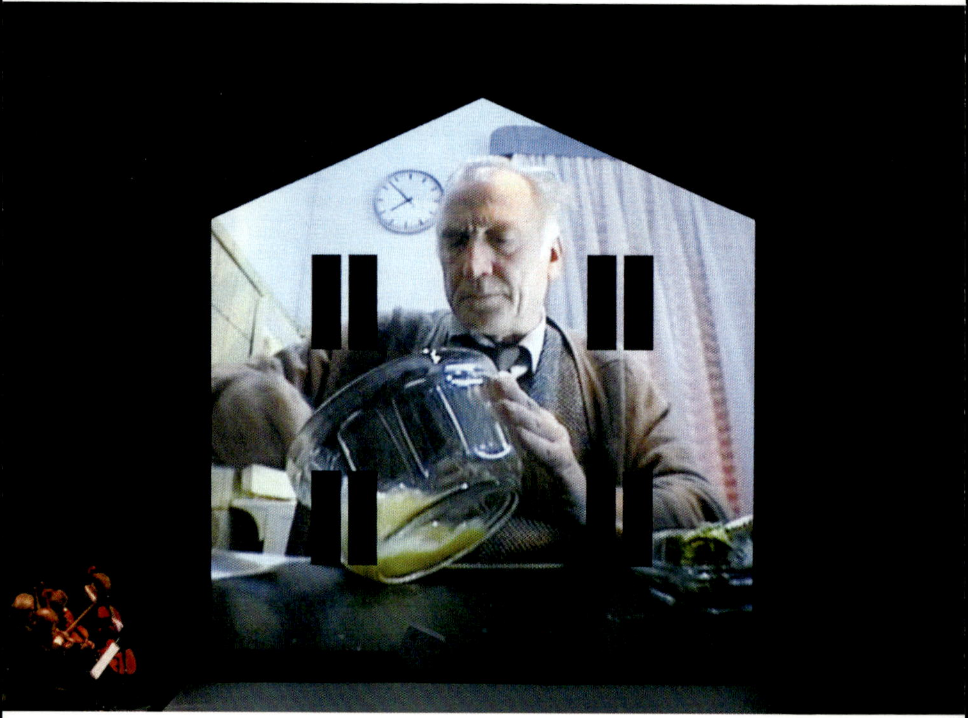

Die Küchenuhr im Hintergrund zeigt die aktuelle Zeit.

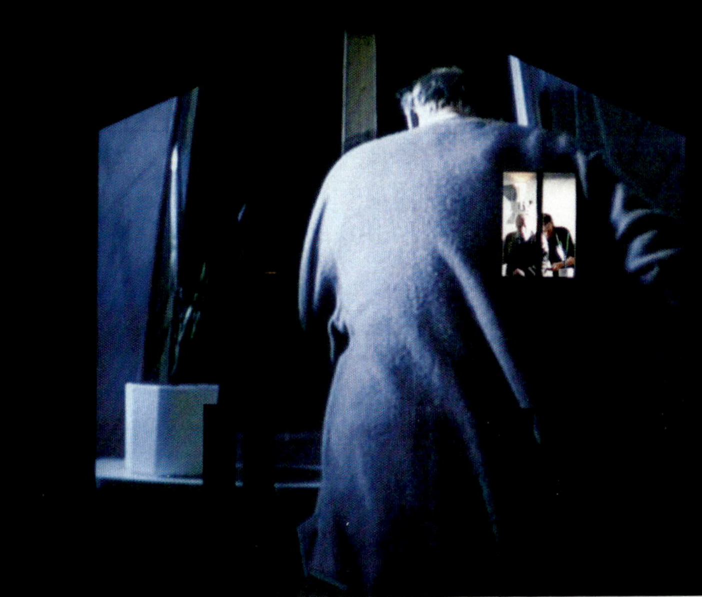

„Es ist nicht das Erlernte, das ich hasse, was ich hasse ist, daß ich darin wohne." (Elias Canetti)

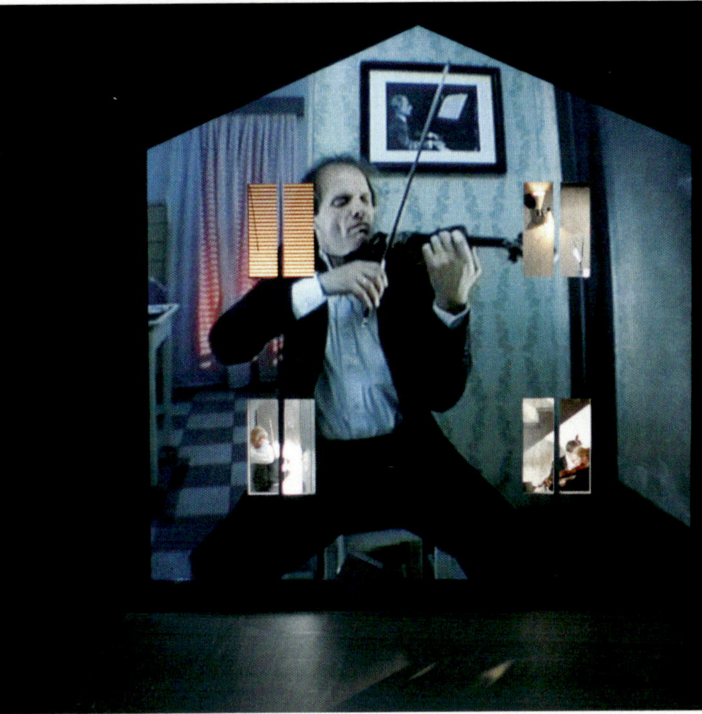

„Indem die Musik alles wird, kommt es auf das Drama nicht mehr an." (Elias Canetti)

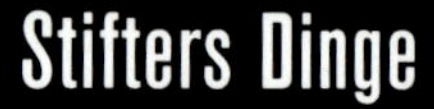
Stifters Dinge

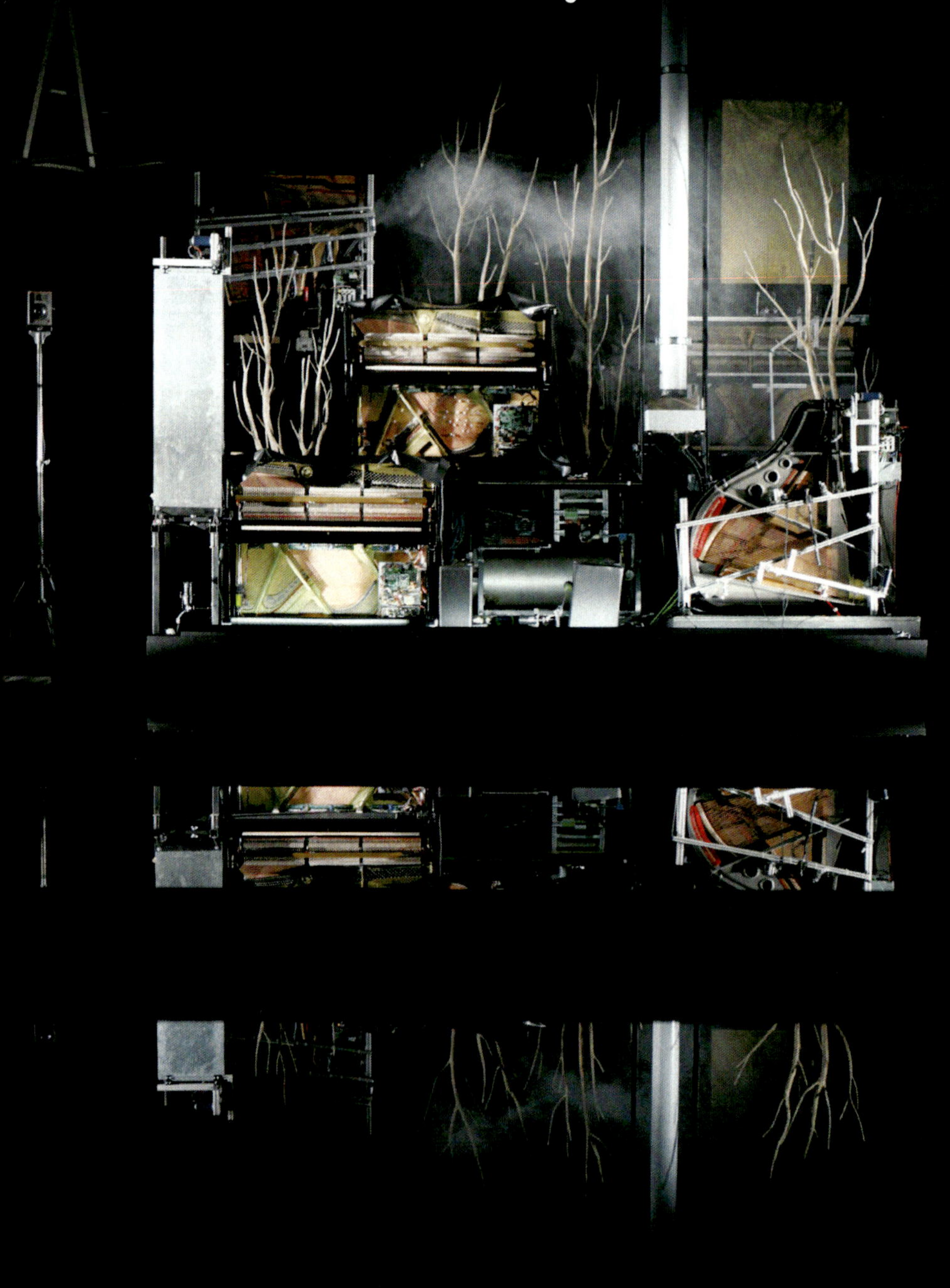

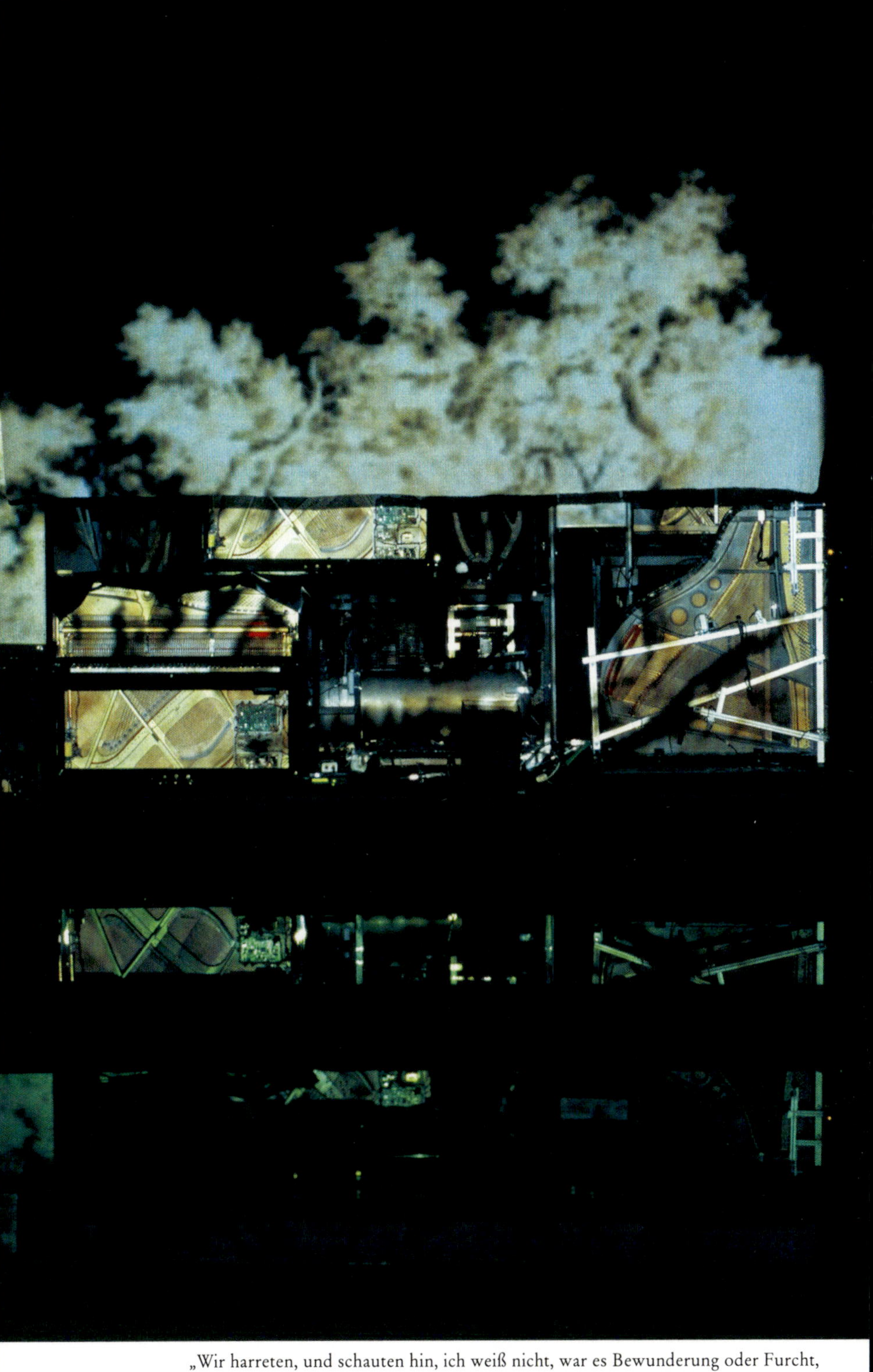

„Wir harreten, und schauten hin, ich weiß nicht, war es Bewunderung oder Furcht, in das Ding hinein zu fahren." (Adalbert Stifter)

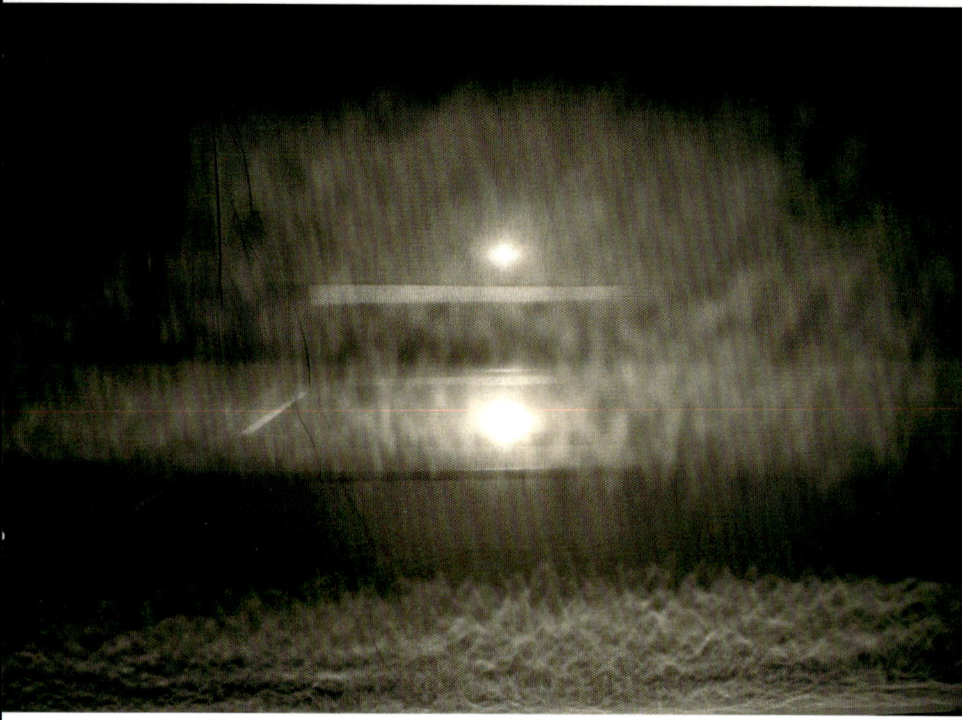

Inkantationen für den Südwestwind

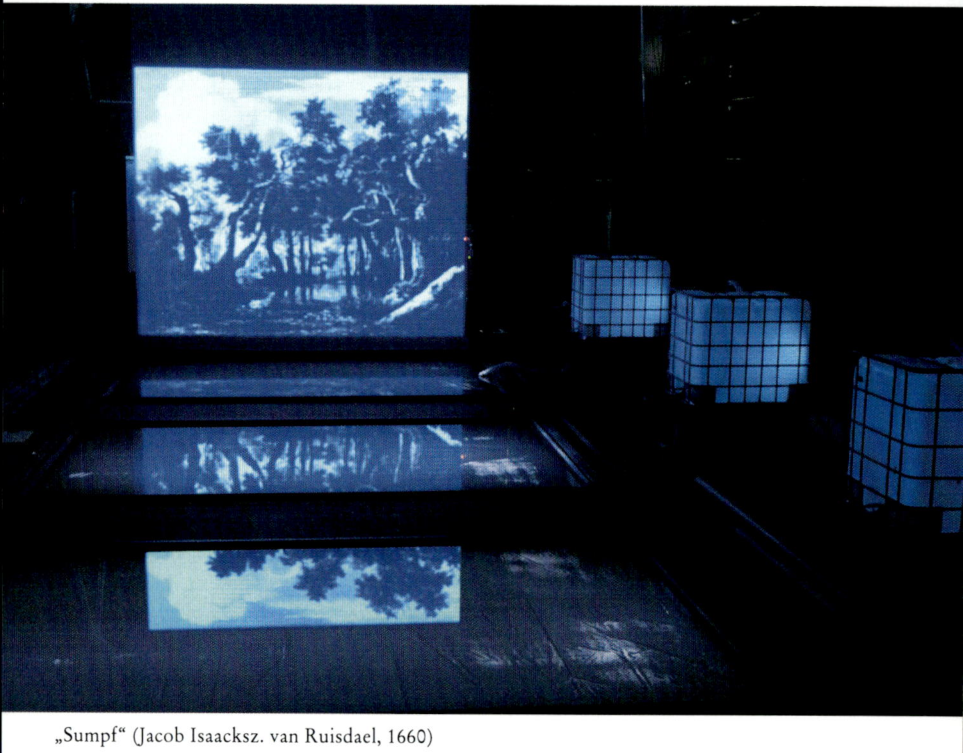

„Sumpf" (Jacob Isaacksz. van Ruisdael, 1660)

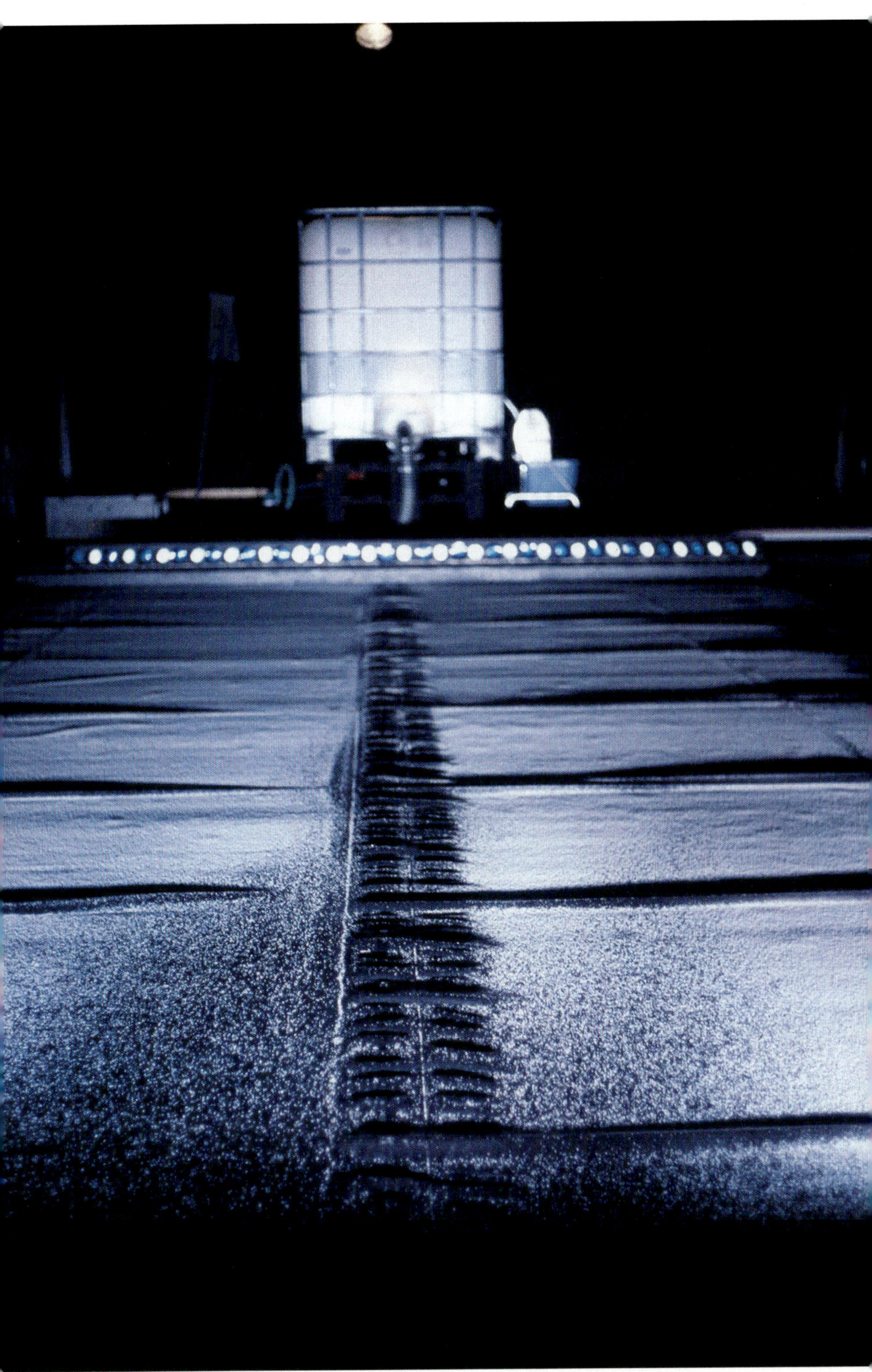

„Das Rauschen, welches wir früher in den Lüften gehört hatten, war uns jetzt bekannt; es war nicht in den Lüften, jetzt war es bei uns.“ (Adalbert Stifter)

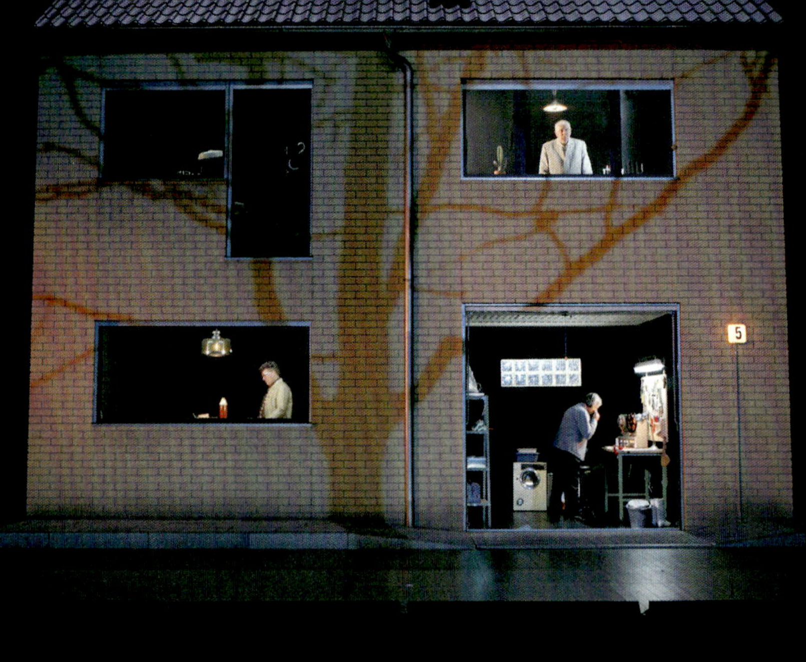
5

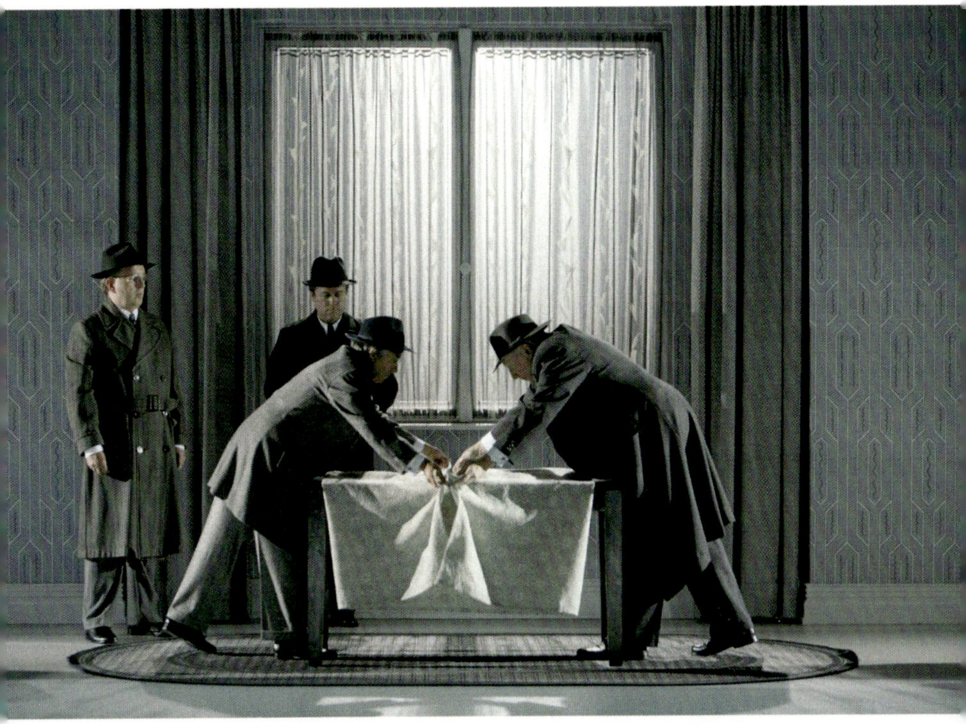

The Love Song of J. Alfred Prufrock (T. S. Eliot)

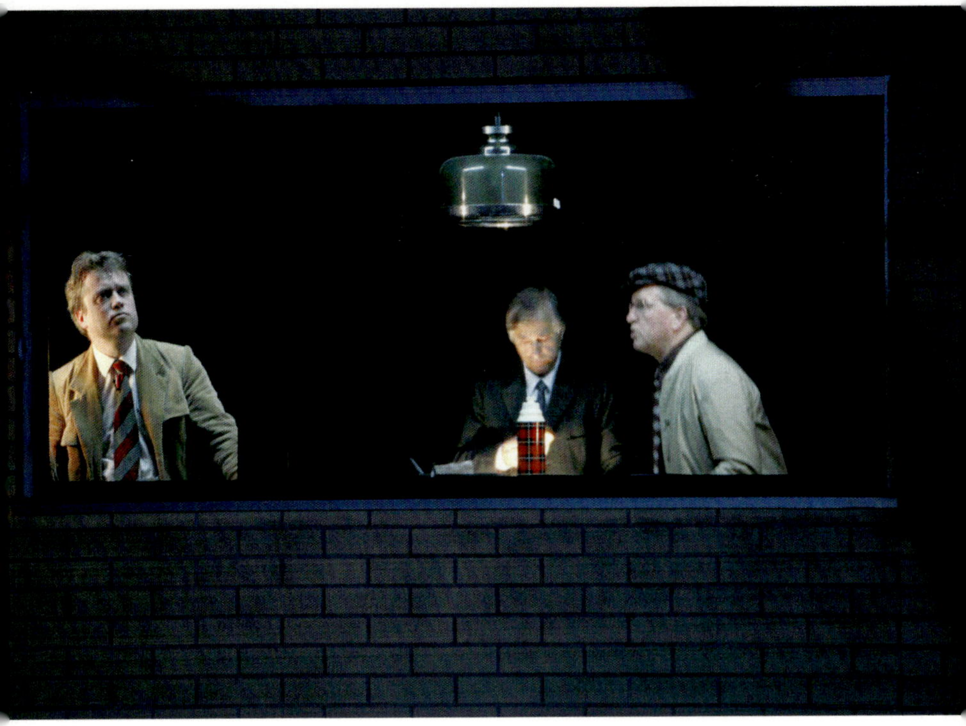

The Madness of The Day (Maurice Blanchot)

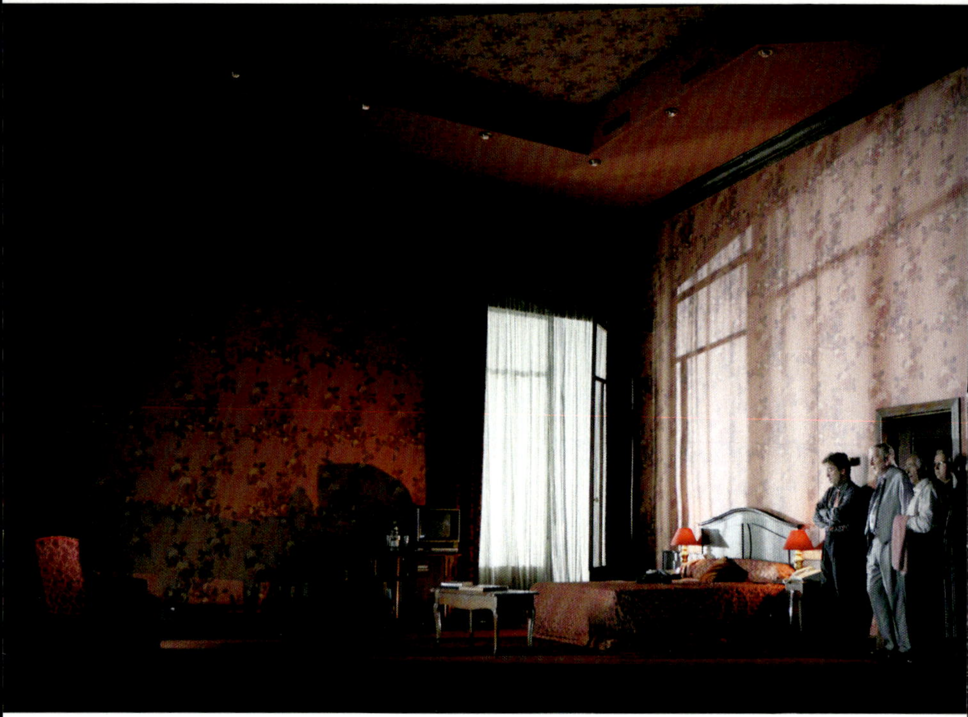

Worstward Ho (Samuel Beckett)

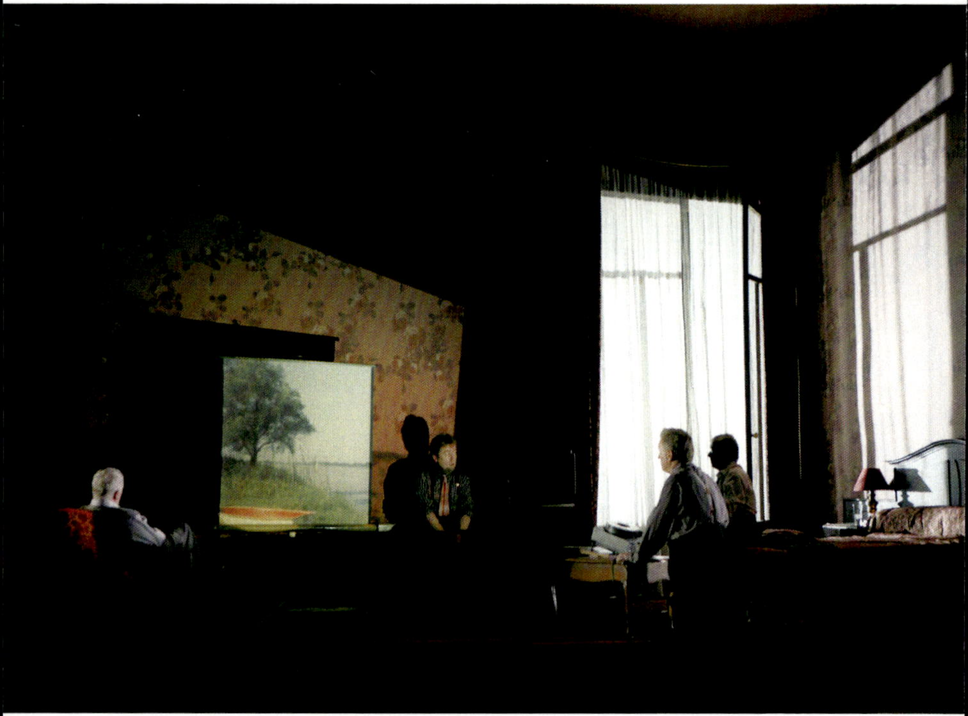

„Nohow worse. Nohow naught. Nohow on.“ (Samuel Beckett)

„MANCHES MERKT MAN SICH BLOSS, WEIL ES MIT NICHTS ZUSAMMENHÄNGT“

Fragen beim Bau von *Eraritjaritjaka*

Der titelgebende Aphorismus aus Elias Canettis erstem Aufzeichnungsband *Die Provinz des Menschen*[1] liest sich zunächst wie eine launige Koketterie. Erst beim näheren Hinsehen entpuppt er sich als mögliche Schlüsselformel für den Reiz seiner Texte, für seine spezifische Aufmerksamkeit auf und seine manischen Abgrenzungswünsche gegen das Zusammenwirken und Zusammensein von allem und jedem. Im gleichen Band entwirft er nämlich auch

> ein Reich, in dem die Menschen sich nur auf Entfernung lieben, ohne sich je zu sehen. Ein Liebender darf nie erfahren, wie seine Geliebte wirklich aussieht. Indiskretionen in dieser Richtung werden schwer bestraft, wie bei uns Notzucht. Auch im Leben dieser Menschen gibt es Tragödien: wenn einer z. B. erfährt, daß er die Frau, die er sich zu seiner Liebe ausgesucht hat, von irgendwoher kennt. Er ist dann so entsetzt über sich, wie ein Ödipus bei uns. Es ist manchmal nicht leicht für Liebende, sich zu vermeiden. Aber sie wissen, mit der ersten Begegnung ist alles zu Ende. Es ist ihnen nicht möglich, einen Menschen zu lieben, den sie kennen; sie sind gute Beobachter und mit wem sie einmal gesprochen haben, der ist durchschaut. Wie sollten sie für ein solches erkanntes Geschöpf noch Liebe aufbringen können.[2]

Er belegt mit dieser Beziehungsmetapher alles, was ihm in den Blick kommt. Jeder Zusammenhang ist ihm suspekt und steht unter dem Generalverdacht von Hierarchisierung, Wettbewerb, Abhängigkeit, Machtstruktur, Unterwerfung, Verachtung, Vergewaltigung. Nur *nebeneinander* kann man existieren. Wenn einmal etwas *mit nichts* zusammenhängt, scheint es unschuldig, hat sich keines Anderen bemächtigt. Deswegen verdient es besondere Aufmerksamkeit.

„Am angenehmsten ist es ihnen“, fährt Canetti fort, „an fremde Länder zu denken, deren Sitten sie nicht begreifen; dort könnte es noch etwas zu bewundern geben. So malen sie sich die Fremden aus und schreiben ihnen unverständliche Briefe."[3]

Vielleicht liegt darin auch seine Begeisterung für das merkwürdige Aborigine-Wort *Eraritjaritjaka* begründet: „– ein archaischer, poetischer Ausdruck auf Aranda – bedeutet: Voller Verlangen nach etwas, was verloren gegangen ist."[4] Auch wenn für Canetti sicher die klangliche und rhythmische Resonanz dieses Wortes ebenso von Bedeutung ist.

„Manches merkt man sich bloß, weil es mit nichts zusammenhängt." Dieser Satz, geschrieben in meinem Geburtsjahr 1952, ist auch eine Schlüsselformel für die Arbeit an *Eraritjaritjaka*. Vieles ergibt sich für die Aufführung gerade aus einem *Nicht-Zusammenhang* – zum Beispiel die unabhängige Existenz der Theatermittel, die einzeln vorgestellt werden: die Musik, das Quartett, das Licht, der Film, die Entwicklung des Raumes: zunächst der schwarze Raum, dann das weiße Rechteck, das kleine Haus, das große Haus, das Draußen, das Drinnen. Erst später wird es zu Verschränkungen der verschiedenen einzeln eingeführten Parameter kommen.

Auf der Textebene steht zu Beginn ein Text, der über Musik spricht, sich vorsichtig von ihr entfernt, bis er irgendwann selbst zum Bild wird, bis sich auch dieses wiederum von der Musik löst und der Schauspieler schließlich alles verlässt: die Bühne, die Musik, das Theater, den Film.

„Er möchte ganz von vorn beginnen. Wo ist vorn?"[5] Vorn ist in der Chronologie dieses Projektes zum Beispiel der Winter 1998, in dem ich auf die Aufzeichnungsbände Canettis aufmerksam wurde; es war genau das Unzusammenhängende dieser Textform, das mich angezogen hat. Einzelne, für sich stehende Sätze, die mit den zuvor und danach gelesenen immer wieder neue Konstellationen eingehen. Auch wenn ich fünf Jahre brauchen sollte, um mir eine Realisierung vorstellen zu können, wusste ich beim ersten Lesen: Das möchte ich angehen. Glücklicherweise habe ich erst kurz vor der Premiere erfahren, dass Canetti seinen Erben hinterlassen und verfügt hat, seine Bücher seien nur zum Lesen da und seine Stücke zum Spielen. Mir kam es nie in den Sinn, seine Theaterstücke zu inszenieren. Vielleicht ahnte ich auch, was Canetti davon gehalten hätte, wenn sich ein Komponist darüber hermacht: „Das Musikdrama ist der unsauberste und widersinnigste Kitsch, der je ersonnen wurde. Das Drama ist eine ganz eigene Art von Musik und verträgt sie als Zusatz nur selten."[6] Es ist also bei ihm keine Verachtung, sondern eine Art Eifersucht gegenüber dem Medium Musik: „Indem die Musik alles wird, kommt es auf das Drama nicht mehr an." Er orientiert sich auch an ihr, wenn er seinen Hauptwiderstand gegen die Entwicklung der Charaktere beschreibt, und seinen Versuch begründet, die Figuren in seinen Dramen wie musikalische Themen zu behandeln.

> Auch in der Musik sind die Instrumente gegeben. Sobald man sich einmal für dieses oder jenes Instrument entschieden hat, hält man daran fest, man kann es nicht, während ein Werk abläuft, in ein anderes Instrument umbauen. Etwas von der schönen Strenge der Musik beruht auf dieser Klarheit der Instrumente.[7]

Wer fünf Jahre lang immer wieder die sechs Bände mit seinen Aufzeichnungen aufschlägt, durchblättert, unsystematisch liest, in ihnen etwas findet, wieder verliert, etwas aufs Neue findet –, knüpft damit quasi ein immer weiter verzweigtes Netz von Vergnügungen am Text, Assoziationen, möglichen Sinnebenen, die sich bei jedem wiederholten Lesen immer wieder anders öffnen. Man entdeckt neue Bedeutungen, die den Texten neue Perspektiven abgewinnen und uns herausfordern. Es sind Texte, die zugleich persönlich sind und dennoch – genau aus den gerade beschriebenen Gründen – nie privat. „Der Mensch verdient kein Privatleben."[8] Ich betrachte sie als Texte, die nicht nur den einen Sinn haben (der nur gefunden und möglichst biografisch interpretiert werden muss, bevor er dann auf der Bühne verkörpert werden kann), sondern ich versuche, die Sätze Canettis als Angebote für Erfahrungen zu inszenieren und nicht als Urteile – wenn wir der Unterscheidung Brechts folgen wollen: „Unsere Erfahrungen verwandeln sich meist sehr rasch in Urteile. Diese Urteile merken wir uns, aber wir meinen, es seien Erfahrungen. Natürlich sind Urteile nicht so zuverlässig wie Erfahrungen. Es ist eine bestimmte Technik nötig, die Erfahrungen frisch zu halten, sodaß man immerzu aus ihnen neue Urteile schöpfen kann."[9] Die Texte Canettis sind Angebote dazu – pointiert und polemisch. Angebote, die uns einladen, auf wechselnde Erfahrungen hin angewendet zu werden und diese „frisch zu halten". Ein Zuschauerraum voll selbständiger Individuen und eine Busladung voller Theaterwissenschaftler werden wohl damit mehr anzufangen wissen als ein kleines Regieteam. Mein Hauptproblem war also: Wie kann man trotz der Personifizierung durch den wunderbaren Schauspieler André Wilms den Blick auf die Texte offenhalten? „Auseinanderhalten, die Sätze auseinanderhalten, sonst werden sie zu Farbe.“[10]

Das erklärt vielleicht im Nachhinein die Reduktion auf schwarze und weiße Flächen im Bühnenraum Klaus Grünbergs – damit die Farben individuell aufgetragen werden können. Die Sinne nicht zukleistern. Den ersten Satz nicht durch den zweiten einengen oder kommentieren. Auch hier schlägt Canettis Sensibilität für die Gleichgewichtsverhältnisse selbst in der Sprache an. „Nebeneinanderlegen darfst du die Sätze schon, sie mögen einander sehen, und wenn es sie reizt, dürfen sie einander berühren. Mehr nicht.“[11]

Wir können Gertrude Stein dabei zuschauen, wie sie diesen Gedanken entwickelt hat:

> Ein Satz ist in sich selbst drinnen durch sein inneres Halten von Gleichgewicht, denken Sie nur wie ein Satz von seinen Satzteilen gemacht wird und Sie werden verstehen daß er nicht von einem Anfang einer Mitte und einem Ende abhängt sondern davon daß jeder Teil seinen eigenen Platz braucht um sein eigenes Gleichgewicht herzustellen, und aus diesem Grund gibt es im Satz keine Emotion, gibt ein Satz keine Emotion ab. Aber ein Satz nach dem andern kommend ergibt eine Abfolge und die Abfolge sofern sie einen Anfang eine Mitte und ein Ende hat wie ein Absatz es hat bildet schafft und begrenzt sehr wohl eine Emotion.[12]

Wie also können die einzelnen Sätze für sich stehen bleiben, ohne dass falsche Zusammenhänge die Wirkung auslöschen und ohne dass der Schauspieler dazwischen „verhungert“? Vielleicht muss die Inszenierung abstrakt sein, um jede Bebilderung zu vermeiden, die den Blick verengt? Oder: Wie konkret wiederum kann andererseits eine Bebilderung sein, um dem Verdacht entgehen zu können, ich wolle meine Lesart auf dieses eine Bild reduzieren und hätte es auch noch ernst gemeint? In der Aufführung gibt es daher beides: eine choreografische *Abstraktion* im ersten Teil ebenso wie die detailreiche *Konkretion* im zweiten Teil. Aber es wird einleuchten, dass ein Rührei, bei dessen Herstellung in der Küche des Autors wir zuschauen dürfen, uns nicht deswegen berührt, weil es gerührt wird.

Wie die Theatermittel einsetzen und dennoch für sich stehen lassen? Canetti ist puristisch. „Die verschiedenen Künste sollen miteinander in keuschester Beziehung leben."[13] Das ist gut gesagt. Denn das, was ich gerne eine „Balance der Mittel" nenne, kann es *en détail* nie geben – immer nur in einem Nacheinander oder einer komplexen Verschränkung. Es gibt nur wenige Momente, in denen ein gleichgewichtiges Nebeneinanderlegen der Theatermittel sinnstiftend ist, wenn sie sich nicht auslöschen sollen; vielmehr geht es um eine wechselseitige, unvorhersehbare Verschiebung der Prioritäten. Diese Prioritäten darf man im Einzelnen gar nicht vermeiden, wenn die Mittel zu ihrem Recht kommen wollen. Selbst in der Gleichzeitigkeit der Mittel ist es im Einzelnen doch meist ein Entweder-oder der Wahrnehmung: Natürlich gibt es individuell die Möglichkeit zu einem virtuosen „Springen" zwischen den Medien, aber man versteht entweder den Text und nimmt die Musik mit in Kauf, oder man blendet die Bedeutung der Sprache aus, um den Klang und Rhythmus der Sprache zusammen mit der Musik zu erleben, oder man versucht ein Bild zu entziffern usw.

Was heißt das für das Verhältnis von Text und Musik? Welchen Grad von nötigen Verbindungen kann ich eingehen, ohne falsche Zusammenhänge zu konstruieren? Nicht immer kann ich meine szenischen Antworten begründen. Ich hoffe zum Beispiel, dass die Entscheidung für das Streichquartett als Nukleus gesellschaftlichen Musizierens aus der Perspektive des Interieurs so viel Evidenz hat, dass die Frage danach gar nicht auftaucht. Eher versuche ich diese Frage zum Beispiel anhand der Schlusspassage von *Eraritjaritjaka* zu beantworten, die einer Textrepetition gewidmet ist, die jeweils mit „Dort" bzw. „La-Bas" beginnt:

> Dort knüpft ein Satz an den andern an. Dazwischen sind hundert Jahre.
> Dort gehen die Leute nie allein, nur in Gruppen von vier bis acht, ihre Haare unentwirrbar ineinander verflochten.
> Dort leben die Toten in Wolken weiter und befruchten als Regen die Frauen.
> Dort bleiben die Götter klein, während die Menschen wachsen. Wenn sie so groß geworden sind, daß sie die Götter nicht mehr sehen, müssen sie einander erwürgen.
> Dort radebrechen sie auf dem Markt und erstarren zu Hause.
> Dort wird jeder von einem eingeborenen Wurm regiert und pflegt ihn und ist gehorsam.

Dort handeln sie nur zu hundert, der Einzelne, der nie sich nennen gehört hat, weiß von sich nichts und versickert.
Dort flüstern sie zueinander und bestrafen ein lautes Wort mit Exil.
Dort fasten die Lebenden und füttern die Toten.
Dort sind die Leute am lebendigsten beim Sterben.
Dort gehen die Leute in Reihen aus, es gilt als unverschämt, sich allein zu zeigen.
Dort muß jeder, der stottert, auch hinken.
Dort lieben sich die Hunde anders, im Laufen.
Dort werden die Hausnummern täglich gewechselt, damit keiner nach Hause findet.
Dort gilt es als unverfroren, dasselbe zu sagen.
Dort hat man einen anderen für Schmerzen, eigene gelten nicht.
Dort lesen die Leute zweimal im Jahr die Zeitung, übergeben sich und gesunden.
Dort haben Länder keine Hauptstadt. Die Leute siedeln sich alle an den Grenzen an. Das Land bleibt leer. Hauptstadt ist die ganze Grenze.
Dort träumen die Toten und tönen als Echo.
Dort begrüßen sich Menschen mit einem Schrei der Verzweiflung und verabschieden sich mit Jubel.
Dort stehen die Häuser leer und werden stündlich gefegt: für künftige Generationen.
Dort schließt ein Beleidigter für immer die Augen und öffnet sie heimlich, wenn er allein ist.
Dort erkennt man Ahnen, für Zeitgenossen ist man blind.
Dort sagt man „du bist“ und meint „ich wäre“.
Dort beißt man rasch und insgeheim zu und sagt: Ich nicht.[14]

Dort – spielt das Streichquartett den Contrapunctus Nr. 9 aus der *Kunst der Fuge* von Johann Sebastian Bach. Aber warum? Leichtsinnigerweise habe ich vor vielen Jahren im Fragebogen der *FAZ* auf die Frage nach einem Motto für meine Arbeit geantwortet: „Für alles, was ich tue, mehrere Gründe haben.“ Was könnten also hierfür mögliche Gründe sein?

Vielleicht ist es das Durcharbeiten *eines* Themas, in Wort und Musik gleichermaßen. Vielleicht ist es das Fugenthema selbst, das mit dem Oktavsprung schon gestisch in die Ferne weist und mit dem Auftakt gleichzeitig rhythmisch den beiden Silben des französischen „La-

Bas" entspricht. Vielleicht ist es die Verbindung von Gesellschaftlichkeit, Öffentlichkeit und eigensinnig selbstbezogener Widmung, die sowohl Canettis Aufzeichnungen als auch die Musik durchzieht. Bach hat in der Kunst der Fuge immer wieder seinen Namen B-A-C-H verarbeitet, und zu Beginn der Aufführung sind im 8. Streichquartett von Dmitri Schostakowitsch dessen Inititalen D.S.C.H. zu hören – wiederum als Reverenz zu Bach.

Und vielleicht ist eine Musik wie die Fugenkonstruktion Bachs, die ihre Architektur so transparent macht, besonders geeignet, den Text als zusätzliche Stimme aufzunehmen und auf der Bühne allmählich die Struktur des Hauses preiszugeben, das den Zuschauern bis dahin ein Rätsel war. Und schließlich möchte ich nicht einmal ausschließen, dass mich die lautliche Nähe von „Bach" und „La Bas" überhaupt erst angeregt hat, es einmal miteinander zu versuchen. Womit auch die Frage, „warum eigentlich Canetti auf Französisch?" beantwortet sein könnte, wenn die Wahrheit nicht vielmehr im Wunsch der Arbeit mit André Wilms und dem Théâtre Vidy im Französisch sprechenden Teil der Schweiz zu finden ist.

„Er will zerstreute Aufzeichnungen hinterlassen als Korrektur zum geschlossenen System seiner Ansprüche."[15] Das ist der Kern von Canettis politischer Wahrnehmung, die eine utopische Aufmerksamkeit meint, nämlich den Respekt für das Einzelne, die gleichberechtigte Wahrnehmung alles auch noch so nebensächlich Erscheinenden. Es geht um nichts Geringeres als die Utopie eines Gleichgewichts, einer Balance, in der das Einzelne – ob Gedanke, Satz, Ton, Mensch, Tier, Haus oder Rührei etc. – zunächst einmal ähnliche Aufmerksamkeit verdient. Canetti gelingt damit – und das ist die Qualität auch einer Textsorte wie der in *Masse und Macht* – eine Aufmerksamkeit, die zutiefst politisch und persönlich gleichermaßen ist. Und es erklärt auch die Form seiner Aufzeichnungen: Sätze wie Skulpturen, die ihren Raum einfordern. Auch dem einzelnen Satz soll Gerechtigkeit widerfahren. „Er will, daß jeder Satz aus dessen eigener Erfahrung spricht."[16]

Vielleicht kann ich versuchen, noch auf eine Frage zu antworten, die immer wieder gestellt wird, die Frage nach der Zweiteilung der Aufführung durch den Film. Ich muss dafür zurückgreifen – „Die Gedanken mit Gewalt auseinanderhalten. Sie verfilzen sich zu leicht wie Haare."[17] – auf ein Gespräch mit dem Intendanten des Théâtre Vidy,

René Gonzalez, das ein Jahr vor der Premiere in Berlin stattfand. René Gonzalez ist ein erfahrener Theatermann; wir saßen uns im Cafe des Literaturhauses gegenüber wie zwei Pferdehändler im Wilden Westen. Es ging dabei um die Planung des Canetti-Projekts, und im Laufe dieses Gesprächs habe ich allmählich vier verschiedene Konzeptionen verfertigt.

Zunächst wollte ich die Zuschauer aus einem Schaufenster auf einen öffentlichen Raum schauen lassen und mit Canettis Worten die sichtbaren und vorbeiziehenden Realitäten kommentieren. Gonzalez erklärte das kurzerhand für nicht durchführbar und das Gespräch für beendet, gab mir freundschaftlich die Hand, stand auf und verabschiedete sich zum ersten Mal.

In meinem zweiten Vorschlag wollte ich mein Canetti-Material *nach* einer x-beliebigen Aufführung eines x-beliebigen Stückes im jeweiligen Bühnenbild des gastgebenden Hauses inszenieren. Als ruhige, reflektierende Spätvorstellung zum Nachdenken. Gonzalez hielt das nicht wirklich für praktikabler und verabschiedete sich zum zweiten Mal.

In einer dritten Variante lenkte ich ein, dass der erste Teil zwar immer der gleiche sein könne, mich aber nicht wirklich interessieren würde. Es könne irgendein Stück sein, möglichst schnell, laut und modern – und müsse nur noch von irgendjemandem inszeniert werden, von mir aus von Thomas Ostermeier. Gonzalez war jetzt nicht mehr ganz so enthusiastisch wie zu Beginn des Gespräches und winkte ab. Jetzt stand auch ich auf und verabschiedete mich. Er schlug mir daraufhin vor, ich solle für den ersten Teil verantwortlich sein.

Da bestand ich auf einem Tier. „Dann nur mit einem Tier!“ Ich brauchte ein anderes Lebewesen als Gegenüber für den sprechenden Menschen. Eine eigene, nicht hergestellte Dynamik und Realität, auf die die Texte reagieren könnten. Am besten ein Reiher. „Es ist an Tieren etwas, das ihn besänftigt, an allen nämlich, die ihn zum Verstummen reizen.“[18] Mein Mitarbeiter Stephan Buchberger begann zu recherchieren. Ein Reiher erwies sich aus vielen Gründen als zu schwierig: unberechenbar, zu teuer und für die internationale Tournee problematisch wegen schikanöser Reihereinreisebestimmungen. Schließlich haben wir es mit einem Uhu probiert. Als aber der Uhu-Bändiger als leckere Belohnung für jede Übung seines Schützlings ein kleines gelbes frisches Küken aus der weit ausgebeulten Jackentasche zog, entwickelte sich bei mir ein Widerwille gegen das Vorhaben.

Wer *Eraritjaritjaka* gesehen hat, weiß, was also aus der Idee mit dem Schaufenster und dem Tier geworden ist. Der Film und der bewegte Scheinwerfer sind nur Notlösungen. „Jedes Thema als Handschuh betrachten. Umstülpen."[19]

Schließen möchte ich mit einem Schreckensbild, das sich aus dem vorangestellten Motto ergeben kann und das sich in einer Aufzeichnung findet, die zu Canettis einhundertstem Geburtstag erschienen ist; ich kenne sie erst seit einigen wenigen Tagen, sonst hätte sie vielleicht den Weg in das Libretto der Aufführung gefunden. Es ist ein Auszug aus einer etwas längeren Passage über einen Blättersammler, der aus lauter Ordnungsliebe und Gerechtigkeitssinn die Blätter der Bäume aus ihren *Zusammenhängen* herausreißt und vor sich auf großen Tischen ausbreitet:

> [...] mit ganz wenig Leim waren die Blätter festgemacht; der Wind trug sie nie davon, so waren sie endlich vor ihm sicher; und doch blieb ihnen eine gewisse, wenn auch beschränkte Beweglichkeit. Er liebte es, sie ordentlich und überschaubar vor sich zu haben. An den Bäumen hatten ihn ihre Unregelmäßigkeiten gestört, eines stand schief, das andere grade, und sie strebten auf keine sehr vornehme Weise in die Höhe. Er nahm sie von ihrem Wettbewerb herunter und gab ihnen gleichmäßiges Licht. Der Kampf war zu Ende und keines stieß das andre weg, der Leim sorgte für Friedlichkeit und regelmäßiges Verhalten. Früher war er mißbilligend, bei aller Leidenschaft für Blätter, an Bäumen vorübergegangen: er schämte sich ihrer Kletterei; etwas wurmte ihn, wenn er zusehen mußte, wie die einen immer unten blieben, während die andern es sich oben im vollen Lichte gut sein ließen; auch waren diese viel weiter von ihm weg und er strafte sie für ihren Hochmut, indem er nur Blätter sammelte, die seiner Hand erreichbar waren; höher ging er nie. Er dachte oft mit Vergnügen daran, welches traurige Schicksal den Blättern bevorstand, die er verschmähte: sie fielen zu Boden und vermoderten. Kein Hahn krähte nach ihnen.[20]

Manches merkt man sich eben bloß, wenn es mit nichts zusammenhängt.

1 Elias Canetti: *Die Provinz des Menschen,* Frankfurt am Main 1976, S. 178.
2 Ebd., S. 144.
3 Ebd.
4 Elias Canetti: *Die Fliegenpein,* Frankfurt am Main 1995, S. 81. Dass ich *Eraritjaritjaka* zum Titel meiner Musiktheaterarbeit gewählt habe, hat unerwarteterweise neben der eigentlichen Aufführung zu zwei weiteren Bühnen geführt, auf denen gespielt wird: Bereits vor der Aufführung gibt es wunderbare Szenen, die sich an der Kasse ereignen, wenn die Theaterbesucher den Titel zu umgehen versuchen, umschreiben, verändern, auf ihre Weise adaptieren, rhythmisieren etc. Und eine weitere, eine digitale Bühne befindet sich im Internet, wo die Suchmeldung nach *Eraritjaritjaka* vor der Premiere lediglich zwei oder drei Ergebnisse zeigten, während es inzwischen bisweilen über tausend sein können.
5 Elias Canetti: Die Provinz des Menschen, a.a.O., S. 280.
6 Ebd., S. 18.
7 Ebd., S. 17.
8 Elias Canetti: *Aufzeichnungen für Marie-Louise,* München 2005, S. 41.
9 Bertolt Brecht: „Meti/Buch der Wendungen", in ders.: *Gesammelte Werke in 20 Bänden,* Frankfurt am Main 1967, Bd. 12, S. 451.
10 Elias Canetti: *Die Fliegenpein,* a.a.O., S. 101.
11 Ebd., S. 128.
12 Gertrude Stein: *Erzählen – Vier Vorträge,* Übersetzung Ernst Jandl, Frankfurt am Main 1997, S. 46f.
13 Elias Canetti: *Die Fliegenpein,* a.a.O., S. 20.
14 Zitiert nach der Aufführung *Eraritjaritjaka – Museum der Sätze.* Die Sätze sind verstreut zu finden in Canettis Aufzeichnungsbänden: *Die Provinz des Menschen, Die Fliegenpein* und *Das Geheimherz der Uhr,* Frankfurt am Main, 1990.
15 Elias Canetti: *Die Fliegenpein,* a.a.O., S. 30.
16 Ebd.
17 Elias Canetti: *Die Provinz des Menschen,* a.a.O., S. 148.
18 Elias Canetti: *Die Fliegenpein,* a.a.O., S. 86.
19 Elias Canetti: *Die Provinz des Menschen,* a.a.O., S. 328.
20 Elias Canetti: *Aufzeichnungen für Marie-Louise,* a.a.O., S. 15.

REAL TIME IN OBERPLAN

Stifters Dinge als ein Theater der Entschleunigung

Ich sah eine Menge der weißgelben Blümlein auf dem Boden, ich sah den grauen Rasen, ich sah auf manchem Stamme das Pech wie goldene Tropfen stehen, ich sah die unzähligen Nadelbüschel auf den unzähligen Zweigen gleichsam aus winzigen dunklen Stiefelchen herausragen, und ich hörte, obgleich kaum ein Lüftchen zu verspüren war, das ruhige Sausen in den Nadeln.
Wir gingen immer weiter, und der Weg wurde ziemlich steil.
Auf einer etwas höheren und freieren Stelle blieb der Großvater stehen und sagte: „So, da warten wir ein wenig."
Er wendete sich um, und nachdem wir uns von der Bewegung des Aufwärtsgehens ein wenig ausgeatmet hatten, hob er seinen Stock empor und zeigte auf einen entfernten mächtigen Waldrücken in der Richtung, aus der wir gekommen waren, und fragte: „Kannst du mir sagen, was das dort ist?"
„Ja, Großvater", antwortete ich, „das ist die Alpe, auf welcher sich im Sommer eine Viehherde befindet, die im Herbst wieder herabgetrieben wird."
„Und was ist das, das sich weiter vorwärts von der Alpe befindet?", fragte er wieder.
„Das ist der Hüttenwald", antwortete ich.
„Und rechts von der Alpe und dem Hüttenwalde?"
„Das ist der Philippgeorgsberg."
„Und rechts von dem Philippgeorgsberge?"
„Das ist der Seewald, in welchem sich das dunkle und tiefe Seewasser befindet."
„Und wieder rechts von dem Seewalde?"
„Das ist der Blockenstein und der Sesselwald."
„Und wieder rechts?"
„Das ist der Tussetwald."
„ … Siehst du die Rauchsäule dort, die aus dem Hüttenwalde aufsteigt?"
„Ja, Großvater, ich sehe sie."
„Und weiter zurück wieder eine aus dem Walde der Alpe?"

„Ja, Großvater."
„Und aus den Niederungen des Philippgeorgsberges wieder eine?"
„Ich sehe sie, Großvater."
„Und weit hinten im Kessel des Seewaldes, den man kaum erblicken kann, noch eine, die so schwach ist, als wäre sie nur ein blaues Wölklein?"
„Ich sehe sie auch, Großvater."
„Siehst du, diese Rauchsäulen kommen alle von den Menschen, die in dem Walde ihre Geschäfte treiben. … die Holzknechte, … die Kohlenbrenner, … die Heusucher, … die Sammler, … die Pechbrenner … Alle diese Leute haben keine bleibende Stätte in dem Walde; denn sie gehen bald hierhin, bald dorthin … Darum haben auch die Rauchsäulen keine bleibende Stelle, und heute siehest du sie hier und ein anderes Mal an einem anderen Platze."
„Ja, Großvater."
„Das ist das Leben der Wälder. Aber laß uns nun auch das außerhalb betrachten. Kannst du mir sagen, was das für weiße Gebäude sind, die wir da durch die Doppelföhre hin sehen?"
„Ja, Großvater, das sind die Pranghöfe."
„Und weiter von den Pranghöfen links?"
„Das sind die Häuser von Vorder- und Hinterstift."
„Und wieder weiter links?"
„Das ist Glöckelberg."
„Und weiter gegen uns her am Wasser?"
„Das ist die Hammermühle und der Bauer David."
„Und die vielen Häuser ganz in unserer Nähe, aus denen die Kirche emporragt, und hinter denen ein Berg ist, auf welchem wieder ein Kirchlein steht?"
„Aber, Großvater, das ist ja unser Marktflecken Oberplan, und das Kirchlein auf dem Berge ist das Kirchlein zum guten Wasser."[1]

Und so weiter und so fort. Es gibt interessantere Passagen bei Adalbert Stifter – auch ohne die biedermeierlichen Wendungen und Endungen von „Blümlein", „Wölklein" und „Kirchlein". Und wenn ich mich auch hier einiger Kürzungen schuldig gemacht habe, weil es schwierig ist, die gleiche Geduld aufzubringen wie Stifter, wenn er seinen böhmischen Geburtsort Oberplan in eine autobiografisch inspirierte Erzählung einbringt – es wird sicher jetzt klar, was mit „real time" gemeint sein könnte. Stifter schenkt uns nichts, er verkürzt nicht.

Im Gegenteil: Wer auch immer der Erzählung folgt, erlebt dieses Anhalten des belehrenden Großvaters und seines altklugen Enkels als Vollbremsung der Erwartung an den Fortgang der Handlung einer bis dahin konventionell und unterhaltsam begonnenen Geschichte. Man ist als Leser der „Echtzeit" ausgeliefert, die Stifter aufbringt und einfordert. Die Insistenz auf der Zeit, die das Zeigen, Sehen, Hören und Aufzählen braucht – nur ein Beispiel unter Hunderten bei Stifter – führt erstaunlicherweise für den, der sich darauf einlässt, zu einer Intensivierung der Wahrnehmung. Dass uns diese Texte als verordnete Lektüre in der Schule gelangweilt haben, versteht sich fast von selbst.

Wir haben es hier mit einer Passage aus *Granit* zu tun – eine Erzählung, mit der Stifter die Sammlung *Bunte Steine* eröffnet. Und so mancher Rezensent beklagt, dass insbesondere gegenüber einer früheren Fassung mit dem Titel *Die Pechbrenner* diese spätere „geläuterte" Fassung „keine sinnfällige Durchdringung von Rahmen- und Binnenhandlung, kein Ausloten der menschlichen Psyche"[2] mehr enthält. Wie modern aber gerade das ist, entnehmen wir am besten der hämischen Kritik seiner Zeitgenossen: „Erst dem Mann der ewigen Studien, dem behäbigen Adalbert Stifter, war es vorbehalten, den Menschen ganz aus dem Auge zu verlieren", schreibt Friedrich Hebbel über den Roman *Nachsommer*, „bei dem er offenbar Adam und Eva als Leser voraussetzte, weil nur diese mit den Dingen unbekannt sein können, die er breit und weitläufig beschreibt"[3], und in der *Leipziger Illustrierten Zeitung* heißt es über ihn: „Was wird hier nicht alles weitläufig betrachtet und geschildert; es fehlt nur noch die Betrachtung der Wörter, womit man schildert, und die Schilderung der Hand, womit man diese Betrachtung niederschreibt, so ist der Kreis vollendet."[4]

Hiermit artikuliert Hebbel, wie nahe Stifter einem anderen Prinzip der literarischen Moderne ist: der Selbstreflexivität der Literatur, ihres Materials und ihrer Produktion, den Worten und der schreibenden Hand, wie wir sie hundert Jahre später bei Maurice Blanchot finden, der sich in seinem Essay *Die wesentliche Einsamkeit* auf existentielle Weise damit auseinandersetzt:

> Die Meisterschaft des Schriftstellers liegt nicht in der Hand, die schreibt, in dieser kranken Hand, die niemals den Bleistift fallen läßt, die ihn nicht fallen lassen kann, weil sie das, was sie hält, nicht

> wirklich hält, denn es gehört den Schatten, und sie selbst ist ein Schatten. Die Meisterschaft ist immer Sache der anderen Hand, die nicht schreibt und die imstande ist, im gegebenen Augenblick einzugreifen, den Bleistift zu fassen und ihn wegzulegen. Die Meisterschaft besteht also in der Fähigkeit, mit dem Schreiben aufzuhören und das zu unterbrechen, was sich von selbst schreibt [...][5]

Stifter gelingt diese Unterbrechung zwar nicht in der Reduktion, aber vielleicht auf eine andere Weise. Indem er die handelnden Personen zurücktreten lässt und damit die anthropozentrischen Automatismen unterläuft, zwingt er uns, z. B. bei der Schilderung von Naturkatastrophen, zu einer Aufmerksamkeit gegenüber Kräften, die jenseits unseres Einflussbereichs liegen.

Zunächst aber zurück zum Wald. Stifter schreibt seine Bilder tatsächlich wie ein Landschaftsmaler, der er auch ist, so detailliert, bis sich die Erzählzeit einer Wanderung mit der erzählten Zeit zu decken scheint, als ob der Leser gleich dem Wanderer sei oder gleich dem Reiter auf seinem Ritt durch einen aufs Genaueste beschriebenen Wald. Er verlangsamt, entschleunigt das Beschreibungstempo und erhöht zugleich die Aufmerksamkeit.

Ich möchte nicht den Eindruck erwecken, dass meine Arbeit an der performativen Installation ohne Performer, die später den Titel *Stifters Dinge* bekam, von dieser Textsorte ausging. Aber nach langen Umwegen und szenischen Experimenten ist sie bei ihr gelandet. Es handelt sich also nicht um eine Vertonung oder Inszenierung dieser oder anderer Stiftertexte, auch wenn darin eine Erzählung vorkommt. Auf solche Weise kommen meine Arbeiten und Musiktheaterstücke auch nicht zustande. In den seltensten Fällen steht am Anfang ein präzises inhaltliches Vorhaben oder gar Anliegen – und das ist auch gut so. Meist nähere ich mich den Stücken von der Material- und Produktionsweise her. Das kann ein bildnerisches, literarisches oder musikalisches Motiv sein und mindestens ebenso oft erarbeite ich ein Stück mit und aus dem Potential aller Mitwirkenden. In diesem Fall sind die Materialien und Elemente die Mitwirkenden: Klaviere, Steine, Wasser, Salz, Holz und Metall.

Und ich experimentiere bei allen Arbeiten lange mit „Blindtexten" auf vielen Ebenen, bis sich eins zum andern logisch oder, besser gesagt, einer poetischen Logik folgend fügt. So lange also, bis der Text gefunden ist, der im richtigen Abstand zur Szene seine eigene Kraft entfalten kann, und diese nicht dazu degradiert, ihn zu illustrieren. Und wenn sich ein Text für eine Arbeit als produktiv qualifiziert hat, heißt das durchaus, dass ich noch nicht unbedingt wissen muss, welchen Platz er schließlich einnehmen wird.

Ausgangspunkt dieser Experimente war zunächst ein Versuch über die Abwesenheit von Darstellern auf der Bühne nach wiederholten Erfahrungen mit einer gesteigerten Aufmerksamkeit der Zuschauer insbesondere dann, wenn etwas nicht gezeigt, sondern verweigert wird. Erfahrungen in vorhergegangenen Musiktheaterstücken mit der Präsenzwirkung körperloser Stimmen *(Schwarz auf Weiß)*, mit einer konsequent leeren Bühnenmitte *(Eislermaterial)*, mit einer Dezentrierung des Geschehens *(Landschaft mit entfernten Verwandten)* oder mit der zeitweisen bzw. imaginierten Abwesenheit des Protagonisten (*Eraritjaritjaka*). Erfahrungen auch mit der Trennung von visueller und akustischer Bühne, der Kluft zwischen Hören und Sehen, d. h. anderen szenischen Verfahren als dem konventionellen Glauben an Intensität, Präsenz und Expressivität auf der Bühne.

Mit der Abwesenheit von Darstellern werden die Dinge, die Theatermittel und Bühnenelemente selbst zu Protagonisten der Szene. In diesem Fall hieß es zunächst: mehrere mechanische Klaviere und Wasser. Später kamen zu den Klavieren noch Steine, Metallplatten, Rohre dazu. Zum Wasser kamen Nebel, Regen, Eis. Zur visuellen Bühne, dem Licht und den Vorhängen kamen Projektionen. Zur akustischen Bühne körperlose Stimmen.

Drei Szenen dieser Aufführung seien kurz beschrieben:

1

Vor den Zuschauern befinden sich drei hintereinanderliegende Wasserbecken. Darüber hängen mehrere Gaze-Vorhänge hintereinander, die in einer Art „Ballett" einzeln und unvorhersehbar auf- und abgleiten. Dazu hört man historische Aufnahmen von Stimmen der Eingeborenen Papua-Neuguineas. Es handelt sich dabei um Aufnahmen, die von dem österreichischen Ethnographen Rudolf Pöch, einem Pionier von Dokumentaraufnahmen, am 25. Dezember 1905 auf Wachsrollen aufgezeichnet worden sind und Inkantationen für den Südwestwind enthalten, der für die Seefahrt der Eingeborenen so bedeutsam war. Ein senkrecht angebrachtes, etwa drei bis vier Meter langes Rohr wird von einem Ventilator angeblasen und bildet so den musikalischen Orgelpunkt, über dem sich die Stimmen erheben. Hinter den Vorhängen ist ein Scheinwerfer befestigt, dessen elektronisch verstärkte Verschlussblende immer wieder geräuschvoll auf- und zugeht und damit sowohl rhythmisch als auch visuell die Szene interpunktiert. Auf den Vorhängen werden die Reflexionen der bewegten Wasseroberfläche sichtbar und die Schatten bzw. tatsächlichen Bewegungen der Vorhänge.

2

Nachdem die vorderen Vorhänge schließlich in der Bühnendecke verschwunden sind, wird auf dem vierten und letzten Vorhang im Hintergrund die Projektion eines Ölgemäldes sichtbar. Auf dem Gemälde aus dem Jahr 1660 von Jacob Isaacksz. van Ruisdael mit dem Titel *Sumpf* sind rund um eine Wasserfläche ineinander verschlungene Bäume vor einem von heftigen Wolken bewegten Himmel zu sehen. Diese Projektion ändert ständig, aber langsam, sehr langsam im Laufe von ca. zehn Minuten ihre Farben. Dazu hört man eine männliche Stimme, die eine Passage aus *Die Mappe meines Urgroßvaters* von Adalbert Stifter liest. „Ich hatte dieses Ding nie so gesehen wie heute“[6]: die minutiöse Beschreibung eines plötzlich sich ereignenden Eisfalls, der all die unbekannten Klänge und Phänomene hervorruft, die eine geplante Fahrt durch den winterlichen Wald schließlich unmöglich machen. „Wir harreten und schauten hin – man weiß nicht, war es Bewunderung oder war es Furcht, in das Ding hineinzufahren.“

3

Der letzte Vorhang hebt sich und gibt den Blick frei auf einen Flügel und vier Klaviere, die hochkant im Bühnenhintergrund über- und nebeneinander angebracht sind, dazwischen kahle Bäume, das bereits erwähnte Rohr, mehrere Bleche. Die Klaviere spielen geräuschvoll ein Konzert, dazwischen zischt und pfeift es, Nebelwolken steigen auf, die Klänge tröpfeln langsam aus. Es beginnt zu regnen.

In *Stifters Dinge* werden das Hören und das Sehen immer wieder auseinandergenommen. Die Stimmen haben keine Körper, sie kommen aus dem Lautarchiv; alle anderen Geräusche werden in diesem Raum der Bühne live von fünf mechanischen Klavieren, Steinen, Metallen und Rohren produziert. Dabei sind Sehen und Hören zwei unterschiedliche Ebenen, die in den Köpfen und Körpern der Zuschauer eine je individuelle Verbindung eingehen. Eine interessante Beobachtung, die man dabei machen kann, ist, dass kaum jemand gleichzeitig sehen und hören kann: Wer selbst entdecken will, wann und wie etwa in einem enorm entschleunigten Vorgang die Farben im projizierten Bild von Blau zu Gelb wechseln, und wer gleichzeitig versucht, die syntaktisch komplizierte und detailliert deskriptive Geschichte zu verstehen, deren imaginierte Bilder nicht in der Projektion aufgehen, ist damit schnell überfordert. Entweder folgt man der Erzählung – dann wird man den allmählichen Wechsel der Farbnuancen immer verpassen. Oder man konzentriert sich auf das sich langsam verändernde Bild – doch dann wird man die Geschichte nicht mehr in allen sprachlichen Nuancen nachvollziehen können. Hier kollidieren offensichtlich unterschiedliche Wahrnehmungsmodi, Seh- und Hör-Rhythmen. Das „entdeckende" Sehen und das „entdeckende" Hören sind zwei Fähigkeiten, die wir durchaus verlieren, weil alles, was uns in der medialen Präsenz umgibt, immer fokussiert, frontal und quasi totalitär zubereitet auf uns einstürzt – auf der Bühne wie im richtigen Leben. Im konsumtiven Aufnehmen sind wir mittlerweile ungeheuer schnell und kompetent.

Man kann in *Stifters Dinge* auch bemerken, wie die Verhältnisse der getrennten Elemente sich umkehren: In der zuerst besprochenen Szene mit den vier Vorhängen hört man beispielsweise das Licht. Hier gibt nämlich ein starkes Licht im Bühnenhintergrund den Ton an, strukturiert akustisch die Szene und die Rufe aus Papua-Neuguinea, weil der Shutter des Scheinwerfers sich immer öffnet und schließt und diese Mechanik mikrophoniert und somit elektronisch verstärkt wird. Aus den Lichtwechseln wird eine musikalische Aktion. Es geht mir immer auch darum, die Kräfteverhältnisse, die Hierarchien, die Gewichtsverhältnisse umzudrehen, mit denen wir gewohnt sind wahrzunehmen. Und der Zuschauer spürt, dass das Licht plötzlich den Ton erzeugt oder dass das Wasser die Musik macht und beide nicht nur dienende Elemente sind, die illustrativ die Bedeutung einer Szene unterstützen, sondern sich selbst mit ihrer Materialität zu Wort melden und andere Medien zu beeinflussen in der Lage sind; wie sie selbst zu Protagonisten werden.

Da die „Handlung" den Dingen und Elementen überlassen ist, kann man insgesamt von einer entschleunigten Wahrnehmung sprechen, weil das selbstverantwortliche Entdecken wesentlich mehr Zeit braucht als ein rein konsumtives Wahrnehmen. Aber plötzlich ist diese

Langsamkeit auch kein Problem mehr, zumindest kein Problem von der Sorte, wie sie Gertrude Stein einmal als Unwohlsein zwischen der eigenen Zeitwahrnehmung und der gespielten Zeit der Repräsentation auf der Bühne beschrieben hat:

> Your sensation as one in the audience in relation to the play played before you your sensation I say your emotion concerning that play is always either behind or ahead of the play at which you are looking and to which you are listening. So your emotion as a member of the audience is never going on at the same time as the action of the play. This thing, the fact that your emotional time as an audience is not the same as the emotional time of the play is what makes one endlessly troubled about a play.[7]

Wie bei „excitement in real life“ oder „ something really happening“, die sie der Szene auf dem Theater gegenüberstellt, ist dieser „trouble“ plötzlich außer Kraft gesetzt, wenn man zum Beispiel den Schatten der auf- und abgleitenden Vorhänge zusieht, den Reflexionen auf der Wasseroberfläche oder einer Nebelwolke hinterherschaut, die sich über den Klavieren erhebt, oder dem Regen, der die Wasseroberfläche sich kräuseln lässt. Ist das Echtzeit im Theater?

Stifters Dinge heißt aber nicht nur *Stifters Dinge*, weil darin die Haltung der Beobachtung zusammengeht mit Aufmerksamkeit und Respekt (oder bei Stifter würde man sagen „der Demut“) gegenüber den Objekten, Gegenständen, den Elementen der Natur, den Materialien. In *Stifters Dinge* tritt tatsächlich niemand auf – kein Schauspieler, kein Musiker, kein Tänzer, kein Performer, kein Mensch. Es gibt nur zwei Bühnenarbeiter, die zu Beginn ein wenig Salz auf den Boden streuen. Doch dann füllen sich die drei rechteckigen Bassins im Bühnenraum bald mit Wasser und lösen das Salz auf. Man sitzt im Publikum mit hundertfünfzig anderen Zuschauern und schaut eine gute Stunde dem Geschehen der Dinge zu, dem Geschehen von Stifters Dingen. Es gibt durch die Verwendung der akustischen Dokumente von Stimmen aus Papua-Neuguinea, von Indios aus Kolumbien, historischen Aufnahmen griechischer Stimmen, einem Interview mit Claude Lévi-Strauss und einer politischen Rede von Malcolm X auch eine ethnologische Perspektive in dieser Arbeit. Und auch für diese Erweiterung finden wir (übrigens erst im Nachhinein, nicht vor der Premiere) unter den „Dingen“ Adalbert Stifters eine Entsprechung.

Denn bei Stifter tauchen die Dinge auf nahezu jeder Seite seiner Erzählungen auf, und sie benennen nicht nur alte oder unbekannte Gegenstände, befremdliche Objekte, die der ordnende Sammler immer wieder aufreiht wie Steine. Adalbert Stifter hat immer alles, was ihm fremd war, „Ding" genannt – Naturkräfte, ökologische Katastrophen, unbekannte Gegenstände, aber auch fremde Kulturen, fremde Menschen. Es gibt nicht nur die plötzlich hereinbrechenden Naturphänomene und Klimakatastrophen (Gewitterstürme, Wolkenbrüche, Hagel und Eis), die oft unheimlich, unerklärlich sind und auch immer fremd bleiben, sondern die „Dinge" bezeichnen auch Menschen anderer sozialer Ordnungen und kultureller Herkunft – und das, ohne sie damit näher zu erklären und zu vereinnahmen.

So erzählt in der eingangs zitierten Geschichte gleich zu Beginn der kleine Stifter, der vor dem elterlichen Haus auf einem Granitblock sitzt: „Unter den Dingen, die ich von dem Steine aus sah, war öfter auch ein Mann von seltsamer Art",[8] der sich im weiteren Verlauf dann als Pechbrenner herausstellt. Und als sich dieser Pechbrenner einen derben Scherz erlaubt, indem er dem Jungen die Beine mit Wagenschmiere einsaut, wettert die entsetzte Mutter: „Was hat denn dieser heillose, eingefleischte Sohn heute für Dinge an sich!"[9]

Nicht nur die Ordnung in der Natur bleibt für Stifter etwas Erstaunliches und meist Bewundernswertes. Aus „Ehrfurcht vor den Dingen, wie sie an sich sind", wie es der Schweizer Germanist Heinrich Mettler einmal formuliert hat, „‚läßt er die Dinge voll und ganz so sein, wie sie sich zeigen."[10] Und das gilt dann auch für das kleine „braune Mädchen", das in der Erzählung *Katzensilber* eines Tages vom Nußberg herunterkommt. Einem verbreiteten Klischee entsprechend rettet das Mädchen durch seine besondere Verbundenheit mit der Natur die Kinder einer Bauernfamilie gleich zweimal: vor einem Hagelsturm und später aus einem brennenden Haus.

> Die Mutter aber sagte: „Wer ist denn das?"
> Der Vater sagte ihr, daß es das braune Mädchen von dem hohen Nußberge sei, und erzählte ihr, was es heute zu dem Schutze der Großmutter und der Kinder getan habe.
> Dann wendete er sich zu der Gruppe der Kinder und sagte: „Komm her, du liebes Kind, wir werden dir sehr viel Gutes thun."
> Das Mädchen zog sich bei diesen Worten langsam von den Kindern zurück, und da es ein Stückchen entfernt war, fing es zu lau-

> fen an, es lief durch den Garten zurück, es lief um die Glashäuser herum, und in dem nächsten Augenblicke sah man es schon in der Sandlehne emporlaufen.
> Die Kinder gingen wieder zu ihren Eltern zurück.
> „Schade, daß das Kind nicht näher kommt, und so scheu ist“, sagte der Vater.
> „Ich fange das Ding“, sagte ein Knecht.[11]

Und es überrascht auch nicht, dass Claude Lévi-Strauss, wie man einem anlässlich seines Todes gerade wieder ausgestrahlten Interview entnehmen konnte, entscheidende Impulse für seine strukturalistische Ethnologie der aufmerksamen Betrachtung eines Löwenzahns verdankt und seine New Yorker Jahre, wenn er mal nicht in der Bibliothek war, vor allem damit verbrachte, mit André Breton sich den „Dingen“ zuzuwenden, der neugierigen Suche nach Gegenständen und Objekten in Antiquitätenläden.

Vielleicht kann man vor diesem Hintergrund auch die sogenannte „Echtzeit“ noch einmal genauer anschauen, vielleicht entpuppt sie sich ja als etwas anderes. Natur wird in vielen der Stifterschen Texte scheinbar zwar zum strukturbildenden Moment der Handlung, aber es handelt sich in seinen Darstellungen um eine völlig artifizielle Natur, um ein hochästhetisiertes und oft repetitiv rituelles Verfahren, mit dem er Naturerfahrung ordnend in Literatur übersetzt. Und „natürlich“ entscheiden die Techniker in *Stifters Dinge* selbst, mit welcher Geschwindigkeit, der musikalischen Partitur entsprechend, das Wasser in die Becken einläuft, wann der Regen einsetzt und in welchem Takt des zweiten Satzes des italienischen Konzertes von Bach er wieder abgestellt wird.

Solange wir uns als Zuschauer in einem Gegenüber, einem Schauspieler, Musiker, Tänzer narzisstisch spiegeln können, macht es uns im Zweifelsfall höchstens ungeduldig, weil die Szene zwar die Nähe zu uns vorgibt, aber letztlich doch nicht mit unserem eigenen Zeitempfinden synchronisiert sein kann. So sind wir eben, wie Gertrude Stein sagt, „either behind or ahead of the play“. Aber in *Stifters Dinge* wird diese Art der Spiegelung verweigert. Hier gibt es zunächst gar keine Berührungspunkte und greifen keine zeitlichen Erwartungen. Allem Geschehen haftet etwas Unvorhersehbares (und Unheimliches?) an.

„Es wird nicht mehr möglich sein, daß Sie die Hochstraße erreichen."
„Wieso?" fragte ich.
„Weil das Gewitter ausbrechen wird", antwortete er.
Ich sah nach dem Himmel. Die Wolkendecke war eher dichter geworden, und auf allen kahlen Steinflecken, die wir sehen konnten, lag ein sehr sonderbares bleifarbenes Licht.
„Daß ein Gewitter kommen wird," sagte ich, „war wohl den ganzen Tag zu erwarten, allein wie bald die Dunstschichte sich verdichten, erkühlen, den Wind und die Elektrizität erzeugen und sich herabschütten wird, kann man, glaube ich, nicht ermessen."[12]

Den anderen, den fremden Dingen gegenüber sind wir ohnmächtig; hier greift unser eigenes Zeitgefühl nicht mehr: Hier gilt es, eine völlig andere Zeit zu akzeptieren, die uns abverlangt wird – man könnte, vielleicht pathetisch, sagen, „die Zeit des Anderen". Natürlich ist das nicht „real time", die Zeit der Realität. Es ist eher die unbekannte Zeit, von der wir nicht abschätzen können, wie lange sie dauert, weil sie anderen Gesetzen oder anderen Kräften gehorcht: denen der Natur, der Schwerkraft, der Mechanik, der Kunst oder auch: einer anderen Kultur und Tradition.

Es ist nicht der Versuch, eine Erzählung von Stifter zu vertonen oder zu inszenieren. Das Projekt entstand aus dem experimentellen Anliegen, etwas auf der Bühne zu entwickeln, in dem wir uns nicht spiegeln können – das ist der entscheidende Punkt, der mich am Theater zunehmend interessiert. Wir identifizieren uns mit einer Figur; und letztlich erkennen wir in ihr das Gemeinsame mit uns – oder das Trennende zu uns. Diesen Vorgang habe ich in diesem Stück bewusst auszuschalten versucht. Das heißt auch, der Tendenz zu widerstehen, Dinge zu bauen oder auf die Bühne zu bringen, die sich menschenähnlich bewegen und damit wieder eine Projektionsfläche für unsere anthropomorphen Spiegelungswünsche bieten. Stattdessen ging es darum, Dinge zu inszenieren, die uns fremd bleiben. Vielleicht liegt gerade darin überhaupt ein entscheidendes Charakteristikum von künstlerischer Erfahrung: Dass wir uns mit etwas auseinandersetzen, das nicht das ist, was wir schon kennen, sondern das uns fremd ist und vielleicht auch fremd bleibt.

1 Adalbert Stifter: „Granit“, in ders.: *Bunte Steine. Späte Erzählungen,* Augsburg 1960, S. 27ff.
2 Christoph Janacs: http://www.bibliothekderprovinz.at/buecher.php?id=568.
3 Friedrich Hebbel: „A. Stifter, Der Nachsommer“, in: *Stimmen der Zeit. Monatsschrift für Politik und Literatur,* Okt. 1858.
4 *Leipziger Illustrierte Zeitung,* 4.9.1858, zit. nach U. Roedl: *Adalbert Stifter in Selbstzeugnissen und Bilddokumenten,* Reinbek b. Hamburg 1965, S. 150.
5 Maurice Blanchot: *Die wesentliche Einsamkeit,* Berlin 1959.
6 Adalbert Stifter: *Die Mappe meines Urgroßvaters,* Stuttgart 1983, S. 95ff.
7 Gertrude Stein: „Plays“, in dies.: *Lectures in America,* Boston 1935, S. 93f.
8 Adalbert Stifter: „Granit“, a.a.O., S. 18.
9 Ebd., S. 20.
10 Heinrich Mettler: *Natur in Stifters frühen „Studien“,* Zürich 1968, S. 51.
11 Adalbert Stifter: „Katzensilber“, in ders.: *Bunte Steine. Späte Erzählungen,* Augsburg 1960, S. 250f.
12 Adalbert Stifter: „Kalkstein“, in ders.: *Bunte Steine. Späte Erzählungen,* Augsburg 1960, S. 64f.

EIGENTÜMLICHE STIMMEN

Zur Arbeit an *I went to the house but did not enter*

Erst die Arbeit an meinem jüngsten szenischen Konzert *I went to the house but did not enter* für die vier Sänger des britischen Hilliard Ensembles stellte mich plötzlich vor die ungewohnte Frage nach dem Umgang mit der Stimme. Ungewohnt deshalb, weil es bislang für meine Hörstücke und Musiktheaterstücke vielleicht eine unbewusste gemeinsame Formel gab: die Arbeit mit *eigentümlichen* Stimmen. Da mir die standardisierten und akademischen Formen des Sprechens und Singens immer suspekt waren, scheint mir das zur Voraussetzung aller ästhetischen Mitteilungen überhaupt geworden zu sein.

So habe ich zwar die Stimmen mikrophoniert, geschnitten, gesampelt, geloopt, transponiert und verzerrt; sie von ihren Körpern und Ursachen abgelöst und mit ihnen wieder vereint; habe mit rauen, ungeübten, fehlerhaften, weichen, differenzierten, gehauchten Stimmen gearbeitet; mit jungen und alten Stimmen von Rauchern und Nichtrauchern; mit Stimmen, die nie schreien, selten rufen, wenig singen, meist sprechen; aber nie mit glatten Stimmen, sondern mit Stimmen, die vor allem eines sind: *eigentümlich*.

Afrikanische Stimmen aus dem Senegal zum Beispiel (Boubakar und Sira Djebate), Stimmen von Passanten (auf den Straßen in Berlin und Boston), die Stimmen meiner eigenen Kinder; iranische, griechische, brasilianische, amerikanische, flämische, kanadische, japanische und schwedische Stimmen (von Sussan Deyhim, Areti Georgiadou, Arto Lindsay, John King, Johan Leysen, Marie Goyette, Yumiko Tanaka, Charlotte Engelkes und Sven-Åke Johansson).

Die vielen gebrochenen und virtuos immer wieder schnell und verblüffend neu zusammengesetzten Stimmen von David Moss und Catherine Jauniaux, auch die vielen Stimmen weniger Schauspieler (David Bennent, André Wilms, Ernst Stötzner, Josef Bierbichler), charakteristische Stimmen einiger Sängerinnen und Sänger (Georg Nigl, Jocelyn B. Smith, Walter Raffeiner, Dagmar Krause), Stimmen aus dem Off von Lebenden und Toten, von Autoren und Komponisten (Heiner Müller, Alexander Kluge, William S. Burroughs, Claude Lévi-Strauss, Hanns Eisler, Brian Wilson), Stimmen von Instrumentalisten (des Ensemble Modern, der London Sinfonietta), dokumentarische Stimmen jüdischer Kantoren (in *Surrogate Cities),* deutscher Polizisten und Demonstranten (in *Berlin Qdamm 12.4.81),* die Stimmen von Zikaden und Fröschen, Hunden und Vögeln sowie die Stimmen in den Geräuschen der Dinge natürlich – der Klaviere, Steine, Rohre, Metallplatten und des Wassers (in *Stifters Dinge*) – und die Stimmen all der Objekte in *Max Black,* die von der Bühne zurückgeworfen werden und sich plötzlich selbständig machen.

Bislang hatte ich also vornehmlich mit unverwechselbaren, eigenartigen Stimmen gearbeitet, die nicht ersetzbar, auch nicht umbesetzbar sind. Kaum je mit akademisch ausgebildeten Stimmen, denen es seltener gelingt, mich zu berühren. Deren ästhetisches Ideal besteht ja im Gegenteil darin, einer Stimme das Eigene eher zu nehmen, das Persönliche bis zu einem gewissen Grad verschwinden zu machen – zugunsten klassischer Ausdrucksregister, die in Klangschönheit, Artikulation und Stimmsitz für eine virtuose Verfügbarkeit normiert sind. Dass auch jede klassisch ausgebildete Stimme trotz allem ihren Ursprung, ihren Körper letztlich nicht verleugnen kann noch will oder soll, verweist nur auf die Stärke ihrer leiblichen Spur.

Abgesehen von der Unersetzbarkeit war es mir gerade mit diesen *eigentümlichen* Stimmen möglich, das große klangliche Spektrum menschlicher Laute hörbar zu machen: ein jäher, unwiederholbarer Ausdruck, ein riskanter Sprung, die gebrochene Stimme, der unverwechselbare Akzent; Flüstern, Zögern, Lachen und Seufzen, Räuspern und Ächzen am Rande des Geräuschs; die Fistelstimme oder die Fragilität ihres Überschlagens ebenso wie ein kraftvoller, ungeschönter Ruf oder die kunstvolle Verzierung. Sogar Multiphonics kann man hier finden, unfreiwillige und absichtsvolle. Nur auf andere Stimmen und Körper übertragen lässt sich das alles nicht. Auch wenn die Versuchung dazu groß ist.

Zahllose Komponisten der Neuen Musik und des Musiktheaters der letzten fünfzig Jahre haben experimentell versucht, diesen vokalen Reichtum, der zu unserer Ausdrucks- und Erlebniswelt gehört und in dem die Stimme des ausgebildeten Sängers nur einen kleinen Ausschnitt darstellt, auszuloten, auszureizen, ihn weiterzutreiben, aufzuschreiben, aufführbar zu machen und damit weiterzugeben. Aber im Vergleich zu dem Reichtum dessen, was die zweite Hälfte des 20. Jahrhunderts an klanglicher Materialentwicklung instrumental und elektronisch hervorgebracht hat, scheint mir der experimentelle Umgang mit der Stimme zumindest fragwürdig.

Die experimentellen vokalen Register, die inzwischen für zeitgenössische Vokalmusik und das Musiktheater so charakteristisch geworden sind (die extremen Lagen, kühnen Sprünge, Verzerrungen, das Spiel mit den Lauten, mit sich verselbständigenden Melismen, das radikale Ausloten von Tonhöhen und Rhythmen, Vokalen und Konsonanten), sind von ihrer Körperlichkeit nicht zu trennen. Und vor allem nicht von den Ausdrucksregistern und Bedeutungsebenen, die in der Stimme immer mitschwingen. Das Resultat sind dann oft peinliche, alberne, lächerliche, hysterische, akustische Grimassen, die kein Bewusstsein davon vermitteln, was sie mit ihrer verzerrten Akrobatik tatsächlich einem unvoreingenommenen Publikum gegenüber ausdrücken und an Konnotationen provozieren. Das kann so nicht gemeint sein.

Bei Stimmvirtuosen, die um die eigene körperliche Identität und Plausibilität wissen – und David Moss, für den ich komponiert und mit dem ich oft gearbeitet habe, hat das neben einigen wenigen anderen mit großer Musikalität und Resonanz unter Beweis gestellt –, ist das möglich. Die Übertragung einer solchermaßen anspruchsvollen vokalen Partie jedoch auf akademisch ausgebildete Sänger, die das so nicht für sich selbst entwickelt haben, erweist sich selten als glücklich.

Mir scheint fast, als ob im kompositorischen Prozess zwischen instrumentaler und vokaler Materialität nicht unterschieden wird. Anders kann ich es mir nicht erklären. Man könnte die Neigung zu dem, was professionelle Zyniker mit dem „Hahnenschrei" bezeichnen, fast einen Jargon nennen: eine aus der experimentellen und zunächst instrumentalen Kompositionstechnik resultierende und inzwischen institutionalisierte Fraglosigkeit, mit der ausgeklammert wird, was uns eine Stimme alles mitteilt. Kompositorische Maßnahmen, die instrumentale Klänge weit über die Grenzen des konventionellen Musizierens hinaus zutage gefördert haben, werden hier – man möchte fast glauben: gedankenlos – auf die vokalen (Un-)Möglichkeiten der menschlichen Stimme übertragen, ohne sich ihrer szenischen, theatralen Bedeutung bewusst zu sein. Offensichtlich sieht der Komponist – vollbeschäftigt mit der Erfindung von etwas „Noch-Nie-Gehörtem" – von der *Wirkung* dieser Ästhetik ganz ab. Oder er überprüft sie, wenn überhaupt, nur an seinem eigenen Körper – wo sie gelingen mag, weil sie dort ihren Ort hat. Auch Helmut Lachenmann ist aus diesem Grund sich selbst seine beste Stimme. Denn hier hat die *musique concrète instrumentale* ihre Grenzen: Die Stimme ist kein Instrument. Nur auf dem Papier.

Erklingt sie aber, ist sie das Kostbarste und Persönlichste, was wir haben. Virtuose Instrumentalität ist bei der Stimme schwer erreichbar, obwohl durchaus schon in den Passionen und Kantaten von Bach zu finden. Sie braucht aber den kompositorischen Schutz und ästhetischen Kontext. Einer körperlich und szenisch quasi ausgesetzten, ausgelieferten, exaltierten Solopartie ist die Neutralität des Instrumentalen nicht vergönnt. Denn – darauf hat schon Roland Barthes hingewiesen – die Stimme kennt keine Neutralität; es gibt „keine menschliche Stimme auf der Welt, die nicht Objekt des Begehrens wäre – oder des Abscheus". Und so manches Mal überwiegt Letzteres.

Beim reinen Hören, das die Quelle der Stimme nicht kennt und sieht (also im Radio/auf CD/in der Zuspielung), können die Hörer zumindest noch versuchen, die körperlosen Laute rein klanglich, musikalisch, instrumental wahrzunehmen und dabei für einen Moment von ihrer Hervorbringung absehen. Aber die Stimme geht immer ein persönliches Vermittlungsverhältnis ein, das sie zum Anderen herzustellen versucht. Selbst beim Hören. Und wer auch noch mit eigenen Augen dabei ist und zuschaut, wie dieses Vermittlungsverhältnis verstellt ist – von den Bemühungen um die Erzeugung von Klängen, zu denen der eigene Körper des Sängers kein plausibles Verhältnis herstellen kann – der ist schnell „verstimmt".

Ich weiß nicht, wo das instrumentale Missverständnis beginnt. Das wissen vielleicht die Musikwissenschaftler. Sicher beginnt es nicht bei Alban Berg, der die Befreiung von der Tonalität in seiner Oper *Wozzeck* für die zahlreichen vokalen Facetten nutzen konnte, um die Differenzierungen einer der Alltagssprache abgehörten Sprachmelodie kompositorisch auszureizen – der also letztlich damit an einer, wenn auch forcierten, Plausibilität gearbeitet hat.

Vielleicht beginnt dieses Missverständnis da, wo versucht wird, die Laut-Erfindungen von Luciano Berio, die er zusammen mit der Sängerin (und seiner damaligen Frau) Cathy Berberian entwickelt hat, auf andere Sängerinnen und Sänger zu übertragen. Vielleicht beginnt hier ein sich ständig übertreffender Wettlauf von Kompositionstechniken, die die Eigentümlichkeit der Stimme ignorieren und die implizite Forderung der Stimme nach einer körperlichen Plausibilität übergehen, und die sich in einer endlosen Kette unerträglich vokalakrobatischer Uraufführungen fortsetzen, die keinen anderen Respekt zulassen als den vor einer in mühevoller Kleinarbeit und mit hohem Originalitätsdruck auf Papier gebannten Partitur.

Vielleicht ist es auch gar kein Missverständnis, und es wird nur versäumt, die theatrale Konsequenz zu Ende zu denken, mit der – im Konzert wie auf der Opernbühne – die experimentelle Ausweitung des stimmlichen Klangraums immer auch die Intensität eines Ausdrucks aufruft, der unserem Erfahrungsraum nicht unbekannt (also nicht fremd und künstlerisch herausfordernd) ist, sondern nur allzu schnell mit Vokabeln für entstellte Körper und monströse Emotionalität verbunden wird. Kein Wunder also, dass zum traurigen Resultat wesentlich die Regisseure beitragen, die die vokalen Partien der Protagonisten auf der Bühne des zeitgenössischen Musiktheaters als „Hysterie", „Wahnsinn", mindestens aber als „schwere Verzweiflung" in Szene setzen, um damit die Atonalität dem Publikum gegenüber psychologisch zu motivieren. So wird die vokale Ästhetik letztlich nicht für die künstlerische Erfahrung und die Imagination des Hörers frei, sondern sie wird schon durch die Inszenierung als „Abnormität" denunziert. Wenn das Publikum das nicht sehen (und hören) will, ruft man ihm „Spießer!" hinterher. Dass die Opernregie übrigens meist auch der Radikalität von nicht-linearen, nicht-narrativen Opern z. B. bei Zimmermann, Nono, Cage und Lachenmann nicht gerecht wird, sei hier nur am Rande erwähnt.

Es gibt für mich immer wieder, auch zurzeit, wundersame Ausnahmen: so z. B. bei Barbara Berger, der Protagonistin in Leo Dicks Oper *Kann Heidi brauchen, was es gelernt hat?*, in deren Gesangspartien das ihr vertraute Jodeln auf fremde und überraschende Weise eingewebt ist. Oder bei dem schottischen Schauspieler Graham Valentine in Enno Poppes *Arbeit Nahrung Wohnung*, der die schrägen Gesangspassagen mit einer ihm eigenen Unzulänglichkeit und Intensität zum Leben erweckt und dagegen seine professionellen Gesangskollegen sehr „verzweifelt" aussehen lässt – so virtuos sie auch sein mögen. Aber das sind Gesangspartien, die – ob nun auskomponiert oder verabredet – an die Materialität einzelner, eben *eigentümlicher* Stimmen gebunden sind, biografische Singularitäten.

Aus all diesen Gründen waren mir die experimentellen vokalen Register für das Hilliard Ensemble in *I went to the house but did not enter* verwehrt. Hinzu kam, dass die Sänger an mittelalterlicher Sakralmusik geschult sind und ihnen vergleichbare experimentelle Erfahrungen fehlen. Gerade weil die Sänger ihre Konzerte in den letzten dreißig Jahren vor allem in Kirchen gegeben haben und noch keinerlei szenische Erfahrung hatten – also auch keine „falsche" –, wollte ich auch mit ihnen und *nur* mit ihnen als Darsteller arbeiten. Bei der Suche nach Alternativen zu den konventionellen Präsenzkonzepten des Theaters und der Oper hat für mich eine weitere? Art von „Abwesenheit" eine wachsende Bedeutung. Diese fand in der Zurückhaltung der Sänger ihre wunderbare Entsprechung, da mir die kleine Geste die Aufmerksamkeit der Zuschauer eher auf sich zu ziehen scheint als ein großes theatrales Getue.

Mir war auch die Verständlichkeit der Texte wichtig, die in verschiedenen Epochen des 20. Jahrhunderts von Eliot (1911), Blanchot (1948) und Beckett (1984) geschrieben worden sind. Bei aller Unterschiedlichkeit der Textsorten (Gedicht? Erzählung? Litanei?) haben sie doch eines gemeinsam: Sie verleihen einem fragmentierten, anonymen Ich viele Stimmen, bei denen sich aber der Leser nicht mehr auf fest umrissene Figuren und Rollen verlassen kann. Ihre Sprache verspricht keine Sicherheit. Und allen Texten ist das Misstrauen gegenüber linearen Erzählformen gemeinsam, auch wenn die Texte voller Geschichten sind. Diese Erzählungen geben ihren oft paradoxen Sinn nur preis, wenn wir sie als Zuhörer vervollständigen. So ist *I went to the house but did not enter* vielleicht eine Reise, die von den unheroischen Protagonisten – „lauter Niemand" wie Kafka sie nennt – gar nicht angetreten wird. Und sie spielt in drei Bildern, Zeiten, drei Räumen, die ortlos sind – also überall und nirgends.

Vielleicht kommt auch daher die Vorsicht bei meinen kompositorischen Maßnahmen und der Wunsch, den Rhythmus und die Musikalität der Texte aufzudecken, hörbar zu machen (vor allem bei Eliot und Beckett), und ihnen nicht eine Ästhetik aufzusetzen, die ihnen äußerlich bleibt. Beim kritischen Blick in die zeitgenössische Opernpraxis erscheint doch oft das Verhältnis einer Komposition zum Text beliebig. Wird überhaupt die Frage gestellt, ob sich ein Text zum Singen eignet? Zu selten. Brecht hatte recht, als er konstatierte: „Die moderne Musik verwandelt Texte in Prosa, auch wenn es Verse sind, und lyrisiert dann diese Prosa. Die Lyrisierung ist zugleich eine Psychologisierung. Der Rhythmus ist aufgelöst (außer bei Strawinsky und Bartók), für das epische Theater ist das unbrauchbar." Diese Notiz aus seinem Arbeitsjournal hat sich als erstaunlich haltbar erwiesen.

Vor dem Hintergrund der Textauswahl hat mich eben etwas anderes interessiert als die Eigentümlichkeit, als die Unverwechselbarkeit einer gesteigerten Subjektivität. Nämlich die Frage danach, ob es vielleicht doch so etwas geben könnte wie eine „Neutralität", die durch Zurücknahme entsteht? Die dadurch erst möglich wird, dass sich die vier Sänger für eine „fünfte" gemeinsame menschliche Stimme zurücknehmen. Ob dadurch eine magische Stimme jenseits des individuellen Ausdrucks entstehen kann und damit quasi anknüpft an einen vorbarocken Begriff von Gemeinschaft? Ob die Summe ihrer Stimmen umschlagen kann in etwas, das den Texten gerecht wird, in denen ein Ich nicht mehr auszumachen ist? Ob dadurch die Körperlichkeit der Stimmen aufgehoben wird, obwohl die Sänger auf der Bühne stehen? Und die Worte selbst dabei zu *Dramatis Personae* werden?

DER RAUM ALS EINLADUNG

Der Zuschauer als Ort der Kunst

In dem Roman *Die Jalousie oder die Eifersucht* von Alain Robbe-Grillet – die französische Sprache und der Titel des Originals kennen nur ein Wort für beides: „La Jalousie" – ist immer nur vom Sonnenschutz in einem Landhaus die Rede, nie von der Eifersucht. A…, die Gattin des Erzählers, beabsichtigt mit Franck, einem Freund des Hauses, in die Stadt zu fahren, um Einkäufe zu machen. Sie hat nicht genau gesagt, welche. Wir wissen auch nicht, ob sie wie angekündigt spätabends in das Landhaus zurückkehren wird; vielleicht kommt ja auch etwas dazwischen. Diese Unklarheit beunruhigt den Leser, auch wenn – oder gerade weil – der Gatte/Erzähler/Beobachter kein Wort über sich und seine Gefühle verliert. An dem Punkt, an dem sich alle Vermutungen verdichten, ohne ausgesprochen zu sein, in den Kapiteln 6 und 7 des Romans, ist auf einmal alles leer:

> „Nun ist das Haus leer."
> „Unterdessen ist das Haus leer."
> „Die Terrasse ist gleichfalls leer."
> „Der Hof ist leer."
> „Das ganze Haus ist leer. Es ist leer seit dem Morgen."
> „Wenn das Schlafzimmer leer ist, besteht gar kein Grund, die Jalousien nicht zu öffnen.
> „Die Terrasse ist ebenfalls leer."[1]

Gerade die Leere der Räume – die zuvor noch von A…, ihren anmutigen Bewegungen, ihren zuvorkommenden Gesten, von Gesprächen, von geheimnisvollen Geräuschen angefüllt war und die den manisch wahrnehmenden Blicken des Gatten ausgeliefert ist – die Leere zieht den Leser magisch an. Diese Leere bildet das Zentrum des Romans. Der Leser kann sie sich selbst möblieren. Und da sie doppelt ist, weil auch auf Darstellung der Emotionen verzichtet wird, ist das, was sich in ihr ereignet, gewaltiger und für den Leser „persönlicher" als alles, was uns der Autor/Erzähler dort hätte hinschreiben können. Stattdessen macht er sich Gedanken über die Struktur des Sonnenschutzes:

> Wenn das Schlafzimmer leer ist, besteht gar kein Grund, die Jalousien nicht zu öffnen, die an Stelle von Scheiben in alle drei Fenster eingesetzt sind. Die drei Fenster sind gleich groß, jedes ist in vier gleiche Rechtecke unterteilt, so daß sie vier Serien von Brettchen aufweisen, wobei jeder Fensterflügel zwei Serien übereinander einrahmt. Die zwölf Serien sind einander völlig gleich: sechzehn Holzbrettchen, die zugleich von einem seitlichen, senkrecht an dem äußeren Fensterpfosten angebrachten Stab bewegt werden.[2]

Je mehr er abschweift, umso stärker beginnen wir uns für das zu interessieren, worüber nicht gesprochen wird. Robbe-Grillet umstellt sein Thema Eifersucht mit detaillierten Beschreibungen von Blicken, Geräuschen, Vermutungen – und lässt dabei das Zentrum aus.

Wir können in vielen Künsten zunehmend beobachten, wie die Verweigerung der Darstellung unsere Wahrnehmung anzuregen und zu steigern weiß. Selbst die Abwesenheit traditioneller Präsenzen, also gleichsam das Gegenteil dessen, was man gemeinhin unter „Intensität" versteht, kann unter bestimmten Bedingungen im Leser/Zuhörer/Zuschauer das, was zuvor z. B. im klassischen Roman ausgeführt bzw. auskomponiert war, produzieren. Die bewusste Leere einer Passage aus meiner Ensemble-Komposition *La Jalousie,*[3] in der sich die Musik zurücknimmt und nur einen akustischen Raum baut, in dem minutenlang fast nur die Schritte von Stöckelschuhen zu hören sind, mag dafür vielleicht ein kleines Beispiel sein und ist von der Struktur dieses Nouveau Roman inspiriert. Der bewusste Rückzug auf eine Oberfläche in der amerikanischen Minimal Music ist ein deutlicheres Beispiel, auch wenn ihr die inhaltliche Rahmung manchmal zu fehlen scheint, die den zu beschreibenden freien Raum erst definieren muss, damit er nicht nur zweidimensionale Fläche bleibt. Der Reduktionismus des Komponisten Morton Feldman oder die Strategien des Verschwindens von Autorschaft bei John Cage sind weitere Beispiele in der Musik. Überhaupt scheinen diese Impulse von der bildenden Kunst auszugehen, unabhängig davon, ob man zuerst an Malewitsch, Rothko und Christo denken mag oder sich in einer Ausstellung des thailändischen Künstlers Rirkrit Tiravanija wiederfindet, der mit *Une rétrospective (tomorrow is another day)*[4] die Zuschauer in leere Räume einlädt. Der Parcours durch den Innenraum einer alten Pariser Kirche wird lediglich durch Ausstellungswände strukturiert, an denen nur noch die Titel, z. B. *Untitled 1991 (blind),* und drei sich voneinander unterscheidende Narrationen (als Führung, Performance und Lesung) auf Arbeiten verweisen, die gar nicht präsentiert werden, sondern unsichtbar bleiben, abwesend sind.

Nur die darstellenden Künste – wie der Name schon nahelegt – tun sich naturgemäß besonders schwer, gerade auf das zu verzichten, was sie als die Essenz ihrer Kunstform ansehen. Die Widerstände sind in Institution und Handwerk angelegt und riesig. Finden Sie mal einen Schauspieler, der nichts macht – oder zum Verschwinden bereit ist.

Zu Beginn meines Stückes *Die Wiederholung* nach dem gleichnamigen Essay von Kierkegaard, erblickt man vom Saal aus, wenn der Vorhang aufgeht, jemanden von hinten, der eine Viertelstunde fast unbewegt mit dem Rücken zum Publikum an seinem Schreibtisch mitten auf der hell beleuchteten Bühne sitzt. Er verharrt regungslos, sein Kopf ist nach rechts gedreht – um etwa fünfundvierzig Grad – und seine Stimme, die über Lautsprecher zu hören ist, spricht darüber, wie eine Person unbewegt mit dem Rücken zum Publikum „an seinem Schreibtisch mitten auf der hell beleuchteten Bühne sitzt. Er verharrt regungslos ... Sein Kopf ist nach rechts gedreht – um etwa fünfundvierzig Grad".[5] Der Text zu dieser „Szene" ist ebenfalls von Alain Robbe-Grillet. Glücklicherweise konnte ich mit einem Schauspieler arbeiten – Johan Leysen –, der sich für die Herstellung dieses Vorgangs interessiert hat. Und die große, auf diesen regungslosen Rücken gerichtete Aufmerksamkeit des Publikums wird noch gesteigert, wenn er für eine ganze Minute das Sprechen unterbricht – und schließlich mit den Worten fortfährt: „Dann, nach einer Minute schweigender Regungslosigkeit, richtet die Person ihren Blick wieder auf ihr Werk. Der Kopf neigt sich, der Rücken rundet sich."

Der Text fällt auf tautologische Weise mit dem Bild zusammen; es gibt keinen Hinweis auf etwas anderes als auf die Szene selbst. Das Theater repräsentiert hier nichts mehr. Bedeutung wird hier nicht durch den Verweis auf eine andere Wirklichkeit geschaffen, das Theater produziert und reflektiert seine eigene. Der Körper des Schauspielers ist von seiner Stimme (über Mikroport) getrennt, und wird den Zuschauern vorenthalten, da sie nur seinen Rücken sehen.

Die Initiativen der Theater-Avantgarden zu Beginn des 20. Jahrhunderts (Craig, Appia, Marinetti u.v.a.) wurden zwar lange erfolgreich ignoriert, aber angeregt von den Impulsen der anderen Künste haben die darstellenden Künste schließlich in den letzten zwanzig, dreißig Jahren wieder begonnen, Alternativen zu den traditionellen Zentrierungen zu entwickeln. Die gedehnte Zeit und die fast zweidimensional scheinenden Bildebenen in den Inszenierungen Robert Wilsons können ebenso dazugerechnet werden wie die Vervielfältigung der Faustfigur bei Einar Schleef, die den *einen* Protagonisten verweigert – beides sind übrigens bildende Künstler – oder die dezentrale, chorische Arbeit in den Stücken Christoph Marthalers. Auch Choreografien von William Forsythe, Xavier Le Roy oder Jérôme Bel lassen uns mit Repetition, Vervielfältigung, Fragmentierung oder Flüchtigkeit der Bewegung über die Körper nachdenken.[6]

Diese Perspektive möchte ich mit einigen Seh-Erfahrungen ergänzen, in denen es unter Umständen kaum etwas zu „sehen" gibt: In *Nausea*[7], einer Performance des jungen englischen Künstlers Martin Burton, wird jeder Zuschauer einzeln eine Stunde lang auf einer Bahre in einem absolut schwarzen Kellergewölbe orientierungslos von unsichtbaren Geistern herumgeschoben, ist dabei kaum erklärbaren Geräuschen ausgesetzt und erfährt unerwartete Begegnungen – sogar mit sich selbst. Das ist einer radikalen Arbeit des Lichtkünstlers James Turrell nicht ganz unähnlich und kehrt sie quasi um: *Gasworks*,[8] ein Licht-Iglu, in den der Zuschauer liegend eingeschoben wird, in dem aber nichts mehr dargestellt, nichts sichtbar gemacht wird, in dem es nichts zu sehen gibt als auf beunruhigende Weise durch Blitze auf der Netzhaut das Sehen selbst. Die irritierende Seherfahrung nähert sich der, die wir vom Sehen mit geschlossenen Augen kennen.

Auch der junge Theatermacher David Weber-Krebs verweigert in einer Arbeit, die im Herbst 2004 in Frankfurt uraufgeführt wurde, alles Darstellbare und überantwortet den Zuschauer nur dem leeren Raum und sich selbst. Zwanzig Minuten lang bleibt die Bühne leer, ein tiefes maschinelles Brummen erfüllt den Raum, und hier und da tropft ein bisschen Wasser aus der Decke; doch passiert insgesamt szenisch zu wenig, um uns zu fesseln. Stattdessen kündigt eine Stimme aus einem Lautsprecherpaar an, was wir zu sehen wünschen:

This performance is about to start
This performance is about to tell a story
This performance is about to make statements
This performance is about to have an introduction
This performance is about to activate a process
This performance is about to give a message
This performance is about to have a discourse
This performance is about to catch attention
This performance is about to try something out
This performance is about to establish a code
This performance is about to create a context
This performance is about to raise expectations
This performance is about to ask questions
This performance is about to develop an understanding
This performance is about to raise
This performance is about to relate to the world
This performance is about to want
This performance is about to evolve gradually towards more autonomy
This performance is about to learn
This performance is about to get faster
This performance is about to build a space …
This performance is about to stop time
This performance is about to develop strategies
This performance is about to open up hidden sides
This performance is about to demonstrate individuality
This performance is about to stumble
This performance is about to react
This performance is about to constellate crashes
This performance is about to torture
This performance is about to elevate metaphysical questions
This performance is about to help lost souls
This performance is about to communicate
This performance is about to fail
This performance is about to be reduced to nothing
This performance is about to fade out
This performance is about to end[9]

Erst nach diesem langen Prolog betritt plötzlich mit Jennifer Minetti eine ältere Schauspielerin den Raum, der mit unseren Erwartungen gefüllt ist. Aber auch sie wird die Wünsche, die man mit Theater gemeinhin verbindet, unerfüllt lassen.

Nicht weniger radikal ist der Reduktionismus bei einer wunderbaren situationistischen Performancegruppe mit dem Namen Lone Twin aus England, die sich für *Ghost Dance*[10] als Cowboys verkleidet haben – also mit Cowboyhüten, Cowboystiefeln, mit Hemd, Weste, Jeans und der typischen offenen Beinkleidung aus Leder. „It has been quite an emotional event. No tech. No materials, each time we rent the cowboy costumes from the same fancy dress hire store in a small town in UK." Sie tanzen zwölf Stunden lang einen langsamen, lausigen Squaredance – ohne Musik, mit verbundenen Augen, aber dennoch synchron – von High Noon bis Mitternacht. So mancher Zuschauer geht da gleich wieder, um aber später wiederzukommen, und sei es allein aus Neugier, weil ihn interessiert, ob Gregg und Gary von Lone Twin das wirklich durchhalten (mit einer Pizza nach neun Stunden haben sie es übrigens geschafft). Und so wird aus dieser minimalistischen Repetition – bestaunt, belächelt, beargwöhnt – allmählich ein anrührendes, magisches Ritual, in das sich immer mehr Unbeteiligte vorsichtig einmischen; vorsichtig, um die beiden nicht aus dem Takt zu bringen. Spätestens in der letzten Stunde sind dann alle Zuschauer wieder da und haben sich die Schrittfolge abgeschaut.

Auch das gehört zur Kunst: ein ungesehenes Bild, zwei einsame Cowboys auf einer Studiobühne, ein Rätsel, das sein Geheimnis behält und dennoch (in diesem Fall durch eine heitere Seriosität und die Dauer) große Intensität hat, sie nicht pathetisch behauptet; sie hat die Intensität durch das, was die Zuschauer ihr verleihen; und beinahe ohne dass die Darsteller das mitbekommen – denn sie haben ja verbundene Augen.

Death is certain heißt eine Kirschenperformance von Eva Meyer-Keller.[11] Die Zuschauer, in lockerer Runde an die Wand gelehnt, schauen einer jungen Künstlerin zu, die auf 48 verschiedene Arten sehr konzentriert und gewissenhaft, aber ohne jede Leidenschaft Kirschen um die Ecke bringt: sie wirklich „ermordet". Man kann dabeisein und erleben, wie grausam es ist, wehrlose Kirschen mit

Zangen zu würgen, mit Rauch zu ersticken, mit Stromschlägen zu versengen, mit ferngesteuerten Spielzeugautos zu überfahren oder bodentief abstürzen zu lassen, weil der Luftballon, an den man sie gehängt hat, mit Wurfpfeilen abgeschossen wird – oder schlimmer noch: sie einfach zu essen. Die Aufführung dauert ungefähr eine halbe Stunde. Es wird kein Wort gesprochen, und es ist eine vergnügliche politische Metapher mit einer bezaubernden Dramatik, die es mit jedem Klassiker aufnehmen kann. Die Metapher ereignet sich aber nicht in der Darstellung – hier wird nichts gespielt, nichts Anderes „als ob" repräsentiert, hier werden nur Kirschen auseinandergenommen. Die Vorstellung ereignet sich nur in der Vorstellungskraft der Zuschauer.

Zufällig war ich am gleichen Abend zuvor in einem Konzert mit Uraufführungen zeitgenössischer Orchestermusik. Der Kontrast hätte nicht größer sein können: das nicht hinterfragte Pathos, die aufdringliche, altmodische Dramatik der Sänger, der ungebremst imponierende Mitteilungswille der Komponisten und die stillschweigenden Vereinbarungen des Publikums, all das nicht infrage zu stellen. Auch wenn das nicht mit einer Performance vergleichbar ist: Der Konzertbetrieb hat noch einige Entwicklungen vor sich, wenn er mit der unaufdringlichen Präsenz, mit der humorvollen Imagination und der ernsten Leichtigkeit einer Kirschenperformance mithalten möchte. Auch das Konzert wird den Blick derer aushalten müssen, die sich den institutionalisierten Vereinbarungen des Betriebs nicht unterwerfen.[12] Der Satz des Kunsthistorikers Didi-Huberman: „Zu sehen geben heißt stets, das Sehen in seinem Akt, in seinem Subjekt zu beunruhigen."[13] gilt auch für das Hören – und mehr noch für die Summe beider.

Die Definition dessen, was wir unter Theatralität verstehen, hat sich verschoben. Theatralität stellt sich nicht mehr dort ein, wo wir etwas mit großen Gesten und viel Getue geboten bekommen. Im Gegenteil wird uns der allzu intensive Ausdruck eher abschrecken, einschüchtern, ausschließen. Wenn es sich um Kunst handelt – und wir vergessen manchmal, dass auch Theater dazugehören kann – muss auf die Krise der Repräsentation geantwortet werden. Auch wenn es die Regieklassen und Schauspielschulen noch nicht alle mitbekommen haben: Künstlerische Intensität lässt sich nicht auf Handwerk, Ausdruck, Innerlichkeit und (in den Kompositionsklassen) auf die Materialfrage reduzieren, sondern muss sich allein an der Frage nach der künstlerischen Erfahrung des Zuschauenden/Zuhörenden messen lassen. Wir finden die Aufmerksamkeit nicht mehr notwendigerweise im Zentrum von Figuren und Behauptungen. Und vor allem: Wir wollen selber finden und können das auch. Diese Erfahrungen gilt es auf die darstellenden Künste zu übertragen.

Ein um das Publikum ringförmig angeordneter Orchesteraufbau in Helmut Lachenmanns Komposition *Schwankungen am Rande* aus dem Jahre 1974/75 thematisiert im Titel wie in der musikalischen Faktur, was sich inzwischen verschoben hat und wo Aufmerksamkeit sich herstellt: am Rande, in kleinen unerwarteten Bewegungen, Verschiebungen, Unstimmigkeiten, Sprüngen.[14]

Eine denkbare Perspektive könnte es sein, auch in Oper und Theater dem Publikum den dafür nötigen *Raum* zu öffnen und offenzuhalten, d. h. den Erwartungsraum des Zuschauers nicht mit Bildern der Eindeutigkeit zu verbauen, besetzt zu halten, zuzukleistern. Letzteres bedeutet: das Publikum zu unterschätzen, zu bevormunden, zu belehren – und selten eines Besseren.

Unsere Wahrnehmung reagiert dort, wo Intensität *hervorgerufen* und *produziert* wird – das kann auch eine Leerstelle sein. Eine Beobachtung am Rande, etwas, das Schlüssigkeit vermissen lässt, weil es nicht zusammenpasst oder Sichtbarkeit und Komplettierung verweigert. Gerade Distanzen wollen wir als Zuschauer überbrücken, Lücken wollen wir instinktiv schließen. Und im Übrigen gilt: Wenn Ton und Bild nicht eins sind, addieren sich die Qualitäten der ihnen zugeordneten Sinne. Die jeweiligen Gegenräume – beim Ton der visuelle, beim Bild der akustische Raum – fallen nicht mehr zusammen, sondern bleiben unendlich und können in diesem Reichtum nebeneinander erhalten bleiben.

Das Hin- und Herspringen unserer Aufmerksamkeit, das schnelle Spiel mit den Bedeutungen, die Verknüpfung zwischen den Medien und Sichtweisen ist so virtuos geworden, dass wir es mit einer Verschiebung des Begriffs von *Komplexität* zu tun haben. Ihn nur auf die Frage des Materials selbst anzuwenden, d. h., wenn die Partitur groß und das Libretto klug ist, klammert die Frage der Verschiebung ästhetischer Erfahrung aus. Als *komplex* hat demnach zu gelten, wenn der Kunstbegriff einer Arbeit nichts mehr auslässt: nicht die Aufführungsbedingungen, nicht das Verhältnis zu den anderen Künsten, nicht die Produktionsbedingungen, nicht die Rezeptionsweisen.

Was wir in den darstellenden Künsten als Präsenz, als Ausdruck von Intensität kennen, ist immer auch eine Realisierung „anstelle von", kommt einer Enteignung von Erfahrung gleich, und bedeutet mit der Verkörperung durch die Darsteller/Interpreten auch eine Unterwerfung unter die *eine* der möglichen Lesarten, eine Reduktion auf das *eine* Gefühl, die eine Agogik. Für die Musik kann man das exemplarisch benennen: Was mit großem Rubato als ausdrucksstarke Individualität eines Solisten besonders gefeiert wird, ist in Wahrheit ein privatisiertes Vergnügen. Man könnte es sogar eine „Privatisierung des öffentlichen Raums" nennen, eines Raumes, der durch einen komponierten Puls definiert, umschrieben und eröffnet wird, aber vom Interpreten/Solisten/Dirigenten in Beschlag genommen ist. Uns Hörern wird er damit verweigert; man nimmt uns die Möglichkeit, unsere Differenz gegenüber dem Puls auf eigene Weise zu definieren und zu erleben. Das gilt gleichermaßen für den Umgang mit Text, mit Raum, mit den anderen szenischen Medien.

Viele Theater, Konzertsäle und Veranstaltungsorte, die zurzeit entworfen und gebaut werden, gehen im Übrigen an dem zuvor beschriebenen Paradigmenwechsel der darstellenden Künste im ausgehenden 20. Jahrhundert völlig vorbei. Ab einer gewissen Größe des Zuschauerraums (ca. 600 – 1000 Zuschauer) muss die Präsenz der Darbietung einen *per se* totalitären Charakter haben; sie muss eine Einbahnstraße sein, in der die Wünsche des Publikums höchstens gespiegelt werden, sein Begehren nur noch vorgeführt wird. Eine Inszenierung, die dem Zuschauer die Spiegelung des Subjekts verweigert, ihm sogar den Rücken zukehrt oder das Zentrum der Bühne leer lässt, wird die letzten Reihen kaum mehr erreichen. In solchermaßen dimensionierten Räumen sind nur noch Musicals möglich oder Musik und Theater, die auf pubertierende Weise dauernd „Ich" sagen und in denen es nichts zu entdecken gibt, was nicht aufmerksamkeitsheischend präsentiert wird.

Jede Aufführung ist ein öffentlicher Raum – und eine Einladung. Und ein Gastgeber, der die ganze Zeit redet und außerdem nur von sich, wird dieser Erwartung nicht wirklich gerecht. Er wird nicht einmal merken, was für wunderbare Gäste er hat.

1 Alain Robbe-Grillet: Die Jalousie oder die Eifersucht, Stuttgart 1966, S. 68ff.
2 Ebd. S. 100.
3 Heiner Goebbels: *La Jalousie – Geräusche aus einem Roman Komposition für Ensemble,* (CD-Produktion) ECM, München 1993.
4 Rirkrit Tirvanija: *Une Rétrospective (tomorrow is another day),* Musée d'Art Moderne de la Ville de Paris, Couvent des Cordeliers, 2005.
5 Alain Robbe-Grillet: „Szene", zitiert nach: Heiner Goebbels: *Die Wiederholung,* in: Wolfgang Sandner: *Heiner Goebbels – Komposition als Inszenierung,* Berlin 2002, S. 142f.
6 Gerald Siegmund: *Abwesenheit. Eine performative Ästhetik des Tanzes,* Bielefeld 2006.
7 Martin Burton: *Nausea,* diskurs festival, Gießen 2000.
8 James Turell: *Gasworks,* 1993.
9 David Weber-Krebs: *This performance,* Plateaux Festival, Künstlerhaus Mousonturm Frankfurt am Main 2004.
10 Lone Twin: *Ghost Dance,* Plateaux Festival, Künstlerhaus Mousonturm Frankfurt am Main 2003; siehe auch: www.double-m-arts.com/id3.html.
11 Eva Meyer-Keller: *Death is certain,* Plateaux Festival, Künstlerhaus Mousonturm, Frankfurt am Main 2003.
12 Georges Didi-Huberman: *Was wir sehen blickt uns an,* München 1999, S. 62.
13 Niklas Luhmann hat in *Die Kunst der Gesellschaft* (Frankfurt am Main 1997) die hermetische Ausdifferenzierung der jeweiligen Kunstsysteme treffend beschrieben.
14 Was Lachenmann hier auskomponiert, kann im Konzertbetrieb auch auf die Gestaltung der Klangräume bezogen werden. Die Konzerthallen sind für eine zentrierende Verschmelzung der Klänge gebaut – entsprechend der klassischen Orchestermusik, für die sie entworfen werden. Die Parameter, die dafür verantwortlich sind, sind bekannt: Resonanzen und Reflexionen, die für die klassischen Instrumentationen und die Entwicklung ihrer Klänge so wichtig sind. Sie tragen den Klang zum Zuschauer, während sie dabei verschmelzen. Je trockener eine Raumakustik, umso transparenter stehen die Einzelereignisse für sich, je länger der Nachhall einer Raumakustik, also je überakustischer der Raum mitreagiert, desto mehr vermischen sich, desto mehr verschmelzen die Klänge – eine Grundvoraussetzung zum Beispiel für romantische Instrumentierung, der übrigens mit wenigen Ausnahmen auch die Moderne folgt. Bei aller Komplexität und Schroffheit neuerer Kompositionen: Der Raum versöhnt. Seit Beginn der Studiotechnik und Schallplatte besteht aber das Projekt der U-Musik eher in einer Trennung der Klänge, in Fragmentierung, Transparenz, Tiefenstaffelung. D. h. große Nähe (auch für kleine, leise Klangquellen) und große Entfernungen sind gleichzeitig möglich und durchhörbar. Eine individuelle Raumgestaltung ist möglich, eine Vielfalt künstlicher Hall- und Verzögerungsräume. So ist z. B. selbst innerhalb des drumsets (Schlagzeugs) ein anderer Klangraum für die snare möglich als für die bassdrum etc. Eine räumlich getrennte Instrumentierung, die ja auch der Orchesteraufbau kennt, ist auf diese Weise radikalisierbar. Die Transparenz der Einzelklänge lässt dem Hörer andere Möglichkeiten und autonomere Spielräume: Er ist nicht mehr einem Raum ausgeliefert, sondern muss und kann sich das jeweilige Stück aus den mannigfaltigen Möglichkeiten der verschiedensten Klangräume und vor allem der getrennten Instrumentationen überhaupt erst selbst synthetisieren. Ein Schlagzeug, das nicht mehr in körperlicher Identität akus-tisch vor uns hörbar ist, sondern in seine einzelnen Elementen delokalisiert und fragmentiert wird, kann von unserem hörenden oder tanzenden Körper wieder zusammengesetzt werden. Der Körper des Schlagzeugers interessiert nicht mehr, der Platz wird frei und vom Hörer besetzt. Dass es sich dabei zunächst um Popmusik handelt, soll uns nicht davon abhalten, hinter diesem Hören möglicherweise ein wesentlich moderneres, komplexeres Wahrnehmungskonzept zu vermuten, als wir es in der konventionellen Zentrierung und Verschmelzung des Klangs finden. Diese Möglichkeit hat aber selbst die zeitgenössische E-Musik bei aller Differenzierung und Komplexität der hier entworfenen Musik noch kaum wahrgenommen; auch weil die Räume, in denen sie aufgeführt wird, immer noch dagegen anarbeiten.

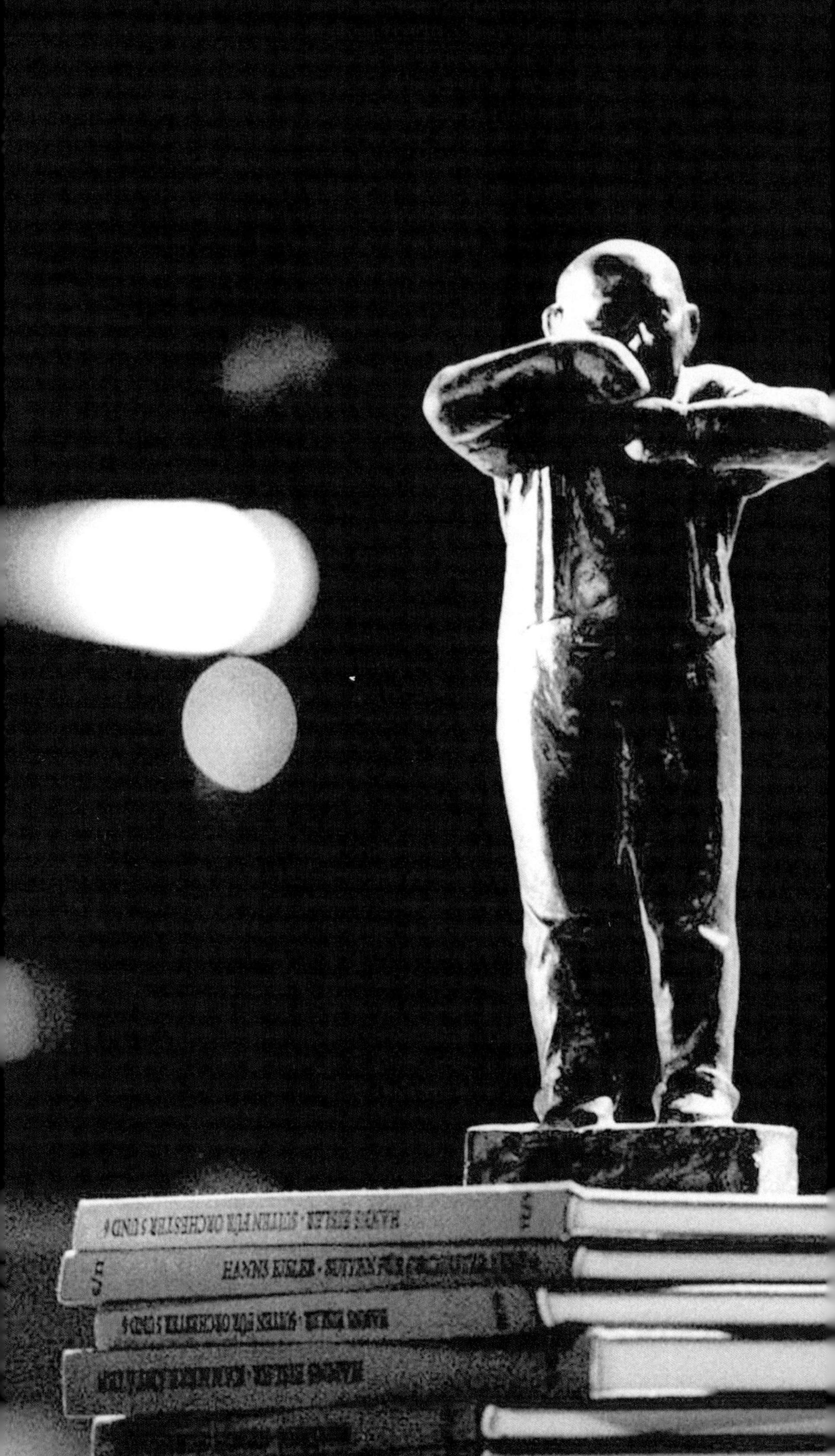
HANNS EISLER · SUITEN FÜR ORCHESTER 5 UND 6
HANNS EISLER · SUITEN FÜR
HANNS EISLER · SUITEN FÜR ORCHESTER 5 UND 6

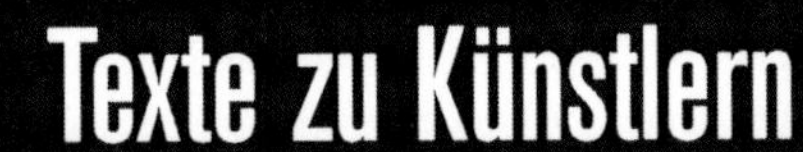
Texte zu Künstlern

„ICH WOLLTE DOCH NUR EINE ERZÄHLUNG MACHEN“

Jean-Luc Godard als Komponist

> „Das Gehör ist unser hartnäckigster Sinn.
> Es verschwindet bei der Narkose als letztes
> und kommt beim Aufwachen als erstes zurück.“
> Dirk Schwender (Anästhesieprofessor)[1]

Nach der koketten Selbstbezichtigung Godards, er habe in seinen ersten Filmen die Musik auf die Bilder gesetzt wie „Ketchup auf McDonalds“, ist in den letzten Jahren oft diskutiert und betont worden, wie sehr seine späten Filme „aus dem Ton heraus“ entwickelt sind.[2] An dem Film *Nouvelle Vague* aus dem Jahre 1990 lässt sich die wachsende Autonomie der Tonspur differenziert belegen, besonders seitdem der gesamte Soundtrack dieses Films auch als Doppel-CD zugänglich gemacht wurde.[3] Dass durch die Trennung der unterschiedlichen Wahrnehmungsordnungen von Bild und Ton hierbei ein „imaginärer Zwischenraum“ aufgeschlossen wird und eine „doppelte Bühne“ entsteht, auf der sich unsere Erfahrung und Vorstellung entfalten können, darauf hat Helga Finter treffend hingewiesen.[4] Um der Bedeutung zu entsprechen, die dabei insbesondere dem Hören zukommt, möchte ich am Beispiel einer Analyse der ersten Minuten des Films der Frage nachgehen, wie genau die Tonspur beschaffen sein muss, mit der es Godard gelingt, dem Film diese Qualität zu verleihen.

Zwischen die ersten Bilder des Films sind noch die Credits geschnitten, bei denen auffälligerweise der Name *Godard* fehlt.[5] Wir hören einzelne Töne und Akkorde eines Bandoneons, wir hören eine Stimme im Off: „Ich wollte doch nur eine Erzählung machen …“ Wir hören Vogelgezwitscher und Hundegebell, das zu den parkähnlichen Bildern eines Geländes am Genfer See zu passen scheint; wir hören das Donnergrollen eines nahenden Gewitters und sehen den Wind im Gras. Wir hören, wie ein Motor sich nähert, und sehen ihn bald als Rasentraktor, dem ein schlecht gelaunter Gärtner entsteigt. Beim Rechen der Kastanienblätter philosophiert er über „das Jadegrün des jungen Getreides" und versucht, die geschäftigen Bewohner des feudalen Anwesens, für die er arbeitet, dafür zu sensibilisieren, dass „uns gestern sogar ein schöner Sommerhimmel unsere Zerbrechlichkeit bewusst gemacht hat". Zu diesem Zeitpunkt sind wir schon mitten in einer Szene aus ankommenden Autos, Türenschlagen, Schritten, Rufen in verschiedenen Sprachen („Celine, Celine!" und „Domani, domani!") Telefonklingeln („Maître Dorffmann aus New York!") – bis sich der Pegel der Konversation steigert, der Gärtner beschimpft wird („Mach schon Jules! Was für ein Dummkopf du bist!") und die großen Wagen sich wieder auf den Weg machen, bevor man noch richtig gewahr wurde, was hier eigentlich verhandelt wird.

Dann eine Landstraße, ein einzelner Celloton, ein Gitarrenakkord (eine Komposition von David Darling) und für wenige Sekunden das Flair eines Roadmovies. Plötzlich das Hupen mehrerer Wagen, Bremsenquietschen, ein Beinahe-Unfall mit einem Spaziergänger auf der Landstraße, und ein Song von Patti Smith *(Distant Fingers)*, der so lange zu hören sein wird, bis die Hauptdarstellerin, die Mehrheitsaktionärin eines multinationalen Konzerns, dem am Straßenrand liegenden Mann aus ihrem offenen Cabriolet zuruft: „Sind Sie verletzt?" Mit dieser Sequenz beginnt auf poetisch verwirrende Weise die vielleicht unmögliche Liebesgeschichte zwischen dieser Managerin (Domiziana Giordano) und einem älter gewordenen, aber immer noch attraktiven Alain Delon in der Rolle eines Aussteigers aus der Zirkulation des alles bestimmenden Geldes.

Und man möchte glauben, die Tonspuren – die Musik, die Naturlaute, die Menschenstimmen und die Geräusche – spielen hier ihre Rolle wie in jedem anderen Soundtrack auch. Doch überrascht hier ihre Isoliertheit. Alle Instrumente spielen – außer bei dem Song von Patti Smith – nie vollständig wirkendes musikalisches Material, sondern merkwürdig fragmentierte Einzelteile: ein paar Töne hier, einen Akkord da. Auch die Vögel zwitschern nicht – so, wie wir es vermuten würden, – während der ganzen Szene im Park, sondern nur wenige Sekunden lang. Was sich in den einzelnen Bildern auszudrücken beginnt – eine scheinbare Zusammenhanglosigkeit in der Montage, assoziatives Bildmaterial, das nur lose, oft nicht einmal chronologisch aneinandergefügt wirkt – scheint sich in der akustischen Schicht zu bestätigen. Aber dennoch haben wir das merkwürdige Gefühl, es hinge alles so wundersam zusammen. Wie haben Sie das gemacht, Monsieur Godard?

Schon in den ersten Sekunden scheint der im Off gesprochene Kommentar (im französischen Original) mit der Musik zu verschmelzen. Sprachähnlich repetiert das Bandoneon zunächst auf einem Ton (c) in der Mittellage; ein Erzähler beginnt zu sprechen und mit jeder Betonung, jedem Akzent, den er seinem Text verleiht („re*cit*", „en*core*"), erweitert sich synchron der Tonraum des Bandoneons: vom c zunächst um die kleine Terz aufwärts (es), dann auf die große Terz (e), die Quint (g), bis sich der Akkord genau in dem Moment in der Basslage zu einem C-Dur-Dreiklang vervollständigt, in dem die Erzählerstimme sich am Satzende absenkt und den Satz auf der tiefsten Sprechlage mit der letzten Silbe von „sur*face*" beendet. (Er spricht von der Oberfläche der Erde, deren Stöhnen er hört.) Diese Synchronität von Text und Musik geschieht wie zufällig, nebenbei; und sie ist es ja auch fast, wenn man zwar nicht weiß, aber spürt, dass die Musik schon vorher da war, weil Godard sie sich ausgesucht hat: in diesem Fall eine CD des Argentiniers Dino Saluzzi.

Jetzt wechselt das Bandoneon von der Grundtonart (C-Dur) in die parallele Molltonart (a-moll), was harmonisch zwar nicht unerwartet ist, hier aber eine größere Plausibilität und Verzahnung mit dem Soundtrack bekommt, weil ein Hundegebell genau diesen Tonschritt zuvor bereits einige Male (mit einem Glissando abwärts von c nach a) vorbereitet hat. Ist dieser Wechsel vom Bandoneon vollzogen, hört das Bellen auch schon bald wieder auf. Zu sehen bekommen wir den Hund nicht, aber dennoch kommt das Gebell nicht unerwartet: Der ataktische Rhythmus des Bellens ist zuvor schon von den Vögeln etabliert worden, und wird bald darauf, wenn auch langsamer, vom Rechen des Gärtners fortgeführt. Es geht noch weiter: Der Motor des kleinen Gartentraktors, der jetzt die akustische Bühne betritt und dessen Dieselklang dem Luftgeräusch auf den metallenen Zungen des Bandoneons ohnehin nicht ganz artfremd ist, ertönt – noch bevor er sichtbar wird – mit dem gleichen Akkord, mit dem das Bandoneon gerade verklungen ist. Was wir – wenn auch nur kurz – für eine filmmusikalische Fortführung der Eingangsstimmung gehalten haben mögen, entpuppt sich bei näherem Hinhören (bzw. kurz darauf: beim Hinsehen) schnell als eine Klammer in die nächste Szene.

Am Beispiel dieser Sequenz ist schon zu ahnen, wie die Scharniere der diversen Elemente gearbeitet sind – wie nämlich eine musikalische Kontinuität durch einen Staffellauf vom Bandoneon zur Sprache vom

Vogel zum Hund zum Bandoneon zum Gartentraktor bis zum Rechen hergestellt wird, ohne dass wir uns dessen bewusst gewesen wären.

Die Dialogszene, die jetzt folgt, lenkt die Priorität zwar aufs Sprachliche, ohne uns aber mit klaren Sinneinheiten wirklich auf die Sprünge zu helfen. Wer spricht? Wer beschimpft hier eigentlich wen? Warum? Auch hilft hier nicht weiter, was zum Gesetz der ersten Sequenz wurde: Die Tonhöhe der Telefonklingel hat hier keine musikalische Funktion, der Sprechrhythmus der Stimmen taucht nicht gleich in Musik wieder auf, sondern verweist nur auf sich selbst. Keine erkennbaren Figuren, kaum zusammenhängende Texte und Handlungen; nur der Umgang miteinander, die Geschwindigkeit der Schnitte, die Kürzel der Kommunikation sind hier dramaturgisch montiert und definieren die Figuren und ihre Verhältnisse, mit denen wir es im Laufe des Films zu tun haben werden. Die verwirrend geschnittenen Bilder, die oft gerade die Sprechenden nicht zeigen, sondern stattdessen den Blick auf die schnellen Autos lenken, tun ein Übriges.

Kompositorische Elemente finden wir wieder in der dritten Sequenz: Die aufdringlich hupenden Autos bereiten mehrmals mit einem Glissando, das durch die Dopplereffekte der vorbeifahrenden Wagen entsteht, einen musikalische Wechsel vor; sie fungieren quasi als Leittöne, die deutlich (durch Glissando abwärts vom a über gis zu g) zu dem sich anschließenden Gitarren-Akkord in G hinstreben und ihn als Vorhalt schon vorbereiten, während diese Auflösung durch das Reifenquietschen des Cabriolets im Wortsinne zuvor noch „ausgebremst“, verzögert wird. Jetzt wundert den Hörer gar nichts mehr. Nicht einmal, dass das verlorene Cello mit einer zuvor bereits einmal angedeuteten Melodiephrase eine Überleitung zu Fis-Dur anbietet, der Tonart, in der der Song von Patti Smith aus dem Autoradio zu kommen scheint. „When, when will you be landing? When, when will you return?“ Auch die Frage, wie kommt der Film aus dem Popsong wieder heraus, ist schnell beantwortet: Godard hat den Schlussakzent der Frage „Vous êtes bles*sé*?“ (Sind Sie verletzt?) genau auf den Taktbeginn am Ende einer achttaktigen Phrase des Popsongs gesetzt; er schneidet hier also zwar hart, aber musikalisch logisch ab und übermalt den abgerissenen Schluss mit der letzten Silbe dieser Frage.

Godard interessiert nicht nur – wie er einmal formuliert hat –, „wie man von einer Einstellung in die nächste kommt“, sondern ebenso, wie er von einem akustischen Zustand in den nächsten kommt. Man könnte ihn den *Meister des kleinsten Übergangs* nennen, wenn das Prädikat seit Adorno nicht schon für Alban Berg reserviert wäre. Interessant ist bei dem Verfahren dieser feinen Verknüpfungen, dass sich alle diese Einzelteile in der dritten Sequenz (Hupen, Bremsen, Gitarre, Cello, Popsong – wie schon in der ersten Sequenz: Bandoneon, Sprache, Vögel, Hunde, Donnern und Motoren) fremd genug bleiben, um getrennt zu erscheinen; dass sie aber dennoch – musikalisch ausgehört – konventionelle harmonische, melodische, rhythmische Funktionen erfüllen können.

Wenn es Godard nur darum gegangen wäre, voneinander entfernte Bilder mithilfe eines Soundtracks aneinander zu binden, hätte er es sich einfacher machen können. Er hätte einen Filmkomponisten beauftragt, der die ersten fünf Minuten des Films *in eine Form gießt.* Wie vor ihm Tausende anderer Regisseure hätte er damit aber den Prosacharakter des Films mit musikalischen Symmetrien und einem musikalischen Formenkanon ignoriert, der eigentlich mit dem Fortgang dieser komplexen filmischen Erzählung wenig zu tun hat. Stattdessen haben wir es hier mit einer Vielzahl heterogener Einzelelemente zu tun. Das Erzählen ergibt sich aus der Summe der Tonspuren und Bilder. Es gibt zwischen all diesen Elementen aber kein Zentrum, aus dem heraus *vorrangig* strukturiert wird. Und indem Godard seine Erzählung durch kleine, bewegliche, einzelne, heterogene Elemente aneinanderreiht, an die sich die Bilder eng anbinden lassen, gelingt ihm auch, was Adorno und Eisler einmal auf selten saloppe Art formuliert haben: „Soviel ist wahr: zwischen Bild und Musik muß eine Beziehung bestehen [...] Musik und Bild müssen, sei es noch so vermittelt und antithetisch, einschnappen."[6] Gerade dadurch, dass diese Elemente fein verschweißt sind, fliegen die Bild- und Tonspuren nicht auseinander, werden die auseinanderdriftenden Bilder zusammengehalten. Trotz dieser Verbindungen behält die akustische Faktur ihre Offenheit, nur die Relationen der Tonspuren untereinander bleiben unvorhersehbar. Die Prioritäten verschieben sich, die Gesetze werden immer wieder neu definiert und führen zu einer Balance der Mittel und unserer Aufmerksamkeiten – wer ist hier wichtiger: die Musik oder der Traktor?

Den hier auftauchenden einzelnen Spuren und akustischen Elementen sind in unserem Hören aber völlig verschiedene Funktionen zugeordnet. Bei der Sprache wollen wir verstehen, was gesagt wird, Musik ist für die Stimmung da, und für die Geräusche suchen (und finden wir meist) eine szenische Begründung in den Bildern. Aber Godards Tonspuren entsprechen dieser Zuschreibung nicht – jedenfalls nur zum Teil, oder nur zum Schein: Der Hund ist gar nicht zu sehen. Die Sprache wird hier durch ihre Tonhöhe wichtig oder markiert Schnittstellen durch ihren Rhythmus. Geräusche scheinen entweder aus den musikalischen Klängen zu wachsen oder bereiten sie harmonisch vor usw. Gerade auf die Momente der Verknüpfung aber ist unsere Aufmerksamkeit, die Spezifik des Hörens jeweils nicht eingestellt.

Das bereits eingangs beobachtete Phänomen, dass zwischen Bild und Ton ein imaginärer Zwischenraum aufgemacht und genutzt wird, wiederholt sich jeweils als Möglichkeit noch vielmals zwischen den verschiedenen Tonspuren (Musik, Geräusch, Text) und den ihnen zugeordneten Qualitäten des Hörens. Godard flicht aus all diesen Einzelfunktionen ein schon beim ersten Hören einleuchtendes, aber schwer zu entschlüsselndes Kontinuum, das zwar durchaus kompositorischen Kriterien entspricht: Klanganalogien, harmonische Fortschreitungen, melodische Überleitungen, rhythmische Entsprechungen. Aber er legt dieses Kontinuum nicht (wie in konventioneller Filmmusik) in hierarchisierten Parametern fest, sondern hängt es zwischen den verschiedenen Qualitäten des Hörens frei auf. Weil es (auch) mit dem Verstehen beschäftigt ist, bleibt dem Hören verborgen, was den Film zusammenhält.

1 Zit. nach Georg Rüschemeyer: „Das gibt hoffentlich kein böses Erwachen“, in: *Frankfurter Allgemeine Sonntagszeitung,* 6. Juni 2004, S. 61.

2 Vgl. Klaus Theweleit: „Über Jean-Luc-Godard zu sprechen …? – Laudatio“, in: *Theodor W. Adorno-Preis*, hg. vom Kulturdezernat der Stadt Frankfurt am Main, 1995, S. 7–20.

3 Jean-Luc Godard: Nouvelle Vague, CD (ECM Records, ECM 1600/01), München 1997.

4 Vgl. Helga Finter: „Musik für Augen und Ohren: Godard, das neue Theater und der moderne Text“, in: Volker Roloff/ Scarlett Winter (Hg.): *Theater und Kino in der Zeit der Nouvelle Vague*, Tübingen 2000.

5 Jean-Luc Godard: „Mein Name steht nicht in den Credits, weil ich alle Leute, die den Film gemacht haben, sagen hörte: Ich mache den Film von Godard. Und da das dreißig waren, habe ich mir gesagt, da sind dreißig Personen, die den Godardfilm machen, also macht Godard nichts.“ Zit. nach Theweleit, a.a.O., S. 7.

6 Theodor W. Adorno/Hanns Eisler: *Komposition für den Film,* München 1969, S. 103.

WAS WIR NICHT SEHEN, ZIEHT UNS AN

Vier Thesen zu *Call Cutta* von Rimini Protokoll

Im Frühjahr 2005 konnte man in Berlin eine Theaterarbeit sehen, die vielleicht im engeren Sinne gar keine Theaterarbeit ist, und von der man vielleicht sogar eher sagen müsste, man habe sie *nicht* gesehen: eine Aufführung, die zwar keine spektakulären Aktionen bot, kein beeindruckendes Schauspiel, keinen virtuosen Protagonisten, kein verblüffendes Bühnenbild, eigentlich war niemand zu sehen, man blieb ganz allein, aber eine Aufführung, die mich dennoch mehr erreicht, nachhaltiger angeregt, und künstlerisch wie politisch stärker beschäftigt hat als vieles von dem, was in den vergangenen Jahren auf den Bühnen zu sehen war. Man begab sich zwar ins Hebbel am Ufer, statt einer Eintrittskarte bekam man aber ein Mobiltelefon, das wenig später klingelte: Am anderen Ende ist eine Stimme, eine englisch sprechende, in meinem Fall weibliche Stimme mit starkem indischen Tonfall; eine Stimme, mit der ich mich fast zwei Stunden unterhalte; eine Stimme, die mich mit sehr präzisen Anweisungen durch ein mir unbekanntes Berlin manövriert („zirka zehn Meter nach links, dann über die Straße, zwischen den beiden grauen Häusern durch, unter dem Papierkorb vor dem Zaun werden Sie ein Foto finden“ usw.). Offensichtlich kennt die Stimme sich bestens aus.

Plötzlich stehe ich vor einem Straßenspiegel, und die Stimme weiß sogar, wie ich aussehe; sie gibt mir Auskunft über die Farbe meiner Kleidung und meiner Haare. Man fühlt sich beobachtet, ist ungläubig und mehr als irritiert, weil man nicht weiß, wo die Stimme sich befindet. Irgendwann im Verlauf des Gesprächs wird klar, mit mir spricht eine junge Frau, die sich Prudence nennt, aber so klar ist das auch wieder nicht, denn wenig später behauptet sie, sie heiße Priyanka Nandy – eine Stimme aus einem Callcenter in Kalkutta. Und so ist auch der Titel des Stückes: *Call Cutta.* Spontan entsteht ein vielfältig anregender Dialog, immer wieder gespickt mit politisch-historischen Informationen über das Verhältnis von Indien und Deutschland, mit Gesprächen über Öffentliches und Privates, die die Unterschiedlichkeit unserer kulturellen Erfahrungen deutlich werden lassen, und ganz vergnüglich und fast nebenbei erfährt man auch etwas über das Thema dieser inszenierten Konstellation: die Arbeit in einem Callcenter – als Nebenwirkung der Globalisierung. Für ihren Job verändern diese jungen Inder ihren Lebensrhythmus, denn wenn sie für amerikanische Callcenter arbeiten, müssen sie tagsüber schlafen, um nachts telefonieren zu können. Immer oszillieren die Gespräche im Spannungsfeld von privater Nähe, Intimität und öffentlichem Blick und Reflexion. Irgendwann ertappe ich mich dabei, wie ich mit der Person an einem anderen Ende der Welt zusammen ein indisches Lied singe, das ich zufällig über die Arbeit an meiner Oper *Landschaft mit entfernten Verwandten* kennengelernt habe, und die Passanten wundern sich.

Zwar ist dem Telefonat eine relativ feste Route vorgegeben, es bleibt aber immer mein Blick, in der Regel mein Tempo, und – auch wenn das Gespräch eine deutliche Struktur hat – immer fühle ich mich als Subjekt der Kommunikation. Man erlebt am eigenen Leib die Entfremdung des Vorgangs, die Paradoxie, mit der mir die junge Frau den Weg durch Berlin erklärt, obwohl sie noch nie in Europa war, wie sie mir zwischen Bäumen und Büschen die Gleise zeigt, auf denen die Züge nach Auschwitz abgefahren sind, oder wie sie mir beim Gang über den Potsdamer Platz einige für die Stadtentwicklung bedeutsame Erfahrungen vermittelt, bis ich in den Tiefen eines Parkhauses lande, in dem die Telefonverbindung zusammenbricht und ich mich plötzlich alleingelassen fühle. Erst am Ende dieser Stadtführung, in einem Schaufenster des Mobilfunkanbieters, der die Performance sponsert, sehe ich auf einem Computerbildschirm im *live stream* das Bild einer jungen Frau in Kalkutta, die mir zum Abschied zuwinkt.

Eine starke künstlerische, politische, soziale, intime Erfahrung, wie man sie vielleicht in einem großen Zuschauerraum nicht hätte machen können. Auch wenn nicht alle Texte, die man zu hören bekommt oder selbst produziert, druckreif und literarisch sind, nicht alle Laute und Lieder, die mir ins Ohr dringen, treffsicher intoniert werden. Was macht die Erfahrung so stark? Wir sind hier als Zuschauer bzw. Zuhörer (und ich sage wir, denn jeden Tag im Juni 2005 konnten bis zu zwanzig Personen diese Erfahrung machen) Subjekte der Wahrnehmung. Das gilt zwar in gewissem Rahmen auch für ein konventionelles Stück, aber hier stehen wir – wenn auch irritiert und beunruhigt – überrascht im Zentrum und erfahren dieses „Stück“ am eigenen Leib. Die Beschäftigung mit der Komplexität des Themas, oder besser: der Themen, erfolgt unserem Vermögen, unserem Erfahrungstempo, unserer Stimmung und Laune angemessen, entwickelt sich mit uns.

Zunächst liegt der Unterschied zu einem Theaterstück auf der Hand. Schon Gertrude Stein hat in *Lectures in America* ihr Unbehagen über das Zeitmaß auf der Bühne deutlich gemacht, das nie mit ihrer eigenen Zeitwahrnehmung und Emotion zusammengeht:

> Your sensation as one in the audience in relation to the play played before you, your sensation, I say your emotion concerning that play is always either behind or ahead of the play at which you are looking and to which you are listening. So your emotion as a member of the audience is never going on at the same time as the action of the play. This thing, the fact that your emotional time as an audience is not the same as the emotional time of the play, is what makes one endlessly troubled about a play.[1]

Gegenüber dieser Art von *trouble* einer Bühnenarbeit, die frontal – und manchmal ist man auch geneigt zu sagen totalitär – agiert und in aller Regel Mitteilungen machen will, wird hier eine individuelle Aneignung möglich. Die Erfahrung geht durch den eigenen hörenden und sehenden und sprechenden und vielleicht singenden Körper, der sich im Übrigen seiner nicht sicher ist, sondern sich auf unsicherem Terrain mit Ängsten und Neugier, mit Lust und Interesse bewegt. Diese Erfahrung ist stärker als die Rezeption eines vergleichbaren Stückes, das den politischen Diskurs, der auch *Call Cutta* zugrunde liegt, als Thema auf psychologisierende Dialoge verteilt, bebildert und repräsentiert. Es gibt eben Themen, die in ihrer Dimension größer, überindividueller und politisch relevanter sind, als dass sie in einem Beziehungskonflikt auf der Bühne verhandelbar wären. Sie sind nicht repräsentierbar, man muss sie erfahren. Und der Diskurs, den wir hier selbst führen können, bleibt spielerisch und vielstimmig. Die Eindrücke finden auf vielen Ebenen statt: auf der akustischen Ebene, auf einer visuellen (die mit der akustischen nicht kongruent ist), auf einer reflektierenden, auf einer körperlichen Ebene, auf einer Ebene der Konfrontation mit dem öffentlichen Raum, dem unsicheren Boden – und auf einer der Lust des Findens. Denn alles bei diesem Parcours ist uns zunächst unbekannt und muss entdeckt werden. Und was entsteht, ist beileibe kein einheitliches Bild.

Statt eines Theaterabends also ein Nachmittag am Telefon. Eine Theaterarbeit, die den Blick offenhält. Es verblüfft die Genauigkeit in der Auswahl und der Arbeit mit den souveränen Performern vor Ort in Kalkutta, die selbst die Experten des Themas sind. Trotz oder wegen der Präzision der Recherche und trotz oder wegen der so locker scheinenden Strukturierung der Gespräche ist es uns möglich selbst zu entdecken, worauf wir diskret hingewiesen, womit wir umstellt sind, ohne dass da jemand auftritt, der sich als Identifikationsfigur aufspielt oder stellvertretend für uns agiert. Der klassische Protagonist ist abwesend. Ein Theater ganz ohne Darsteller.

Man könnte einwerfen, die Stimme sei doch da. Sie ist zwar eindeutig Ursache der Anziehung, aber Protagonist ist der Zuschauer selbst. Im Unterschied zu einer denkbaren One-to-one-Performance, einer individuell inszenierten Begegnung mit einem Schauspieler, einem Performer, einem Tänzer, wie man sie hin und wieder erleben kann, passiert hier noch etwas anderes, das mit der Abwesenheit von Pryanka Nandy zu tun hat – mit der Tatsache, dass die Bühne dieses Stückes ständig zwischen Hören und Sehen, zwischen Berlin, Kalkutta und dem Telefonat oszilliert. Das hat auch mit einem grundsätzlichen Unterschied von Hören und Sehen zu tun. Beim Hören muss die Frage nach der Präsenz anders gestellt werden. Denn im Akt des Hörens erlebe ich „den Raum meiner eigenen Anwesenheit" – wie Gernot Böhme in seinem Aufsatz „Akustische Atmosphären" darlegt – vor allem dann, wenn „es um das Hören als solches und nicht um das Hören von etwas geht."[2] Die Komplexität, die Dauer und Fremdheit dieses Telefonats begünstigen gerade ein Hören als solches und lenken das Gespräch immer wieder auf das Hören selbst: Während ich über die Möckernstraße gehe, imitiert die Stimme von Pryanka Nandy für mich all die Hupen, Klingeln, Motoren, Geräusche, Stimmen, Kinderschreie und Tierlaute, die beim Überqueren einer Straße in Kalkutta auf sie einbrechen würden. Sie fragt mich nach eigenen Erlebnissen („Did you ever fall in love on the phone?"), und ich fühle mich geschmeichelt, wenn sie sagt, ich habe ein schöne Stimme, auch wenn längst klar ist, dass sie das jedem sagt: ein Profi eben, eine Expertin in Sachen Callcenter.

Das Charakteristische von Stimmen, Tönen, Geräuschen ist laut Böhme, „dass sie von ihren Ursprüngen getrennt werden können. [...] In einem Hören, das Ton, Stimme und Geräusch nicht auf die Gegenstände (und Personen), von denen sie herrühren, bezieht, spürt der Hörende Stimme, Ton, Geräusch als Modifikation des Raumes seiner eigenen Anwesenheit. [...] Wer so hört, ist gefährlich offen, er lässt sich hinaus in die Weite und kann deshalb von akustischen Ereignissen getroffen werden. [...] Hören ist ein Außersichsein, es kann aber gerade deshalb das beglückende Erlebnis sein, zu spüren, daß man überhaupt in der Welt ist."[3]

> „... as I say nothing is more interesting to know about the theatre than the relation of sight and sound" (Gertrude Stein)

Eine erste These könnte also sein (und es sei dahingestellt, ob es sich um ein ausgedehntes inszeniertes Telefonat mit Indien oder um eine Aufführung auf einer Bühne handelt): Ein Theater, das wesentlich über das Hören definiert ist und dieses Hören vom Sehen zu trennen vermag, lässt wichtige Freiräume für die je individuelle Wahrnehmung aller – jedes Zuschauers, jeder Zuschauerin.

Eine weitere These könnte sein: In diesem beunruhigenden Freiraum – der zum Beispiel in dem langen Telefonat mit einer Unbekannten entsteht, oder den eine Aufführung hinterlassen mag, die zwar durch große akustische Präsenz, aber durch konsequente szenische Zurückhaltung und ein leeres Zentrum geprägt ist –, in diesem merkwürdig schillernden „Außersichsein" liegt eine Chance. In dieser „Abwesenheit" liegt die Chance für die Wahrnehmung von etwas, das wir noch nicht kennen, da die narzisstische Bestätigung durch ein Spiegelbild an der Rampe verweigert wird.

Wir können in vielen Künsten beobachten, wie die Verweigerung von Darstellung unsere Wahrnehmung besonders anzuregen vermag. Gerade die Abwesenheit einer traditionellen Vorstellung von Präsenz und Intensität, ein leeres Zentrum auf der Bühne, verunsichert uns Zuschauer und macht uns gleichzeitig in dieser Verunsicherung zum Souverän unserer Erfahrung. Die Irritation gehört substanziell dazu. „Zu sehen geben heißt stets, das Sehen in seinem Akt, in seinem Subjekt zu beunruhigen"[4] heißt es bei Georges Didi-Huberman, dessen Schrift *Was wir sehen blickt uns an* ich mit dem Titel dieses Beitrags paraphrasiert habe.

Was, wenn wir auf die starke Verdichtung künstlerischer Intensität durch wichtige Schauspieler, Tänzer und Solisten, die wir identifikatorisch aufladen können, verzichten, nimmt diesen Platz der Anziehung ein? Worin – und dafür sind die Arbeiten vieler bildender Künstler eine wichtige Inspirationsquelle – besteht die Alternative zu der omnipräsenten Gesellschaft des Spektakels, das heißt, der ständig gefeierten Dominanz von Gegenwart und Präsenz, der wir ausgesetzt sind? Worin besteht die Alternative zum ständigen Angeglotzt-, Angesprochen-, Angegangen-, Angeschrieen-Werden, das unseren medialen Alltag strukturiert? Wie sieht eine lustvollere Alternative aus, die Neugierde und Entdeckungspotenzial der Zuschauer ernst nimmt, sie nicht unterfordert, sondern ihnen einen Raum dafür eröffnet? In diesem Raum sollte es auch um das Aufschließen von Texten und Stoffen gehen, nicht um die eine Interpretation. Erste Voraussetzung dieses Raums wäre, das Zentrum zu umstellen, es aber nicht zu besetzen – weder mit dem eigenen künstlerischen Ego noch mit einem Protagonisten, der nur als selbstbestätigendes Spiegelbild oder rivalisierender Doppelgänger zu betrachten sich anbietet.

Um die bisherigen präsenzästhetischen Konzeptionen eines theaterwissenschaftlichen Aufführungsbegriffs zu widerlegen, saß André Eiermann, ein junger Performancekünstler und Theaterwissenschaftler, in einem verschlossenen Pappkarton auf der Bühne – für die Zuschauer unsichtbar. Über Mikrophon aber hörten wir seine Stimme sagen: „Kritische Kunst setzt ein Absehen der Künstler von sich selbst voraus." Womit er vermutlich recht hat.

Bei *Call Cutta* heißt der Regisseur Rimini Protokoll, und es ist sicher kein Zufall, dass sich *Call Cutta* kein Regisseur ausgedacht hat, sondern ein umtriebiges Regiekollektiv, das in der Arbeit nicht immer (s)ein Ego ausstellen und präsentieren muss, um sich darin zu spiegeln; ein Team, das sich möglicherweise gar nicht auf *ein* Bild hätte einigen können, sondern sich in den Prozessen, die es anzettelt, besser wiederfindet als in einer alles zentrierenden Lösung. Die Vielstimmigkeit der Produktionsform findet sich in der Vielstimmigkeit der künstlerischen Arbeit wieder, aus der wir als Zuschauer anders hervorgehen als aus einer Inszenierung, in der uns ein Regisseur auf seine Sichtweise eines Stoffes verpflichtet. Die Chance des Zuschauers liegt auch in der Abwesenheit eines konventionellen Regiebegriffs mit allem, was an neurotischen und autoritären Gepflogenheiten in den Fürstentümern mancher Stadttheater dazugehört.

„Inszenierung ist eine strukturierte, kollektive Form der ästhetischen Produktion" heißt es in Georg Seeßlens Aufsatz „Moral in der Kunst? Fahrplan für eine Inszenierung".

> Moralisches Handeln beginnt also hier bereits in der Art, wie man miteinander umgeht. [...] man sieht einer Inszenierung zum Beispiel an, ob ein Regisseur seine Schauspieler liebt, ob er sie als

> Objekte behandelt, ob er sie zu ihren Leistungen zwingt oder sie mit ihnen gemeinsam erzielt. Zwar hat uns die Postmoderne immerhin gelehrt, einen gewissen Grad an Zickigkeit, Manie oder Despotie hinzunehmen, ohne seelischen Schaden zu nehmen, immer vorausgesetzt, die Sache ist es wert, dennoch glaube ich, dass Sinnlichkeit und Erkenntnis sich am ehesten in einer Atmosphäre des Respekts entfalten." [...] Ich darf alles, aber für alles muss es einen guten Grund geben. Und die Verwirklichung meiner Vision ist als Grund allein nicht ausreichend, ebenso wenig wie der Umstand, dass nebenan mit noch viel weniger Grund noch viel schamloser vorgegangen wird.[5]

Rimini Protokoll realisieren aber keine Vision, erfinden nicht, sondern recherchieren, finden vor, lernen dabei von Experten, und stellen uns mit deren Hilfe diese Resultate zur Verfügung; sie teilen sie mit uns. Man kann – frei nach Hannah Arendt – jede Aufführung als „öffentlichen Raum" betrachten, „in dem es gilt, nicht übereinander herzufallen" – weder in den Arbeitsbeziehungen noch im Verhältnis zum Zuschauer.

Eine dritte These könnte also lauten: Wenn die Produktionsweisen nicht von den künstlerischen Prozessen zu trennen sind, können Alternativen zur zentrierten Form der darstellenden Künste selten an den Institutionen entstehen, die in ihrer Schwerkraft und hierarchischen Ausrichtung darauf nicht eingestellt sind. Solche Alternativen bilden sich eher in neuen Konstellationen, deren Struktur bereits die Vielstimmigkeit einer Produktion begünstigt, die uns Zuschauer nicht auf eine Perspektive verpflichtet, sondern für unsere Blicke offenbleibt.

Womit das leere Zentrum umstellen? Wenn Film, Oper oder Theater gesellschaftliche Produktionsformen sind, denen man ansieht, wie sie gemacht sind und wie man dort miteinander umgeht, dann gilt das auch für den Umgang mit allen daran beteiligten Medien und Techniken. Hinter Brechts Forderung von der „Trennung der Elemente" steckt ja auch eine heftige Institutionskritik, die mit den entfremdeten Arbeitsverhältnissen am Theater, wo der Beleuchter der linken Bühnenseite nicht weiß, was die rechte tut, Schluss machen will und dafür Mitarbeiter braucht, die ihre Sache, auch ihre Technik, stark machen. „Unabhängig vom Stoff und unabhängig vom Gegenstand, sogar unabhängig vom Wirklichkeitsgehalt des Inszenierten, ist Inszenierung ein moralischer Vorgang." (Seeßlen) Das ist aber nicht nur deswegen von Bedeutung, weil eine solche Arbeitsweise mehr Spaß macht, sondern auch, weil vielstimmige Produktions- und Präsentationsweisen den Differenzen unserer Wahrnehmungen offensichtlich mehr entsprechen. Die Dekonstruktion und Dezentralisierung der Theater-Sinne und die Überführung von Erzählweisen auf ein komplexes Mit- und Nebeneinander von Eindrücken, mit denen ein „leeres" Zentrum zu einem gegebenen Themenkomplex umstellt ist, können den unterschiedlichen Rhythmen der Zuschauererfahrungen Rechnung tragen. Nicht nur, weil die Zuschauer jeweils eigene Wahrnehmungspräferenzen mitbringen, sondern auch, weil die je eigene Wahrnehmung schon in sich Zeitverschiebungen und divergierende Rhythmen braucht. Wir begannen nach einem Hinweis von Gertrude Stein mit dem Hören und Sehen und könnten versuchen, das auf viele andere Ebenen unserer Wahrnehmung auszudehnen.

Hölderlin – ich verdanke diesen Hinweis Detlev B. Linke[6] – hat sich in seinen „Anmerkungen zur Antigone" in Bezug auf das Theater für eine poetische Logik stark gemacht, die im Gegensatz zur wissenschaftlichen – oder, wie Hölderlin sagt, „philosophischen Logik" – viele unserer Wahrnehmungskompetenzen beansprucht. Er spricht von „verschiedenen Successionen, in denen sich Vorstellung und Empfindung und Räsonnement, nach poetischer Logik, entwikelt." Die poetische Logik, die die unterschiedlichen Sinne und Wahrnehmungsweisen anspielt und keiner linearen Erzählform folgt, behandelt im Unterschied zur „philosophischen Logik" „die verschiedenen Vermögen des Menschen, so daß die Darstellung dieser verschiedenen Vermögen ein Ganzes macht, und das Zusammenhängen der selbstständigen Theile der verschiedenen Vermögen der Rhythmus, im höhern Sinne, oder das kalkulabe Gesez genannt werden kann."[7]

Detlev B. Linke sieht darin den Entwurf einer Medientheorie: „Der Clash, der Zusammenprall der Rhythmen erzeugt die Vorstellung", und hält das für einen anschlussfähigen Beitrag zur Hirnforschung bezüglich des Ineinandergreifens von Semantik – d. h. Bedeutungskonstruktion – und Hirnfunktion. Insbesondere interessiert ihn das „hinsichtlich der Frage, wo die Synchronie einzelner Nervenzellen einen Gegenstandsbezug konstituiert". Denn, so Linke in einer Diskussion zur „Auflösung von Sprache", „wenn ich das ganze Gehirn synchronisiere, dann habe ich einen epileptischen Anfall ... Ich muß Zeitverschiebungen haben."[8]

Womit wir – und das sollte die vierte und letzte These sein – wieder auf die Asynchronität zurückkommen, die sich am Beispiel von *Call Cutta* sowohl im Auseinanderfallen von Hören und Sehen realisiert als auch in den Sprüngen, die das Telefonat zwischen den verschiedenen thematischen Ebenen individuell möglich macht. Wichtig für das Gelingen einer künstlerischen Arbeit in diesem Sinne – oder besser: mit all den Sinnen – ist nicht nur, dass das Zentrum nicht durch Protagonisten besetzt ist, die uns die Aneignung eines Themas identifikatorisch vorwegnehmen, sondern dass die Aufführung Zugänge, Aneignungen, Wahrnehmungen von verschiedenen Seiten erlaubt und es dadurch hinreichend Rhythmen im Angebot gibt, die dieses freisetzende Zusammenstoßen „der Theile" möglich machen und damit die je individuellen „Vermögen" und Vorstellungen der Zuschauer zulassen.

1 Gertrude Stein: „Plays", in dies.: *Lectures in America,* Boston 1935, S. 93f.

2 Gernot Böhme: „Akustische Atmosphären. Ein Beitrag zur ökologischen Ästhetik", in: *Klang und Wahrnehmung. Komponist – Interpret – Hörer,* hg. vom Institut für Neue Musik und Musikerziehung, Darmstadt, Band 41, Mainz 2001.

3 Ebd.

4 Georges Didi-Huberman: *Was wir sehen blickt uns an, Zur Metapsychologie des Bildes,* München 1999, S. 62.

5 Georg Seeßlen: „Moral in der Kunst? Fahrplan für eine Inszenierung", in: *Theater der Zeit,* Heft 11/2003, S. 8 – 13.

6 Detlev B. Linke: *Hölderlin als Hirnforscher*, Frankfurt am Main 2003.

7 Friedrich Hölderlin: „Anmerkungen zur Antigone" in ders.: *Sämtliche Werke*, Frankfurter Ausgabe Band 16, Frankfurt am Main 1988, S. 411.

8 Detlev B. Linke: „Auflösung von Sprache", in: Elisabeth Schweeger (Hg.): Flucht Punkt Kunst, Frankfurt am Main 2006, S. 109.

IM RÄTSEL DER ZEICHEN

Für Robert Wilson

In the basement of a black building, behind a black curtain, in the black wall of a dark, large, black room, there is a white hole. And in this hole there is a small, white shoe – an old, white leather shoe, beautifully manufactured, probably a shoe of the 19th century, probably the shoe of a child. And next to this small white shoe, in the white hole of that black wall in the black room behind the black curtain in the basement of that black building called „black diamond", next to the shoe is a headphone. And when you put on this headphone while you look into this opening in the black wall you hear a child's voice saying:

Okay
okay
okay
okay
okay
okay
okay
okay
okay
okay
okay

This is surely one of the smallest works of Robert Wilson I ever saw, but nevertheless there are a lot of things about it, which are very characteristic for his work: the reduction of signs, the use of texts, the role of the spectator, the separation of sound and image, of listening and seeing, and the incredible use we can make and pleasure we have out of that free space between these two modes of perception – a space for our own imagination. Let me speak about this experience and please let me switch to German.

Auch wenn wir nicht genau wissen, was die Geschichte dieses Schuhs ist – wir sehen aber an seiner Machart und den Spuren seiner Nutzung, dass er eine hat. Wir kennen nicht das Jahr, in dem er gefertigt wurde, wer ihn in Auftrag gab, für wen er entworfen und wessen Fuß damit geschmückt wurde – wir ahnen nur: Es ist ein besserer Schuh, ein Schuh aus besserer Gesellschaft, vielleicht nur für Sonn- und Feiertage. Und wir glauben zu wissen, es ist der Schuh eines Kindes, und bringen die Stimme, die wir im Kopfhörer hören und die immer wieder „okay“ sagt, mit der Größe des Schuhs zusammen: vielleicht ein Junge von sieben, acht oder zehn Jahren.

Wir wissen nicht, wie viel Zeit das Kind brauchte, um den Schuh zuzubinden, wer es ihm beigebracht hat, oder ob der Schuh ihm geschnürt wurde, von seinen Eltern, vom Kindermädchen, der Gouvernante, einem Hauslehrer vielleicht. Vielleicht stellen wir uns vor, wie der Junge aussieht.

Und auch wenn wir nicht hören und nicht wissen, auf welche Äußerungen das Kind mit „okay“ antwortet – wir vermuten, dass es Instruktionen, Anweisungen, vielleicht Befehle, Regelsätze aus dem Erziehungs- und Disziplinierungskatalog der Erwachsenen sind, vielleicht aber auch Spielregeln unter Gleichaltrigen. Wir wissen es nicht, aber wir fragen es uns.

Und die Zeit zwischen diesen „okays“, die Dauer, die wir uns selbst genehmigen für das Hören und Sehen, gibt uns die Möglichkeit einer spielerischen Reflexion von Kindheit, Erziehung, Heranwachsen, Disziplinierung, Unterdrückung, von Einübung, Unterwürfigkeit, Anpassung, Aufbegehren.

Mit einer Stimme und einem Schuh, d. h. mit einer großen Reduktion der Mittel – man könnte fast sagen einem Minimum an Inspiration – eröffnet Robert Wilson dem Betrachter eine Vielfalt von Eindrücken, evoziert Bilder und Situationen, einen Raum des Nachdenkens, „a mental space, a mental freedom“. So wie er es selbst einst beim Betrachten der Choreografien von Balanchine empfunden und beschrieben hat.

Und wir beginnen vielleicht damit, unserer eigenen – vielleicht glücklichen, vielleicht unglücklichen – Kindheit nachzuhören, vielleicht der unserer Eltern, Großeltern, vielleicht der unserer Kinder. Und wir überlegen vielleicht, wie viele „okays“ wir unseren Kindern abverlangt haben, und wofür, und ob das so „okay“ war.

Und der, dem sie bekannt ist, denkt vielleicht auch über die Biografie von Robert Wilson nach, seine Kindheit, oder über die des gehörlosen, afro-amerikanischen Jungen Raymond Andrews, den Wilson adoptiert hat, und ihn damit aus den Fängen der Polizei, vor der Straße und dem Heim in Sicherheit brachte. Oder man denkt an den vierzehnjährigen Christopher Knowles, dem man Autismus und Hirnschäden diagnostiziert hatte und mit dem Robert Wilson Ende der sechziger Jahre seine ersten Stücke schrieb und Dialog Performances aufführte.

Denn immer sind Kinder auf Wilsons Bühne. „Sein Arsenal“, hat Heiner Müller einmal gesagt, „kommt direkt aus seiner Kindheit.“

All das geht uns dabei durch den Kopf. Aber jedem von uns anders.

„Everything you can think of is true.“ Das ist der Titel einer Ausstellung, die ich kürzlich mit einigen meiner Studenten in Kopenhagen besucht und in der ich den Schuh gefunden habe. „All das, woran du denkst, ist wahr.“ Und dennoch ist, was man denkt, keineswegs beliebig. Die Präzision, mit der diese Assoziationen von Bildern und Tönen umstellt sind, verhindert das. Die Tiefe, die berührt, wird möglich, weil man sie selbst entdeckt und zulässt – und nicht überrumpelt wird.

Man konnte im Zusammenhang mit dieser Preisverleihung in mehreren Veröffentlichungen lesen, dass Wilson „viele Disziplinen zu einem einheitlichen Ganzen“ verbinde. Das ist nicht falsch, bedarf aber vielleicht der Erläuterung. Denn dieses einheitliche Ganze – und das ist das Schöne daran – ist nur unser jeweiliges eigenes. Und es ist für jeden Zuschauer, jede Zuschauerin ein anderes, eigenes Ganzes.

Von Einheit zu sprechen, das klingt schon sehr nach Gesamtkunstwerk. Und bei Richard Wagner werden tatsächlich alle Theatermittel miteinander zu einer Einheit verschmolzen, was Brecht dazu verleitet hat, von „einem Aufwaschen“ zu sprechen, und Heiner Müller von einem „Eintopf“, einem „synthetischen Brei“.

Müller sagte das aber im Übrigen, bevor er selbst in Bayreuth – auf andere Weise – den *Tristan* von Wagner inszeniert hat. Dass er es auf *andere Weise* konnte, verdankt er sicher auch der Erfahrung gemeinsamer Projekte und der engen Freundschaft mit Robert Wilson.

Obwohl Robert Wilson alle Disziplinen der Bühne selbst verantwortet, verschmilzt er sie nicht, ganz im Gegenteil: Er erreicht diese Einheit durch eine radikale Unabhängigkeit der Theatermittel. Das wäre Brecht sehr recht gewesen, der aber – zu *seiner* Zeit – nur so denken, es ästhetisch noch nicht *realisieren* konnte, weil ihm die Schwerkraft der Disziplinen noch zu sehr im Wege stand.

Wilson spricht tatsächlich von seinem Theater selbst als „epic theatre“.

Und er trennt:

- die Bewegungen von der Sprache, denn die Schauspieler/Sänger/Performer tun in der Regel nicht das, wovon sie sprechen, und wenn, dann nicht naturalistisch.
- die Sprache von den Körpern, denn die Töne erreichen die Zuschauer nicht auf direktem Wege, sondern durch Mikrophonierung über die Lautsprecher.
- die Körper selbst, schafft zwischen den agierenden Figuren Abstand durch verschiedene Lichtschichten und trennt sogar die Körperteile voneinander; auch sie werden durch Licht fragmentiert, sodass eine einzelne Hand, ein Kopf, ein Fuß, ein Schuh beginnen können zu erzählen.

All das versetzt uns als Betrachter in die Lage, das Getrennte frei zusammenzudenken, und das kann trotz aller Irritation über die Selbständigkeit der Elemente eine glückliche Erfahrung sein, weil wir – und „wir" heißt hier jeder für sich – die Einheit als eigene selbst entdecken können. Die „Einheit" wird uns eben nicht verabreicht, sondern ist Resultat eines, wie Heiner Müller es beschrieben hat, quasi „demokratischen", „anti-diktatorischen Theaters".

Weil wir die verschiedenen künstlerischen Realitäten getrennt wahrnehmen und würdigen können, kann man Robert Wilson, obwohl er so vieles zugleich ist, auch guten Gewissens einen Preis als „Bühnenbildner" verleihen, als jemandem, der die Sache des Bühnenbildes eben nie nur als dienende betrachtet, sondern immer als eigene künstlerische Realität stark gemacht hat – ganz im Sinne Hein Heckroths.

Robert Wilson ist aber nicht nur Bühnenbildner, sondern Opern- und Theaterregisseur, besser gesagt Theatermacher, denn er erfindet es von Grund auf neu; Theatermacher auf den wichtigsten Bühnen der Welt und mit wunderbaren Opernsängern, Schauspielerinnen und Schauspielern. Er ist Choreograf, Lichtdesigner, Möbeldesigner, Performer, Filmemacher, Kunstsammler, Maler, Zeichner, Architekt, Autor – und wie wir gerade gehört haben, auch Ausstellungsmacher. Kurz: Er ist Künstler. „It's all part of one concern", wie er einmal sagte. Einer der größten Künstler der letzten vierzig Jahre, nicht nur in den darstellenden Künsten. Er gehört zu denen, die Theatererfahrung als audio-visuelle, ästhetische Erfahrung begreifen und die das Theater nicht auf Bildungsauftrag, Mitteilung oder Unterhaltung reduzieren. Robert Wilson hat einmal über die Verantwortung der Theatermacher gesagt, dass sie nicht darin liege, „zu *sagen,* was etwas ist, sondern zu *fragen,* was ist es? Und wenn wir die Frage, was es ist, jemals beantworten können, dann sollten wir es nicht tun, dann ist es einfach nicht nötig.“

„Kunst“ kommt zwar auf vielen deutschen Bühnen immer noch meistens nur als Schimpfwort vor – nach dem Motto: „Wir machen doch keine Kunst.“ Dennoch ist Wilson inzwischen einer der einflussreichsten Theatermacher, Bühnen- und Lichtbildner. Viele seiner Innovationen im Umgang mit Licht, Ton, Raum, Zeit und der Choreografie der Bewegungen haben längst Einzug gehalten in das Repertoire der zeitgenössischen Theatersprachen – mal mit, mal ohne Geschmack.

Seine Radikalität der formalen Bewältigung aber bleibt ohnegleichen. Damit inszeniert er auch die Texte von Shakespeare, Büchner, Burroughs und Müller, oder die Musik von Wagner, Weill, Tom Waits und Rufus Wainwright. Vieles davon ist immer noch eine Provokation in einer Theaterlandschaft, in der (ganz besonders auch in der Theaterausbildung) immer nur von „Stoffen“ gesprochen wird, *nie* von der Form, womit stillschweigend übergangen wird, was die unreflektiert übernommenen, quasi „natürlichen“ bzw. „Natur“ gewordenen Formen des Schauspiels und der Oper mit uns und unserer Wahrnehmung angestellt haben und immer noch anstellen.

Für die genussvolle Erkenntnis, dass es auch anders geht, haben wir ihm viel zu verdanken. Und damit ist nichts Geringeres gemeint, als die Tatsache, dass seine Arbeit z. B. mein Leben verändert hat – und das gleich mehrfach.

Ich verdanke ihm die auch körperliche Erfahrung, dass „Zeit“ auf dem Theater künstliche, kunstvolle Auszeit sein kann – nicht vorgebliche Realität. Dass Licht eine eigene Kunstform ist, der man hinterherschauen kann, wie einem Naturschauspiel, die eine unsagbare Dramatik entstehen lässt, wenn sich ein Schatten unerklärlich rot färbt. Oder auch dass mit Licht auf der Bühne, wie im Film, „Nahaufnahmen“ möglich werden (indem man nur einen Finger beleuchtet).

Ich verdanke ihm die Erfahrung, wie es sich anfühlt, von der Souveränität des Zuschauers aus zu denken. Den Bühnenraum nicht mit Ideen vollzustellen, sondern offenzuhalten. Vielleicht habe ich bei ihm begriffen, dass ich mich als Zuschauer nicht wirklich dafür interessiere, wie viel Phantasie der Regisseur oder der Bühnenbildner hat, sondern ob es ihnen gelingt, die Räume für die Imagination der Betrachter aufzumachen.

Die Erfahrung, dass die Zuhörer für Texte einen Raum brauchen, in dem man atmen kann.

Dass man Texte anders und neu hören kann, wenn sie anfangen, wie Litaneien zu klingen und Musik werden, ohne ihre Bedeutung zu verlieren. Und dass uns das in einen souveränen Zustand des Hörens von Sprache versetzen kann, wie ich das bislang in der gesamten deutschen Dramatik kaum kannte.

Sowie die Erfahrung, dass Drama etwas anderes sein kann als die Vorherrschaft des Textes, etwas anderes als die Repräsentation von Welt/Modell für das Reale. Sondern dass bei Robert Wilson das Drama „in die Sinne verlegt“ wird (Helga Finter).

Darin ist er ein Magier: wenn sich plötzlich die Theatermittel unerklärlich verselbständigen, verknüpfen und wieder voneinander lösen und wir uns in einem beständigen Rätsel der Zeichen nicht eingeschüchtert, sondern entspannt als Wahrnehmende und Sinnsuchende wiederfinden.

Und wenn wir im Institut für Angewandte Theaterwissenschaft der Justus-Liebig-Universität versuchen, Theater nicht als Konvention eines Handwerks zu begreifen, sondern Theater mit einem zeitgenössischen Kunstbegriff befragen, dann wäre auch das nicht möglich ohne die Arbeit Robert Wilsons. Deshalb – und als Reminiszenz einer Gastprofessur zur Zeit von Andrzej Wirth – heißt der Flur bei uns im ersten Stock von Haus A im Phil II schon lange „Wilsonstraße“.

„Everything you can think of is true.“ Nicht nur mit dieser Ausstellung, von der eingangs die Rede war, sondern mit seiner ganzen Arbeit macht sich Robert Wilson stark für das Wertvollste, was wir haben: unsere Wahrnehmung und unsere Vorstellungskraft. Dafür baut der Architekt und Bühnenbildner Wilson seine Räume. Dafür danken wir ihm.

TRAU KEINEM AUGE

Für Erich Wonder

Meine sehr verehrten Damen und Herren, ich freue mich sehr, heute Abend Laudator zu sein, denn dir, lieber Erich Wonder, diesen Preis zu verleihen, ist für mich als Theatermacher eine wunderbare Gelegenheit, zurückzugeben, was ich im Laufe der letzten 25 Jahre von dir bekommen und gelernt habe. In dieser Hinsicht „oute" ich mich gerne auch als Wonderschüler.

Als junger Theater-Komponist, ich hatte damals gerade an den Frankfurter Städtischen Bühnen angefangen, habe ich zum Beispiel einen radikalen schwarzen Würfel erlebt, der nur gelegentlich vom gleißend blendenden Strahl eines scheibenwischerartigen Lichtarms ausgewischt wurde. Es war Erich Wonders Raum als starkes Pendant der Hölderlinschen Verse (nach Sophokles) in Christof Nels *Antigone*. Ich konnte auch erfahren, welche Musik dieser Würfel erträgt und welche nicht. Und, ich weiß das nicht mehr genau, vielleicht hat mich dieser schwarze Würfel auch dazu angeregt, mit dem antiken Chor, der in heutigen trivialen bunten Kostümen auftrat, einen Schlager einzustudieren; das war mühsam, denn der Refrain ging: „Ene mene ming mang ping pang ene mene acka dacka eia weia weg."

Der Raum hat die bewusst „ungeheuerliche" ästhetische Fallhöhe ausgehalten, im Gegenteil: Er gewann an Instanz und Form. Mit diesem Raum hat Wonder auch schlagend bewiesen, dass starke Räume und starke Bilder dem Zuhören eines Textes nichts wegnehmen müssen. Im Gegenteil: Da sie so ihre Unabhängigkeit großzügig unter Beweis stellen und sich nicht auf kleinteiliges Illustrieren einlassen, können sie ein empfindsames Hören befördern, das in den Theatern selten geworden ist.

Später haben wir zusammen an zwei freien Projekten gearbeitet. Das eine war *Scratch*, eine Rauminszenierung am Düsseldorfer Schauspielhaus, bei der ich mitbekommen konnte, wie schwierig es ist, in Sicht- und Hörweite über den Köpfen des Publikums einen Panzer rollen zu lassen. Das andere war *Maelstromsüdpol*, unsere Aktion zusammen mit Heiner Müller, wo ich erlebt habe, wie Erich Wonder auf ortsspezifische Perspektiven außerhalb der Theater reagiert: Wie er bei der documenta in Kassel die Mittelachse der Karlsaue aufnimmt (mit tatkräftiger Hilfe der örtlichen Bundeswehr), wie er unter den misstrauischen Augen der Grenzsoldaten und ihrer Feldstecher den Landwehrkanal entlang der Berliner Mauer in einen magischen Sog verwandelt, und wie er in Linz bei der ars electronica die glühenden Abstiche im Stahlwerk aufgreift und brennende Männer vor fahrende Züge laufen lässt – dabei immer die vorgefundenen Kräfteverhältnisse auf den Punkt bringt, für sich nutzt, und die Balance findet, ausreichend bildnerische Impulse zu liefern und dennoch den Köpfen der Zuschauer freien Raum zu lassen – wenn man mal von dem Panzer in Düsseldorf absieht.

In den gemeinsamen Arbeiten mit Ruth Berghaus, *Dantons Tod* am Thalia Theater in Hamburg und *Penthesilea* am Burgtheater Wien, konnte ich erleben, wie strukturbildend die aus der industriellen Recherche gewonnenen Bilder für die Stücke sein können, wie viel sie mit der Mechanik der Texte von Büchner und Kleist zu tun haben, wenn sie klug übersetzt ins Theater geholt werden. Auch hier hattest du wieder großen Einfluss auf meine Klangarbeiten und Kompositionen. Mit Schächten, Sandgruben und einem Stahlarm, der periodisch die Spuren der Schauspieler im Sand immer wieder glatt streicht und die Erinnerung an die Schlachtszenen auszulöschen versucht.

Im Gegensatz zu vielen Kollegen definiert Wonder die Bühne immer wieder anders; er repetiert nicht immer nur eine Ästhetik, er findet/erfindet neue Herausforderungen für seine Perspektiven. Nur so ist auch zu erklären – was mich zunächst verwundert hat – dass er Mitte der neunziger Jahre plötzlich einen Ehrgeiz für Interieurs entwickelte, also für geradezu klassische, konkrete Innenräume – fast mit Sofa und Schrankwand. Dabei ließ er allerdings nicht die Wonder-spezifische Überzeichnung und Dimensionierung außer Acht, ohne die solche Räume schnell zum willfährigen Requisit der Schauspieler werden oder zum allzu bekannten Abziehbild unserer Erfahrung. Auch hier bestand er auf dem Trugbild: wenn am Fenster die Welt vorbeifährt, und das Fenster gleich mit, aber in die andere Richtung, und der Flügel, an dem Bach gespielt wird, sich auch noch zu drehen beginnt – wie in meinem Stück *Die Wiederholung* –, weiß das Publikum am Ende nicht mehr, ob es sich in einem Traum befindet, in einem Film oder vielleicht in einem Theater à la Wonder – den, wie ein Kritiker einmal formuliert hat, „nur ein dunkler Vokal von dem trennt, zu dem er befähigt ist“: kleine und große Wunder.

Um Ihre Zeit nicht über Gebühr zu beanspruchen, überlasse ich alles Enzyklopädische Ihrer Suchmaschine. Dass er Österreicher ist, hört man, mit welchen Regisseuren Wonder gearbeitet hat, ist mittlerweile müßig aufzuzählen (so etwas macht man am Anfang einer Karriere ...), vor allem, wenn jemand wie Erich Wonder an nahezu allen wichtigen europäischen Opernhäusern und Theatern gearbeitet hat, und dass er Anfang der siebziger Jahre als Ausstattungsleiter an den Städtischen Bühnen Frankfurt die unmittelbare Nachfolge von Hein Heckroth angetreten hat, ist nicht der Grund, warum er heute hier ist, es ist nur ein wunderbarer Zufall. Reden wir weiter über seine Arbeit.

„Trau keinem Auge" hat Erich Wonder einmal gesagt, und wer ihn nicht kennt, könnte glauben, es schwinge ein moralischer Unterton mit; dabei ist er heilfroh darüber und nützt unser Defizit schamlos aus. Bei Wonder kann man seinen Augen wirklich nicht trauen. Warum schwebt der Konzertflügel über dem Bühnenboden wie ein Metronom, und wieso schneit es dann auch noch in einem Stück wie Heiner Müllers *Auftrag*, das doch eigentlich in Jamaica spielt? Und wie schafft er es, dass das riesige Stadion, in das wir eben noch – zu größenwahnsinnigen Texten von d'Annunzio – geblickt haben, plötzlich voller Bäume steht, wenn ich mich überhaupt richtig erinnere, oder war es doch ganz anders?

„In einer Zeit der optischen Überflutung", sagt Erich Wonder, werden Theaterbilder immer wichtiger; es gehe ihm darum, „Rätselbilder zu schaffen, Geheimnisse zu wahren." Damit – und dafür sind wir ihm dankbar – geht er genau den entgegengesetzten Weg, nämlich den Weg, der dem, den das Theater in den letzten Jahren auf der Jagd nach neuen Zuschauerschichten oft gegangen ist, entgegengesetzt ist: sich dem schlechten Geschmack der Medien anzubiedern, zu kalauern, auf billige Weise Figuren zu denunzieren und sich im Trash der Ausstattung zu überbieten.

Er formuliert auf der Bühne ein selten gewordenes Argument für die Kunst; für die Fremdheit in den Bildern, deren Verständnis nie restlos aufgeht. Er verschafft den Theatern, die doch so auf Nähe zum Publikum versessen sind, eine Weite. Plötzlich tun sich auch auf kleinen Bühnen endlose Perspektiven auf, die man ihnen nie zugetraut hätte. Und er schafft damit den Betrachtern eine Offenheit, um die uns vielleicht die Medien eines Tages beneiden werden.

Manches Mal konnte man sich dabei auch des Eindrucks nicht erwehren, die Regisseure wären nicht immer in der Lage gewesen, mit den ihnen gestellten szenischen Aufgaben seiner Räume wirklich zu arbeiten; dann haben sie diese reduziert auf das, was ihnen in der Regel ein Bühnenbild ist: nämlich Kulisse. Vielleicht sagen sie ja jetzt, was kann denn ein Bühnenbild anderes sein? Was ist der Unterschied zwischen einer Kulisse und den Räumen Erich Wonders?

Kulissen, sehr vereinfacht gesagt, unterstützen die Überlegungen der Autoren, Dramaturgen und Regisseure, indem sie Zeichen sind, indem sie fiktive Welten und Zeiten repräsentieren, die so auf der Bühne nicht vorzufinden sind. Und uns für die Dauer eines Abends glauben machen wollen, wir sähen ein Wohnzimmer mit Schrankwand, ein Sommerhaus am See, einen Wald voller Bäume, ein Schiff am Horizont. Das steht meistens schon so im Stück, ist mal besser, mal schlechter gemacht oder übersetzt und dient der Erzählung. Und man könnte auch sagen, das ist auch gut so. Wonder macht etwas anderes – wie kein anderer. Selbst dann, wenn er die gute alte Prospektmalerei wieder neu erstehen lässt. Wenn er scheinheilig behauptet, „ich versuche immer, den handelnden Personen einen Lebens- und Aktionsraum zu geben, in dem sie wie selbstverständlich zuhause sind“, ist das reines Understatement. Vordergründig bedient er sie nicht. Im Gegenteil: Er formuliert Widerstände, strukturiert mit Licht und Bauten Hindernisse, die dann aber, wenn sie von den Regisseuren klug genutzt werden, die Darsteller in einem gesellschaftlichen Licht erscheinen lassen; das kann mal menschlich und mal unmenschlich sein – so ist das Leben, und das möchte Wonder dem Theater nicht ersparen.

In Wirklichkeit setzt er den Schauspielern also etwas entgegen. In Wirklichkeit heißt aber auch, und genau das meinte er mit dem gerade zitierten Satz, versucht er ihnen einen Raum zu bauen, der ihnen eine andere, eine Theaterwirklichkeit anbietet. Keine vorgebliche, sondern eine, an die sie sich halten können, halten müssen: der Panzer in Düsseldorf, Schächte in Hamburg und Sand in Wien, genau definierte Lichträume in Frankfurt und vieles andere mehr – einen Raum, der gerade darin wieder eine eigene Maschinerie darstellt, die bezwungen werden muss. Das ist der Unterschied zur Kulisse.

Dabei gelingt die Gratwanderung, den künstlerischen Anspruch an dieses Handwerk weder aufzugeben noch gegen die Stücke zu wenden. Auch wenn er selbst dem verbreiteten Gerücht, er lese die Stücke gar nicht, immer wieder Nahrung gibt, und ich es zumindest in einigen Fällen auch bestätigten kann, (zumindest liest er sie nicht einfach von vorne nach hinten): Immer sind es seine Räume, die auf einer übersetzten, manchmal abstrakten, aber strukturell schlüssigen Ebene einen Großteil der inszenatorischen Arbeit bereits vorgeben. Durch seine Weichenstellung ist diese sehr genau vorbereitet, Akt für Akt, Szene für Szene, Auftritt für Auftritt, wenn auch manchmal aus niederen Motiven schon allein deswegen, damit er nicht so oft auf die Proben kommen muss.

Es ist eine Besonderheit seiner Arbeiten und vielleicht die einzig wiederkehrende Konstante in den so unterschiedlichen Bildwelten, dass immer wieder mehr oder weniger direkte Referenzen auf die Arbeit des amerikanischen Malers Mark Rothko aufgenommen werden (sehr prominent zum Beispiel in seinem Bühnenbild für *Tristan und Isolde*, Heiner Müllers Inszenierung in Bayreuth); Mark Rothko, der bekannt wurde für seine zunächst sehr farbigen Arbeiten, dann gegen Ende immer dunkler werdenden magischen, überdimensionierten Rechtecke. Vielleicht gibt uns die Frage, warum Rothko so gemalt hat, auch eine Antwort auf die Motive von Erich Wonder:

> I paint very large pictures. I realize that historically the function of painting large pictures is painting something very grandiose and pompous. The reason I paint them, however – I think it applies to other painters I know – is precisely because I want to be very intimate and human. To paint a small picture is to place yourself outside your experience. However you paint the larger picture, you are in it.[1]

Das heißt auf die Räume Wonders übersetzt: Er provoziert damit, dass Schauspieler in den Räumen und dass Zuschauer mit den Räumen Erfahrungen machen können, und dabei einer andern Instanz unterworfen sind; dass sie dabei, wie es Rothko für sich formuliert hat, auch die Erfahrung machen, „nicht selbst alles kontrollieren zu können". Das sind gesellschaftliche, politische Erfahrungen, über die uns seit der antiken Tragödie die Theaterstücke viel erzählen wollen. Wonder hat jetzt auch die Bilder dafür.

Der neu ins Leben gerufene Hein Heckroth Bühnenbildpreis ist gemäß den Ansprüchen seines Paten ein Theaterpreis, aber auch ein Kunstpreis. Dieses erste Mal ist es der Jury, Jürgen Flimm, Frau Wosymski und mir, sehr leicht gefallen, diesem Doppelcharakter zu entsprechen. Das nächste Mal wird es schon schwieriger werden. Ich danke dir auch persönlich, lieber Erich, für die – wie du sie am besten genannt hast – „Zwischenräume und Nachbilder“ – und bin neugierig auf das, was als Nächstes kommt. Diese Räume – und das ist ihre Qualität – klingen lange nach, wie der im rot beleuchteten Kreis herumgeführte Schäferhund im Schiffsbauch eines Lastkahns auf der Donau, und brennen sich ein in die Sinne der Betrachter. Deswegen schließe ich mit einem Ernst-Jünger-Zitat, das Heiner Müller dir einst auf einen Zettel gekritzelt hat: „Die Bilder sind das Urgestein der Kulte, sie leben länger als die Götter, zu deren Ehren sie errichtet wurden.“ Dazu beizutragen, danken wir dir.

1 Mark Rothko in: *Interiors* vol. 110, no 10, May 1951.

„EINE GESELLSCHAFT MIT BESCHEIDENEM WOHLSTAND UMFASSEND AUFBAUEN!“

Das Ensemble Modern als Beispiel

Es gehört zu den bewundernswerten und für mich immer schwer verständlichen Qualitäten eines Ensemblemusikers, einen ständigen Widerspruch aushalten zu können: den Widerspruch zwischen der großen, auch körperlichen *Intensität*, die vom Einzelnen – im Zusammenspiel mit den anderen Musikern und gepaart mit höchster Fokussierung, Konzentration und Virtuosität – erwartet wird, und der *Abstraktion*, die ihm abverlangt ist, da er aus seiner eigenen Spielerposition keinen wirklichen Überblick über den Gesamtklang, den Gesamteindruck, die Anlage der Komposition und letztlich das Gelingen einer Aufführung haben kann.

Ein Musiker bildet dafür komplexe Fähigkeiten aus, die ihn in die Lage versetzen, sich einem musikalischen Gesamtzusammenhang zur Verfügung zu stellen und den individuellen Ausdruck dazu ins Verhältnis zu setzen. Man nennt das Professionalität. Das ist vermutlich ähnlich wie beim Fußball – nur dass dort das Ergebnis auf der Hand liegt.

Vielleicht liegt aber genau in diesem Widerspruch ein Grund, der viele Musiker dazu verleitet, sich um diesen Überblick gar nicht weiter zu bemühen. Der Triangelspieler, der nicht einmal die Frage beantworten kann, bei welcher Symphonie er gerade mitgespielt hat, ist inzwischen eine Seltenheit und als kuriose Spitze des Problems nur noch für einen Witz gut. Die Konzentration auf gewerkschaftliche Absicherungen und Arbeitszeiten als wichtigste Verteidigungslinie ist in vielen Orchestern aber der grausame Alltag. Sich darüber lustig zu machen, greift jedoch zu kurz: Es ist die Rache an der Tatsache, dass man von vielem ausgeschlossen ist. Das Musizieren ist per se eine gesellschaftliche Tätigkeit, und wer das einmal mit Lust begriffen hat, ist geneigt, sich darüber zu wundern, dass es unter hierarchischen und entfremdeten Bedingungen mit gemieteten Musikern überhaupt passabel klingt.

Die Musiker des Ensemble Modern haben aus dieser heiklen Spannung ein Prinzip gemacht und seit Bestehen des Ensembles mit der

Struktur der Selbstverwaltung es immer wieder geschafft, dass ihnen beides gelingt: sich nicht nur um das eigene Spiel und die eigenen Belange zu kümmern, sondern ebenso Konzertprogramme, Künstler, Kompositionsaufträge, Technik, Finanzen, Öffentlichkeitsarbeit und Ausbildung im Blick zu haben – und bei alldem exzellente Solisten zu bleiben. Das ist in den letzten 25 Jahren oft beschrieben worden. Dennoch kann ich vielen Gesprächen mit Journalisten, Agenten, Produzenten, Komponisten und anderen Musikern entnehmen, dass den Beschreibungen dieses Prozesses immer etwas Beiläufiges anhaftet – so, als tue man das Modell der Selbstverwaltung letztlich als gruppendynamischen Umweg ab – mit dem stillen Vorwurf, man könne auch wesentlich einfacher zum musikalischen Ziel gelangen.

Dass zum Beispiel das Ensemble keinen *künstlerischen Leiter* hat, sondern die Entscheidungen im *Kollektiv aller Gesellschafter* getroffen werden, das wird leicht als Geschmackssache betrachtet – wie man über einen Vegetarier spricht, der halt kein Fleisch mag. Dass es etwas *grundsätzlich Anderes* ist, und dass vieles ohne diese Struktur gar nicht *denkbar* wäre, geschweige denn hätte entstehen und sich entwickeln können, das ist offensichtlich von außen nicht immer einsehbar. Auch die großen Entwicklungen, die viele Musiker und Musikerinnen des Ensembles inzwischen individuell gemacht haben und mit der sie zu Komponisten, Dirigenten, Professoren, preisgekrönten Hörspielmachern, vielseitigen Performern und Geschäftsführern dieses und anderer Ensembles wurden, sind gereift auf dem Boden dieser Selbstverantwortung. Die ist nämlich kein Zuckerschlecken, sondern geht ständig mit Reibung, konfrontativen Auseinandersetzungen und dynamischen Prozessen einher, von denen zwar wenig nach außen dringt, die aber sicher zum Erwachsenwerden wesentlich beitragen.

Es mag Kompositionen geben, die unter klaren Hierarchien, mit klaren Prioritäten realisiert werden können: Eine fertige Partitur wird einstudiert. Der Komponist (sofern er noch lebt) ist sich seiner Sache sicher, der Dirigent auch. Und im Idealfall wissen sie beide, wie es klingen soll. Dann ist das Ergebnis eine Frage von Probenzeit und Probendisziplin, ist letztlich eine Frage der Virtuosität und Professionalität der Instrumentalisten, und mit einem Surplus an Inspiration im richtigen Augenblick wird das sicher eine gute Aufführung.

Aber wenn wir auf der Suche nach einem bisher ungehörten Klang sind, einem ungesehenen Bild, einem so noch nicht gedachten Zusammenspiel etc., also auf der Suche nach etwas, das wir noch nicht kennen und von dem wir noch nicht wissen können, wie es zu erreichen ist, dann wird es unter hierarchischen Bedingungen schwierig. Dann ist nämlich etwas anderes gefragt: nicht das Papier der Partitur gegen die Musiker oder den Komponisten zu verteidigen, sondern ständig die einmal getroffenen Vereinbarungen infrage stellen zu können. Man hat es leider unzählige Male bei anderen Ensembles und Orchestern erlebt: Da sind dann keine zusätzlichen Soundchecks mehr möglich, da besorgen die Schlagzeuger nicht selbst das neue Instrumentarium, obwohl auch sie wissen könnten, was gut klingt; da sagt niemand „ich kümmere mich darum", wenn ein Problem auftaucht. Da richten sich die Musiker nicht einmal selbst die Noten ein, obwohl darin bereits die Hälfte der Aneignung stecken kann.

Das ist ja das Eigentümliche und Herausfordernde in der zeitgenössischen Kunst, ob Musik oder Theater, wenn wir uns jenseits konventioneller Hierarchien befinden: Wenn etwas *nicht* funktioniert, können wir nicht mehr mit Bestimmtheit sagen, warum. Es gilt aber, neugierig weiterzusuchen, weil vielleicht doch eine andere Phrasierung, ein anderes Schlaginstrument, eine andere Mikrophonierung erst das überraschende Gelingen möglich machten.

Mit jeder Notation, mit jeder Komposition, mit jeder Inszenierung muss man im Grunde bei null anfangen. Da braucht es mehr als phantastische Interpreten. Es braucht eine künstlerische Intelligenz aller am Prozess beteiligten Kräfte. Natürlich gibt es die wertvolle Erfahrung von professionellen Musikern – und glücklich ist, wer auf sie zurückgreifen kann, d. h., wenn nicht bei der nächsten Probe ein anderer Musiker als Aushilfe kommt. Aber die wichtigste dieser Erfahrungen ist vor allem die anregende Erkenntnis, dass man jeden neuen künstlerischen Prozess von Neuem durchbuchstabieren muss und das angstfrei tun kann – mit großem gegenseitigen Vertrauen und der Bereitschaft zum Risiko. Auf der Suche nach einer musikalisch-szenischen Intensität, die ich mir so nicht immer erklären kann, geschweige denn sie immer planvoll hätte erreichen können, und die gerade aus einem schwer zu imaginierenden Zusammenspiel vieler Medien (Musik, Raum, Licht, Text usw.) besteht, hat mich dieses Vertrauen immer beflügelt. Anders wäre keines meiner Musiktheaterstücke entstanden.

Noch lange bevor die Musiker des Ensemble Modern in meiner Oper *Landschaft mit entfernten Verwandten* große Sprechrollen übernommen haben und bereit waren, im Laufe der Aufführung dreihundert Kostüme zu tragen oder sich als tanzende Derwische bis zum Umfallen im Kreise zu drehen, habe ich sie 1995 gefragt, ob sie für *Schwarz auf Weiß* auch andere Instrumente lernen würden, z. B. Blas- und Streichinstrumente. Sofort waren sie einverstanden. Und vielleicht gehören die Szenen des dilettierenden Blasorchesters oder der Geigenchoreografie zu den berührendsten Momenten in diesem Stück. Die Musiker waren zu allem bereit – bis der Geigenbauer nach der ersten Probenwoche fragte: „Was ist denn bei euch los, dass ihr so viele Reparaturen habt?"

Es gibt zeitgenössische Komponisten, die vor allem an Klangvorstellungen arbeiten, aber strukturell nichts infrage stellen; die sich mit virtuoser Instrumentierung und großer Raffinesse den Konventionen instrumentaler Besetzung und ihrer Gesetze unterwerfen. Und vielleicht gehören sie zu den Erfolgreichsten – sie können relativ problemlos landauf, landab gespielt werden. Aber wer diese Grundannahmen infrage stellt, ist beim Ensemble Modern in besseren Händen.

Ende der sechziger Jahre haben sich Komponisten zur Realisierung ihrer eigenen Ästhetik selbst neue Ensembles geschaffen: Steve Reich, Philip Glass zum Beispiel – um einige amerikanische Kollegen zu nennen. Nur so konnten sie überhaupt ihre Musik komponieren und aufführen. Das scheint vorbei. Heute regnet es Kompositionsaufträge von Rundfunkanstalten, Orchestern, Festivals etc., deren Auftraggeber vor allem eins im Sinn haben: diesen Institutionen eine lebendige Legitimation zu verschaffen. Aber der hohe Preis, um den die Komponisten dankbar diese Aufträge annehmen, ist das diesen Institutionen innewohnende ästhetische Beharrungsvermögen. Man möchte niemandem ernsthaft wünschen, auf der Straße zu sitzen, aber es würde mich interessieren, wie die Musik klingt, die dann dennoch entsteht. Hinzu kommt in den letzten Jahren eine Fülle von Ensembles Neuer Musik, die diese institutionalisierte Form der Innovation auf die Besetzung Holz- und Blechbläser einfach, Streicher doppelt, Perkussion und Klavier festschreiben. Mal mit, mal ohne Erfahrungen in Elektronik. Der Sampler muss ausgeliehen werden und kommt dann erst zur Hauptprobe. Da sehnt man sich nach anderen Instrumentierungen, nach der *Symphony No. 13* für einhundert E-Gitarren von Glenn Branca, selbst wenn sie ohrenbetäubend laut ist.

In dieser Situation obliegt einem selbstverwalteten Ensemble wie dem Ensemble Modern eine doppelte Verantwortung: Es darf erstens nicht den Eindruck hinterlassen, dem institutionellen Beharrungsvermögen zuzuarbeiten. Folgerichtig sind sie mit der Internationalen Ensemble Modern Akademie bereits dabei, andere Strategien zu entwickeln, zum Beispiel laborartige Möglichkeiten für junge Komponisten. Gleichzeitig muss aber gerade im vormals engen Jargon der Neuen Musik auch immer die Frage nach dem Kunstbegriff einer Komposition gestellt werden können, muss man Aufführungen anders denken und die vielen Vereinbarungen infrage stellen, die der klassische Zuhörer an der Konzertkasse eingeht – ob in Berlin, Frankfurt, Witten oder Donaueschingen. Es muss sich fragen, welche Formate das Publikum überhaupt noch erreichen, wenn es nicht ohnehin dazugehört. Auch das Konzert, die Oper, das Theater müssen den Blick derjenigen aushalten, die eigentlich nie hingehen.

Für wichtige Künstler unserer Zeit liegt die Herausforderung *quer* zu den Genres, *quer* zu den Formaten und Nischen. Kunst kann Menschen zu einer Erfahrung von Freiheit einladen. Es geht nicht darum, dass die Hörer bei einer Demonstration von Freiheit dabei sind, sondern dass sie selbst diese Erfahrung machen. Dies ist aber nur möglich, wenn das Werk oder die Aufführung selbst sich nicht mit engen, überlieferten Spielregeln zufriedengibt und der Komponist nicht immer „Ich“ sagt.

Vielleicht kann man das am Beispiel *Eislermaterial* deutlich machen. Für dieses Hanns Eisler zu seinem hundertsten Geburtstag gewidmete Konzertprogramm, einen Kompositionsauftrag der Münchner Biennale, suchte ich nach einem Bild für die Gesellschaftlichkeit der musikalischen Auffassung Eislers, eine Aufführungssituation, eine szenische Struktur, die unmissverständlich klar macht, mit welcher Haltung seine Musik zu spielen ist, und uns, die Zuhörer, daran teilnehmen lässt. Der übliche Konzertaufbau kam dafür nicht infrage.

So entstand – zunächst unabhängig von seiner Musik und meiner Bearbeitung – eine Konstruktion, die auf mehreren Ebenen erheblich vom Orchesterbild abweicht und verhindern soll, dass die Musiker die Musik Hanns Eislers einfach *abspielen* wie die Musik vieler anderer Programme unterschiedlichster Komponisten davor und danach. *Eislermaterial* ist eine Struktur, die die Instrumentalisten quasi zwingt, sich diese Musik *anzueignen*. Anders ist sie in diesem Aufbau gar nicht zu spielen. Es geht in dieser Struktur darum, sich mit der von Eisler oft geforderten *Haltung* auseinanderzusetzen, die vor allem eines nicht ist: gleichgültig.

So sind in *Eislermaterial* viele Widerstände errichtet, die das Musizieren erschweren: Es gibt, trotz einer Ensemblegröße von sechzehn Musikern, *keinen Dirigenten,* der die Einsätze und Tempowechsel koordiniert. Das müssen die Musiker selbst tun – obwohl sie nicht, wie es sich gehört, im Zentrum der Bühne nah beieinandersitzen, sondern an den äußeren drei Seiten eines zum Zuschauerraum offenen Rechtecks. *Die Bühne ist leer* – wenn man von der kleinen Bronzestatue Hanns Eislers einmal absieht. Der Sänger ist kein ausgebildeter Sänger, sondern ein Schauspieler, Josef Bierbichler, der nicht solistisch an der Rampe steht, sondern unauffällig zwischen den Musikern auf den Bänken sitzt, Das Publikum wird sich den leisen Bierbichler suchen müssen und ihn finden.

Nicht einmal die Instrumentengruppen, die auf besonders intime Weise miteinander spielen und atmen müssen (wie die Streicher), sitzen eng zusammen, sondern auf den äußeren, voneinander entferntesten Punkten des Rechtecks. Das heißt, der musikalische Verständigungsprozess über Einsätze, Tempowechsel und Phrasierungen, der unter diesen erschwerten Bedingungen stattfindet, wird über eine leere Bühne hinweg den Zuhörern/Zuschauern mitgeteilt. Das leere Zentrum wird für das Publikum zur Einladung, und selbst das Privateste, so wie zum Beispiel eine unveröffentlichte, melancholische Streichquartettskizze Eislers, wird, so könnte man sagen, *vergesellschaftet.*

Verschiedene Faktoren eröffnen hierbei den Raum, den ich *als Einladung für den Zuschauer* beschreiben würde: die leere Bühne, die Abwesenheit eines Dirigenten, die Zurücknahme und die Zurückhaltung des Sängers, die Mikrophonierung und Verstärkung, die den Klang von der Bildfläche trennt, die Entfernung der Musiker voneinander und die zusätzliche Trennung der Instrumentengruppen. Der Abstand zwischen den Musikern wird zu einer sichtbaren Lücke.

Klavier und Flügel spielen meist identisches Material, sitzen aber weit rechts und links an den Rändern und sogar mit dem Rücken zur Bühne, d. h., sie können sich nur über kleine Rückspiegel verständigen. Trotz manchmal verblüffender Einfachheit im musikalischen Satz, zum Beispiel bei Eislers Wiegenliedern, wird damit das Zusammenspiel äußerst fragil und bleibt auch nach fünfzig Aufführungen noch aufregend. Es ist „das Einfache, das schwer zu machen ist“ (Brecht) oder wie die Ensemble-Musiker zu sagen pflegen: „Das ist unser Haydn.“

Hinzukommt eine Materialbreite, deren Spektrum vom homophonen Kinderlied bis zur komplexen Orchestersuite reicht. Ich habe darauf verzichtet, den Musikern fertige Stimmen vorzulegen, sondern ihnen stattdessen (z. B. bei den Liedern) die Klavierfassung gegeben, die allen Musikern gleichermaßen Einblick in den gesamten Aufbau der Komposition erlaubt. Auf diese Weise konnte ich sie in Fragen des Arrangements kreativ einbeziehen. „Wer spielt die Mittelstimme? Fagott, nein?" – „Das mach' ich auf dem Cello" usw. Darüber hinaus gibt es noch für einige der Instrumentalisten improvisatorische Anteile, die eine genaue Kenntnis des Materials, über das improvisiert werden soll, voraussetzen.

Über die vielen kleinen rhythmischen Ungenauigkeiten und Abweichungen, die diesem Aufbau geschuldet sind, wird auch die Fragilität spürbar. Zunächst dachte ich, das Zusammenspiel sei so schwer, weil sich die Musiker aufgrund der Entfernungen kaum gegenseitig hören können. Das mag sicher einer der Gründe sein. Nicht zu unterschätzen ist aber auch, dass hier lauter Individualisten sitzen, die um das *richtige* Tempo ringen, das auf diese Weise quasi in jedem Takt neu ausgehandelt wird. Ein Dirigent, der das geradebiegen und die Blicke des Publikums zentrierend auf sich ziehen würde, brächte uns genau um das Vergnügen, diesen Prozess mitzuerleben. So spürt man die Ermächtigung aller und nimmt an ihrem Handel um den gemeinsamen Puls teil. Hier kommt also einiges zusammen: die Struktur des Ensembles mit der Haltung des Komponisten und der Inszenierung der Aufführung.

„In seiner Ästhetik verschmelzen musikalische Sachkenntnis und politisches Denken. Dieses wie jene ist auf der Höhe der historisch reifsten Fragestellungen"[1] schrieb der Musikwissenschaftler Günter Mayer über Hanns Eisler. Und etwas Ähnliches passiert hier auch im Ensemble Modern. Hier trifft sich der politische Anspruch Eislers, Musik als historisch und gesellschaftlich zu verstehen und dabei nichts außer Acht zu lassen, mit der Selbstermächtigung des Ensembles. Sein berühmt gewordenes Bonmot „Wer nur von Musik etwas versteht, versteht auch davon nichts" ist beim Ensemble Modern seit 25 Jahren längst eingelöst. Ohne ideologisches Dogma, ganz nebenbei, weil es sich damit besser musizieren lässt. Ich bin mir fast sicher, *Eislermaterial* funktioniert gegen all die errichteten Widerstände nur, weil das Ensemble genau die von Eisler geforderten Qualitäten hat und über selbstorganisierende Kräfte verfügt. Wie kann man das am besten benennen?

Es gibt, auch darauf weist Günter Mayer hin, bei Hanns Eisler einen emphatischen Begriff von *musikalisch-technischen Produktivkräften,* unter dem ich mir, als ich vor dreißig Jahren an meiner soziologischen Diplomarbeit über die kompositorischen Maßnahmen Hanns Eislers arbeitete, nicht viel vorstellen konnte.

Heute ist dieser der politischen Ökonomie entliehene Terminus völlig aus der Welt gefallen, denn wenn ich jetzt bei Google „technische Produktivkräfte" eingebe, lande ich direkt auf der Website der Peking Rundschau, dem Zentralorgan der Kommunistischen Partei Chinas, mit dem Bericht auf dem XVI. Parteitag: „Eine Gesellschaft mit bescheidenem Wohlstand umfassend aufbauen!" Oh mein Gott, das hab ich wirklich nicht gewollt. Ansonsten hätte der Begriff von *musikalisch-technischen Produktivkräften* ja einiges für sich: Er bricht das romantische Künstlerbild mit dem Begriff des *Technischen* auf die ungeheure Arbeit herunter, die auch eine *musikalische* Produktion bedeutet. „Das komponierte und klanglich realisierte musikalische Kunstwerk geht in allen seinen Eigenschaften aus einem Arbeitsprozeß hervor. [...] Dieser selbst ist die bewegte Einheit jener wesentlichen Momente, die zu jedem Arbeitsprozeß gehören: des Arbeitsmaterials, der Arbeitsmittel und der lebendigen Arbeit."[2] Zugleich liegt in der Aura des Begriffs ein Geheimnis um die *Produktivkräfte.* Es schwingt darin mit, dass etwas Utopisches möglich wird, von dem der Einzelne – mich als Komponisten und/oder Regisseur eingeschlossen – noch kein Bild hat. Manchmal bin ich geneigt, die Selbstverwaltung im Ensemble als Qualitätssprung zu bezeichnen. Vielleicht weil hierbei Kräfte frei werden, die schwer zu erklären, nicht zu simulieren und auch auf andere Weise nicht freizusetzen sind. Es ist nicht einfach nur Neugier und Kreativität, die ich in der Arbeit erlebt habe, es ist nicht nur die ehrgeizige und selbstkritische Virtuosität, nicht einfach nur Verlässlichkeit und Selbstverantwortung.

Es ist eine selbstorganisierende Kraft, die nach einem Zwanzigstundentag – der um sechs Uhr mit dem Aufstehen beginnt, mit einem Flug von Frankfurt nach Moskau, stundenlangem Warten bei der Einreise am Zoll und einer zweistündigen Busfahrt durch den Schnee bis zum Abend weitergeht und der nach einer vierstündigen Probe im Bolschoi Theater, unter den erschwerten Bedingungen der dortigen Apparatschiks, gegen die sich deutsche Bühnenmeister wie hilfsbereite Krankenschwestern ausnehmen, schließlich weit nach Mitternacht endet – die also nach einem Zwanzigstundentag noch gutgelaunt ins Hotel schwankt, um am nächsten Abend eine wunderbare Aufführung hinzulegen. Das macht glücklich.

1 Günter Mayer: *Weltbild – Notenbild. Zur Dialektik des musikalischen Materials*, Leipzig 1978, S. 101.
2 Ebd., S. 122.

„FRAGEN SIE MEHR NACH ALAIN ROBBE-GRILLET“

Über *Letztes Jahr in Marienbad*

Es gibt ein Buch mit den wunderbaren Gesprächen, die der Dramaturg Hans Bunge mit dem Komponisten Hanns Eisler geführt hat, mit dem Titel *Fragen Sie mehr über Brecht.*[1] Dieses Buch hat in den 1970er Jahren mein Leben verändert – bis hin zu der Entscheidung, nach einem abgeschlossenen Studium der Soziologie noch Musik zu studieren und letztlich Komponist zu werden.

Auf ähnliche Weise bedeutsam und weichenstellend war für mich Anfang der 1990er Jahre die Begegnung mit dem Werk – und später immer wieder auch mit der Person – Alain Robbe-Grillets. Zunächst war es die faszinierende Erfahrung des Romans *La Jalousie*, der bald die Lektüre aller Bücher folgen sollte, die Robbe-Grillet je geschrieben hatte. Und dazwischen war es immer wieder der Film *Letztes Jahr in Marienbad* von Alain Resnais und Alain Robbe-Grillet. Die Gespräche zwischen Bunge und Eisler wurden übrigens zur selben Zeit geführt, in der auch dieser Film entstand. Aber ich möchte meinen Beitrag aus einem anderen Grund „Fragen Sie mehr nach Alain Robbe-Grillet“ nennen: um die Autorschaft des Films zu problematisieren, die meist und ausschließlich Alain Resnais zugeschrieben wird.

Alain Resnais hatte zum Zeitpunkt der Zusammenarbeit 1959/1960 viele Kurzfilme gedreht – und für *Nuit et Brouillard* (Nacht und Nebel) übrigens auch mit Hanns Eisler zusammengearbeitet; mit *Hiroshima, mon amour* nach einem Drehbuch von Marguerite Duras hatte er gerade seinen ersten großen Spielfilm produziert – sehr erfolgreich und preisgekrönt. Damit gehörte er zu den Initiatoren dessen, was man begann, als *Nouvelle Vague* zu bezeichnen; genauer: Er wurde damals mit Chris Marker und Agnès Varda sogar der als noch experimenteller eingeschätzten Gruppe *Rive Gauche* zugerechnet.

Alain Robbe-Grillet, gleichaltrig, Jahrgang 1922, hatte bis dahin mehrere kontroverse, aber auch gefeierte Romane veröffentlicht und quasi mit dem *Nouveau Roman* eine neue literarische Gattung abseits traditioneller Erzählformen entwickelt.

In der Einleitung zu dem auch als *cine-roman* erschienenen Band *L'Année dernière à Marienbad*[2] spricht er von einer „vollkommenen Übereinstimmung“ mit Resnais. Er bewunderte an Resnais die strenge Komposition seiner Filme, „die frei war von der übertriebenen Sorge zu gefallen. Ich erkannte darin meine eigenen Bemühungen um eine etwas zeremoniöse Gründlichkeit wieder, eine gewisse Langsamkeit und einen Sinn für das Theatralische, manchmal sogar jene Starrheit der Haltungen, jene Strenge der Gesten, der Worte, und des Dekors, die gleichzeitig an eine Statue und eine Oper denken lassen.“ Geradezu paradox mutet an, dass beide „quasi in der Praxis nie zusammengearbeitet haben“. Robbe-Grillet war nie am Set.

Aber auch von Brecht und Eisler ist überliefert, wie bei aller langjährigen Kooperation die Unabhängigkeit des Arbeitens nie in Frage stand. Es gibt zum Beispiel einen Brief, in dem Brecht Hanns Eisler einen Text zur Vertonung schickt, um dann – selbst mit Bezug auf die endgültige Form des Textes, eventuelle Kürzungen, rhythmische Entscheidungen usw. hinzuzufügen: „It's up to you!“[3]

An dieses „It's up to you“ musste ich denken, als ich mich jetzt über den Arbeitsprozess zu informieren versucht habe – aus der Perspektive Robbe-Grillets, auch wenn er diese etwas umdreht: „Was ich schrieb, schien er bereits im Kopf gehabt zu haben, was er bei den Dreharbeiten hinzufügte, war immer noch das, was ich hätte erfunden haben können.“[4]

„Wir hatten sogar die Absicht, unsere Namen gemeinsam unter das Ganze zu setzen, ohne dabei Drehbuch und Inszenierung voneinander zu trennen.“ Warum es dazu und auch zu einer weiteren Zusammenarbeit nicht mehr kam, obwohl Resnais anfangs die Absicht hatte, alle vier ursprünglichen Drehbuchentwürfe Robbe-Grillets und noch zwei seiner Romane zu verfilmen, dazu schweigt er.

Wie wir mit Sicherheit sagen können, kann von der klassischen Arbeitsteilung zwischen Autor und Regisseur bei diesem Film nicht die Rede sein. Ich werde versuchen, das später anhand einiger Beispiele zu entwickeln.

Was *Letztes Jahr in Marienbad* so unwiderstehlich macht, ist charakteristisch für die Konstruktion schon der frühen Romane Robbe-Grillets *Les Gommes* 1953, *Le Voyeur* 1955 oder *La Jalousie* 1957, aber auch für *Projet pour une révolution à New York* 1970 und *Djinn* 1981: Sie alle kreisen jeweils um ein leeres Zentrum, das er mit Schreibstrategien umzingelt und das sich erst beim Lesen in Wahrnehmung und Imagination auf individuelle Weise zu bilden beginnt. In *La Jalousie* ist die Motivik dem Film nicht unähnlich – der deutsche Titel lautet „Die Jalousie oder die Eifersucht“, weil die französische Sprache und der Titel des Originals nur ein Wort für beides kennen: „La Jalousie“. In diesem Roman ist immer nur vom Sonnenschutz in einem Landhaus die Rede, nie von der Eifersucht. In dem Aufsatz „Der Raum als Einladung“[5] habe ich bereits genauer entwickelt, wie durch den Verzicht einer Darstellung von Emotionen das, was sich *nicht* ereignet, gewaltiger und für die Imagination der Leser ‚persönlicher‘ ist als alles, was uns der Autor/Erzähler dort hätte hinschreiben können.

Wir werden dabei aber nicht mehr von einer verlässlichen Erzählinstanz geführt – wie man sie von traditionellen Romanen kennt –, man wird ohne die Autorität eines allwissenden ‚objektiven‘ Erzählers einer subjektiven Stimme überantwortet, der nicht zu trauen ist. Die Erzählinstanz, das Organisationsprinzip selbst, ist dezentriert, sie zerstückelt, bricht ab, setzt neu an, … Das geschieht alles im Modus der Diskontinuität, in einer Aneinanderreihung von Augenblicken mit Fragmenten, Verdoppelungen, Verwechslungen, Wiederholungen. Nicht selten hat man den Eindruck, man habe diesen Abschnitt schon einmal genau so zuvor gelesen, oder auch doch irgendwie anders?

Dazwischen Lücken, die immer wieder zu der Spannung im Text beitragen.

Robbe-Grillet hat sich in seinem Kieler Vortrag „Warum und für wen ich schreibe“ bewundernd über das Gelingen von *L'Amant / Der Liebhaber,* einem Roman von Marguerite Duras, geäußert und es mag auch für *La Jalousie* stimmen: wenn er von Fragmenten spricht, „die ganz unvermittelt im Text auftauchen. Sie scheinen […] nach einem Platz für sich zu suchen. Es bilden sich ‚leere‘ Stellen im Text […] Etwas im Text verlangt gleichsam ununterbrochen nach einer möglichen Kontinuität. Doch diese Kontinuität wehrt sich beständig dagegen, zu einem einzigen festen Bild zu gerinnen. So kommt es dazu, dass aus den in Bewegung geratenen Bruchstücken zwar ein Bild auftaucht, dass sich hierauf aber diese Teile erneut bewegen, bis ein anderes Bild entsteht, so als müsste die Wahrheit des Sprechenden unentwegt neu geschaffen werden.“[6]

Literatur ist für Robbe-Grillet das Streben nach einer unmöglichen Repräsentation. „Alle Realität ist unbeschreibbar, und ich weiß instinktiv, das Bewusstsein ist strukturiert wie unsere Sprache […], nicht aber die Welt und nicht das Unbewusste. Mit Worten und Sätzen kann ich weder repräsentieren, was ich vor Augen habe, noch was sich in meinem Kopf verbirgt oder in meinem Geschlecht. […]

Das ideologische Gesetz, dass das allgemeine Bewusstsein und die organisierte Sprache regiert, wird mir dann keine Last, kein Prinzip des Misslingens mehr sein, denn ich werde es nunmehr auf den Zustand des Materials reduziert haben.“[7]

Das zu lesen war übrigens für mich als Theatermacher, der der Repräsentation auf der Bühne zutiefst misstraut, höchst aufschlussreich und wurde zu einer brauchbaren Devise.

Textpassagen aus diesem Roman werden übrigens in meiner Ensemble-Komposition *La Jalousie – Geräusche aus einem Roman* von einem der Musiker gesprochen. Als 1992 nach der französischen Erstaufführung dieses Stücks beim Pariser Festival d'Automne im Théâtre du Rond-Point ein älterer, bärtiger Herr mit roten Schal auf mich zukam und mir jemand zuflüsterte, „Das ist Alain Robbe-Grillet“, erbleichte ich, denn ich hatte mich – wie so oft – nicht um die Rechte gekümmert und fürchtete ein Donnerwetter. Aber stattdessen umarmte er mich und wir blieben für viele Jahre in Kontakt. Er mochte nicht nur diese Komposition, hat darüber verschiedentlich in Vorträgen gesprochen, er war auch von *Ou bien le débarquement désastreux*[8] begeistert, das er im Théâtre des Amandiers, Paris-Nanterre, sehen konnte, und zum letzten Male trafen wir uns 2005 in Caen, anlässlich eines Gastspiels meiner Oper *Landschaft mit entfernten Verwandten*[9].

Vielleicht schauen wir zunächst noch auf einen kleinen Abschnitt aus *La Jalousie*, der uns auf die medialen Verschiebungen vorbereiten kann, die auch Robbe-Grillets Drehbuch zum Film kennzeichnen. Es geht um die Autofahrt, die A., die Gattin des Erzählers, mit Franck, einem Freund des Hauses, in die Stadt unternimmt, „um Besorgungen zu machen“. Diese Fahrt erfährt in der Imagination des Erzählers eine dramatische Zuspitzung:

> In seiner Hast zum Ziel zu gelangen, beschleunigt Franck die Fahrt noch mehr. Die Stöße werden heftiger. Er fährt trotzdem immer schneller. Er hat in der finsteren Nacht das Loch übersehen, das die halbe Fahrbahn aufreißt. Der Wagen macht einen Satz und gerät ins Schleudern … Auf dieser schadhaften Straße kann der Fahrer nicht rechtzeitig gegensteuern. Die blaue Limousine fährt am Straßenrand gegen einen Baum mit hartem Laub, das trotz der Wucht des Aufpralls kaum erbebt.

> Sofort lodern Flammen hervor, die den ganzen Busch erstrahlen lassen, während das knisternde Feuer sich weiter ausbreitet. Es ist das Geräusch, das der Tausendfüßler macht, der wiederum regungslos mitten auf der Wand verharrt. Bei näherem Hinsehen gleicht dieses Geräusch ebenso sehr dem Atmen wie dem Knistern: nun ist es die Bürste, die an dem aufgelösten Haar hinabstreicht. Am unteren Ende ihres Weges angelangt, folgt sie sehr schnell wieder der aufsteigenden Bahn des Zyklus, indem sie in der Luft einen Bogen beschreibt, der sie wieder zu ihrem Ausgangspunkt auf dem glatten Haupthaar zurückführt, wo sie von neuem hinabzugleiten beginnt.“[10]

Wir erleben, wie aus einem dramatischen Vorgang zunächst ein Bild wird, dann ein Geräusch, das sich unter unserem Lesen kaum merklich verändert, mehrmals, bis wir wieder beim Haar der Gattin sind, von dem bereits auf Seite zwei des Romans bewundernd die Rede war.

Es ist ein raffiniertes Gleiten, ein *glissement*[11], oder auch Entgleisen, das es uns nicht leichter macht, aus den Puzzleteilen in *La Jalousie* zu einem einheitlichen Bild zu kommen.

„Der Blick des Lesers“, heißt es bei Martin Lindwedel, „wird in einer Art Verführungs-Strategie einer *trompe-l'œil*-Struktur ausgeliefert, die die vermeintlich direkten Wahrnehmungen immer wieder als Wahrnehmungen einer zweiten Ordnung zu erkennen gibt – und damit den Wahrnehmungsprozess selbst reflektiert“.[12]

Lindwedel spielt in seiner Studie über *Robbe-Grillets intermediale Ästhetik des Bildes* allerdings nur auf die Doppelbegabung Autor und Filmemacher, Text und Bild an; er hat nicht gleichermaßen den Übergang ins Akustische im Blick; der kommt auch in der Rezeption der Werke Robbe-Grillets kaum vor. Sehr zu seinem eigenen Bedauern: in einer seiner ‚Automythographien‘ fand ich dazu die Bemerkung zu *La Jalousie*:

„… eine ganz unbeschreibliche Welt, die von den Geräuschen um das Haus gebildet wird. Wie kommt es, daß man so wenig über die Rolle des Hörens in diesem Roman gesprochen hat …?“[13]

Was ich zu Beginn angedeutet habe, formuliert Robbe-Grillet über die Arbeit an *L'année dernière* offensiv als Statement gegen eine in der Filmindustrie verbreitete „Trennung von Drehbuch und Bild, d. h. die Trennung der Fabel vom Stil, kurz: des *Inhalts* von der *Form*.“[14]

Er fühlt sich allein der Form verpflichtet, weil es die Struktur unserer Wahrnehmung ist, die letztlich über das Gelingen unserer Erfahrungen entscheidet. Er kann sich eben „durchaus eine Szene vorstellen, bei der Worte und Gesten besonders wenig Bedeutung haben und in der Erinnerung des Zuschauers völlig zugunsten der Bewegung und der Formen des Bildes verschwinden, die als einzige Wichtigkeit besäßen und allein einen Sinn hätten“[15], und alle die den Film schon gesehen haben, erkennen darin den unmittelbaren Anfang. Sein *ciné roman* beginnt mit der detaillierten Beschreibung der Qualitäten, die er sich von der Vorspannmusik erwartet – als eine romantische, leidenschaftlich bewegte Musik, wie man sie am Schluss von Filmen hört … – er fährt fort mit den exakt definierten Bildern, Einstellungen, Kamerabewegungen, bis es dann schließlich heißt:

> „Die Kamera geht auch über dieses letzte Bild hinweg, ohne innezuhalten, und setzt ihre Bewegung über die Wand hin weiter fort. Gleichlaufend mit der Veränderung des Bildes während des Vorspanns hat sich die Musik allmählich in eine ruhige, ziemlich kräftige, warme, jedoch gleichzeitig neutrale Männerstimme verwandelt, eine schöne geschulte rhythmische Stimme, aus der keine besondere Gefühlsbewegung klingt. Diese Stimme spricht ohne Unterbrechungen, aber obwohl die Musik völlig aufgehört hat, versteht man die Worte noch nicht (oder man versteht sie auf alle Fälle nur sehr schlecht) und zwar infolge eines starken Widerhallens oder eines ähnlichen Effekts (zwei gleiche Tonbänder laufen nicht synchron ab und nähern sich einander zunehmend, bis sie zu einer normalen Stimme zusammenfallen).
> Gerade das macht, daß der Film Kunst ist: er schafft mit Formen eine Wirklichkeit.“[16]

Der Film beginnt programmatisch mit einer Umkehrung der Kräfteverhältnisse und Abhängigkeiten von Text und Bild. Sprache ist nur Klang, Rhythmus, und auf diese Weise will uns Robbe-Grillet quasi von Anfang an befreien von den Fesseln einer linearen Narration, vorbereiten darauf, die ständige Sinnsuche aufzugeben, und dazu überreden bereit zu sein unsere hierarchisch organisierten Wahrnehmungsmodi auf den Kopf stellen zu lassen.

Oder wie es Susan Sontag formuliert: „Aus verschiedenen Interviews läßt sich schließen, daß Resnais und Robbe-Grillet *L'année dernière à Marienbad* [Letztes Jahr in Marienbad] bewusst so konzipierten, dass der Film eine Vielzahl von gleichermaßen einleuchtenden Deutungen zulässt. Dennoch sollte man der Versuchung, ihn zu interpretieren, widerstehen. Das Entscheidende in Marienbad ist die reine, unübersetzbare sinnliche Unmittelbarkeit einiger Bilder dieses Films und die rigorosen, wenngleich begrenzten Lösungen, die er für gewisse Probleme der filmischen Form anzubieten hat."[17]

Ein weit späteres Beispiel aus Robbe-Grillets Drehbuch gibt uns Einblick in die Präzision seiner Vorgaben:

> *Die Musik ist zu Ende gegangen, als ob eine der Lücken der Partitur sich unendlich ausdehnte. Der Anfang dieser Einstellung ist daher vollkommen stumm. Dann hört man ein Klopfen an der Tür, erst sehr diskret, dann etwas kräftiger.*
> *Als das Klopfen ertönt, dreht sich A. rasch um, bleibt aber stumm. Wie auf der Lauer stehend, dann geht sie geräuschlos über den Teppich zu dem Frisiertischchen. Während sie sich dort niederlässt, klopft es abermals. Ohne eine Antwort zu geben, ergreift sie ihre Haarbürste und beginnt ihr Haar zu lösen. Beim Geräusch der sich öffnenden Tür hebt sie den Blick seitwärts zu dem Spiegel, der sich über der Kommode befindet, sogleich wechselt die Einstellung und zeigt die andere Seite des Zimmers.*
> *M. Steht noch an der Tür, die er schon hinter sich geschlossen hat […]*

M: Ich habe geklopft … haben Sie nicht gehört?
A: Doch. Ich habe herein gesagt.
M: Ach so … Sie können es nicht sehr laut gesagt haben.
Was ist das für eine Photographie?
A: Das sehen Sie doch … eine alte Photographie von mir.
M: Ja. Von wann ist sie?
A: Ich weiß nicht … Vom letzten Jahr? …
M: Ah. Wer hat sie denn gemacht?
A: Ich weiß nicht … vielleicht Frank …
M: Letztes Jahr war Frank nicht hier.
A: Nun, vielleicht war es nicht hier … Es war vielleicht in Friedrichsbad …
Oder es war jemand anderes.
M: Ja … ohne Zweifel. Was haben Sie heute nachmittag gemacht?
A: Nichts … Ich habe gelesen …
M: Ich habe Sie gesucht … Waren Sie im Park?
A: Nein, im grünen Salon … neben dem Musiksaal.
M: Ach so … Ich bin doch dort vorbeigekommen.

A: Hatten Sie mir etwas zu sagen?
M: Nein. Sie sehen besorgt aus.
A: Ich bin ein bißchen müde ...
M: Sie sollten sich ausruhen. Vergessen Sie nicht, daß wir deswegen hier sind.
Haben Sie etwas verloren?
A: Nein ... Vielleicht ein paar Perlen ... Ich habe das kleine Armband kaputtgemacht.
M: Das ist nicht so schlimm ... Sie wissen doch, daß sie unecht sind.
A: Ja. Gehen Sie?
M: Ich werde vielleicht zum Schießstand gehen.
A: Um diese Uhrzeit?
M: Ja. Warum nicht? Anderson kommt morgen an ... Wir essen mit ihm zu Mittag ... falls Sie keine anderen Pläne haben?
A: Nein ... sicher ... welche Pläne?
M: Dann bis heute abend.[18]

Diesen Dialog zwischen A. und ihrem Mann M., der sich danach entwickelt hat, habe ich Mitte der 1990er in einem Musiktheaterstück aufgehoben mit dem Titel *Die Wiederholung / La Reprise*[19] – nach Motiven von Sören Kierkegaard sowohl aus dessen gleichnamigem Essay als auch aus dem *Tagebuch eines Verführers*; zugleich mit Dialogen aus mehreren Romanen von Alain Robbe-Grillet und mit Samples von Prince und dessen Song *Joy in Repetition*.

In einer der vielen Szenen taucht allein dieser Dialog aus *Letztes Jahr in Marienbad* dreimal in wechselnden Konstellationen und Sprachen auf, auf Deutsch, auf Französisch, auf Englisch. Auf der Bühne sitzt die kanadische Pianistin Marie Goyette am Flügel; sie spielt nach ein paar Akkorden von Prince ein Intermezzo von Brahms; der flämische Schauspieler Johan Leysen tritt dazu, der amerikanische Gitarrist John King unterbricht die Szene ...

Als Alain Robbe-Grillet 1995 zur französischen Erstaufführung in Paris zum *Théâtre des Amandiers Nanterre* kam, schenkte ich ihm den Essay *La Reprise* von Kierkegaard in französischer Sprache. Er kannte den Essay nicht, hatte Kierkegaard aber bereits in seinem Erstlingswerk *Un Régicide* (1949) zitiert. Und ich darf mich glücklich schätzen, dass dieser Essay – und, wie er selbst sagte, auch der Eindruck unserer Aufführung – ihn dazu inspiriert haben, wenige Jahre später wieder einen Roman zu veröffentlichen – nach zwanzigjähriger Pause zum ersten Mal – mit dem Titel *La Reprise.*[20]

Zurück zum Film: Ich werde den Inhalt nicht wiedergeben. Man muss ihn sehen. Dieser Film braucht wahrlich keine Einführung. Es ist mit allen seinen Rätseln ein Kunstwerk, dem wir uns möglichst unverstellt gegenüber sehen können. Und immer wieder anschauen. Selbst die Inhaltsangabe, die Robbe-Grillet in seiner Einleitung angibt, „Der ganze Film ist die Geschichte einer Überredung[21], trifft meine Auffassung von dem, was ich sehe und höre und was sich in meinem Kopf abspielt, überhaupt nicht. Wie der Film zu verstehen ist, bleibt nur unserer Imagination überlassen – weswegen selbst viele ernstzunehmenden Versuche, seiner Struktur auf die Spur zu kommen, meines Erachtens zu kurz greifen. Da ist vom Vergleich mit einem Irrgarten die Rede: der Film als Labyrinth, in dem man sich verliert. Oder ein Film darüber, wie der Autor die Kontrolle über seinen Film verliert, der Regisseur sich dem Autor entzieht; der Film als Machtkampf zwischen Alain Resnais und Alain Robbe-Grillet. Andere wiederum vermuten, dass *Der unsichtbare Dritte* von Hitchcock eine wichtige Inspirationsquelle war. Und deshalb Hitchcock in der zehnten Minute kurz als einmontiertes Foto im Bild schwebt. Und dass es sich bei *Shining* von Stanley Kubrick um ein heimliches Remake handelt.

Man kann im Aufbau der Szenen und der jeweiligen Filmmusik auch eine große Symmetrie nachweisen – quasi in U-Form. Und es gibt viele andere (Verschwörungs-) Theorien mehr. Am ehesten überzeugt mich aber die These, der Film drehe das kompositorische Verhältnis von Musik und Bild dadurch auf den Kopf, dass es sich bei der Filmmusik des Messiaen-Schülers Francis Seyrig, des Bruders der Hauptdarstellerin, im Wesentlichen um eine *erzählerische* Musik (in Form von Prosa) handelt, während hingegen die Architektur der Bilder und Szenen einer *musikalischen* Sprache verpflichtet ist – mit Variationen, Symmetrien, Spiegelungen, thematisch-motivischen Veränderungen usw.

> „Wir haben uns jedoch entschlossen, ihm [dem Zuschauer] Vertrauen zu schenken, ihn von Anfang bis Ende in der Auseinandersetzung mit der reinen Subjektivität zu lassen. Damit sind zwei Einstellungen dem Film gegenüber möglich: entweder versucht der Beschauer irgendein ‚cartesianisches' Schema wiederherzustellen, das so linear und so rational wie möglich ist – und ein solcher Zuschauer wird den Film wahrscheinlich als schwierig, wenn nicht

sogar als unverständlich bezeichnen – oder aber er lässt sich von den ungewöhnlichen Bildern, die er vor Augen hat, durch die Stimme der Schauspieler, durch die Geräusche, die Musik, durch den Rhythmus der Montage, durch die Leidenschaft der Hauptgestalten tragen [...] einem solchen Zuschauer wird der Film als der leichtest verständliche erscheinen, den er je gesehen hat: ein Film, der sich nur an seine Sensibilität, an seine Fähigkeit zu betrachten, zu hören, zu fühlen und sich bewegen zu lassen, wendet.“[22]

1 Hanns Eisler: *Fragen Sie mehr über Brecht. Gespräche mit Hans Bunge,* Leipzig 1975.

2 Alain Robbe-Grillet: *Letztes Jahr in Marienbad,* München 1961, S. 5–14.

3 Bertolt Brecht: *Werke. Große kommentierte Berliner und Frankfurter Ausgabe Bd. 29. Briefe 2. Briefe 1937–1949,* hg. von Werner Hecht, Jan Knopf, Werner Mittenzwei, Klaus-Detlef Müller, Frankfurt am Main 1998, S. 453–454.

4 Alain Robbe-Grillet, a.a.O.

5 Heiner Goebbels: „Der Raum als Einladung“, in: ders.: *Ästhetik der Abwesenheit,* Berlin 2020, S. 82.

6 Alain Robbe-Grillet: „Warum und für wen ich schreibe“, in: Karl Alfred Blüher (Hrsg.): *Robbe-Grillet zwischen Moderne und Postmoderne: „nouveau roman“, „nouveau cinéma“ und „nouvelle autobiographie“,* Tübingen 1992, S. 33.

7 Ebd.

8 Heiner Goebbels: *Ou bien le débarquement désastreux,* Musiktheater, Paris 1993.

9 Heiner Goebbels: *Landschaft mit entfernten Verwandten,* Musiktheater mit dem Ensemble Modern, Genf 2002.

10 Alain Robbe-Grillet: *Die Jalousie oder die Eifersucht,* Stuttgart 1992, S. 92f.

11 *Glissements progressifs du plaisir* ist ein weitere Ciné-Roman und ein Film, den Alain Robbe-Grillet 1973/74 veröffentlicht hat.

12 Martin Lindwedel: *Alain Robbe-Grillets intermediale Ästhetik des Bildes,* Dissertation Universität Hannover 2005, S. 2.

13 Alain Robbe-Grillet: *Der wiederkehrende Spiegel,* Frankfurt am Main 1989, S. 38.

14 Ebd., S. 110ff.

15 Alain Robbe-Grillet: *Letztes Jahr in Marienbad, a.a.O.,* S. 5.

16 Ebd., S. 17.

17 Susan Sonntag: „Gegen Interpretation“, in dies.: *Kunst und Antikunst. 24 literarische Analysen,* Reinbek bei Hamburg 1968, S. 14.

18 Alain Robbe-Grillet: *Letztes Jahr in Marienbad,* a.a.O. S. 110ff.

19 Heiner Goebbels: *Die Wiederholung / La Reprise / The Repetition,* Musiktheater, Frankfurt am Main 1995.

20 Alain Robbe-Grillet: *Die Wiederholung,* Frankfurt am Main 2002.

21 Alain Robbe-Grillet: „Warum und für wen ich schreibe“, a.a.O., S. 9.

22 Alain Robbe-Grillet in Enno Patalas (Hg.): *Spectaculum. Texte moderner Filme 2,* Frankfurt am Main 1964, S. 218f.

THÉÂTRE VIDY-LAUSANNE

Für René Gonzalez

Eine Ausnahmefigur, der unmögliches Theater auf unmögliche Weise möglich gemacht hat. Ein Literat, Theater- und Musikliebhaber, ein Intendant, ein Zirkusdirektor, Cowboy und Pferdehändler, leidenschaftlich, ungerecht, empfindsam, irrational, kleinlich, großzügig, aber dennoch nicht stur (wenn man etwas Geduld hatte …) – und das war seine große Qualität: Offenheit trotz Leidenschaft. Natürlich wusste er mit seiner riesigen Erfahrung besser, was Theater ist und wie es geht, aber er war auch immer in der Lage, diesen Blick mit einem großen Gespür für die Wirkungen dieser lebendigen Kunstform zu verändern.

Wir haben fünf Musiktheaterstücke zusammen gemacht – sein Theater ist seit 15 Jahren meine Heimat. Aber zu jeder neuen Produktion musste ich bei ihm erstmal große Zweifel und Widerstände ausräumen: beim ersten (*Max Black*, 1998) konnte er nicht einsehen, dass ein Toningenieur genauso wichtig ist (!) wie der Schauspieler; beim zweiten (*Hashirigaki*, 2000) glaubte er nicht daran, dass man die Performerinnen jedesmal für eine Aufführung aus Japan, Schweden und Berlin zusammenbekommen könnte; beim dritten (*Eraritjaritjaka*, 2004) hat er alle meine ersten Ideen vereitelt und dadurch erst das Stück ins Ziel gebracht; beim vierten (*Stifters Dinge*, 2007) war er dagegen, ein Stück ohne Schauspieler zu machen, das in kein normales Theater passt, sondern Fabrikhallen braucht; und beim fünften (*I went to the House but did not enter*, 2008) hat er nicht damit gerechnet, dass ein weltberühmtes Gesangsensemble bereit wäre, fünfzig Mal Blanchot und Beckett zu spielen.

Aber immer – und jedesmal von Neuem – ging er das Risiko ein, gab er mir die Chance, etwas auszuprobieren, und ließ sich von den ersten Versuchen umstimmen, überzeugen, berühren; dafür schlug er dann seine rechte Hand aufs Herz.

Ich verdanke ihm und seinem Team alles. Fünf wunderbare Produktionen. Schätzungsweise 750 Aufführungen in weißnichtwieviel Ländern. Vor allem aber bin ich froh, vor wenigen Wochen nochmal nach Lausanne gekommen zu sein, um ihn zu sehen, zu sprechen, um sich zu umarmen und voneinander zu verabschieden. Er saß wie immer an seinem Schreibtisch im Théâtre Vidy, au Bord du Lac, hörte gerade eine mir unbekannte Aufnahme eines sehr langsam gespielten Satzes einer Violinsonate von Bach mit Glenn Gould am Klavier, arbeitete unter dem Schutz des Morphiums, um seine Schmerzen auszuhalten, machte Pläne fürs Theater und überredete mich zu einer neuen (kleinen – darauf bestand er!) Produktion in Lausanne für 2014 und war doch sehr klar darin, nicht mehr zu wissen, ob er im September mit nach Oslo kommen könne, wozu ich ihn einladen wollte.

Für die französische Fassung von „Stifters Dinge" hat er mit großem Sprachgefühl und seiner warmen, wunderbaren Stimme die Eisgeschichte aus der „Mappe meines Urgroßvaters" von Adalbert Stifter gelesen. Ich freue mich darauf, ihn dort bald wieder zu hören.

Heiner Goebbels 19.4.2012, am Morgen nach seinem Abschied.

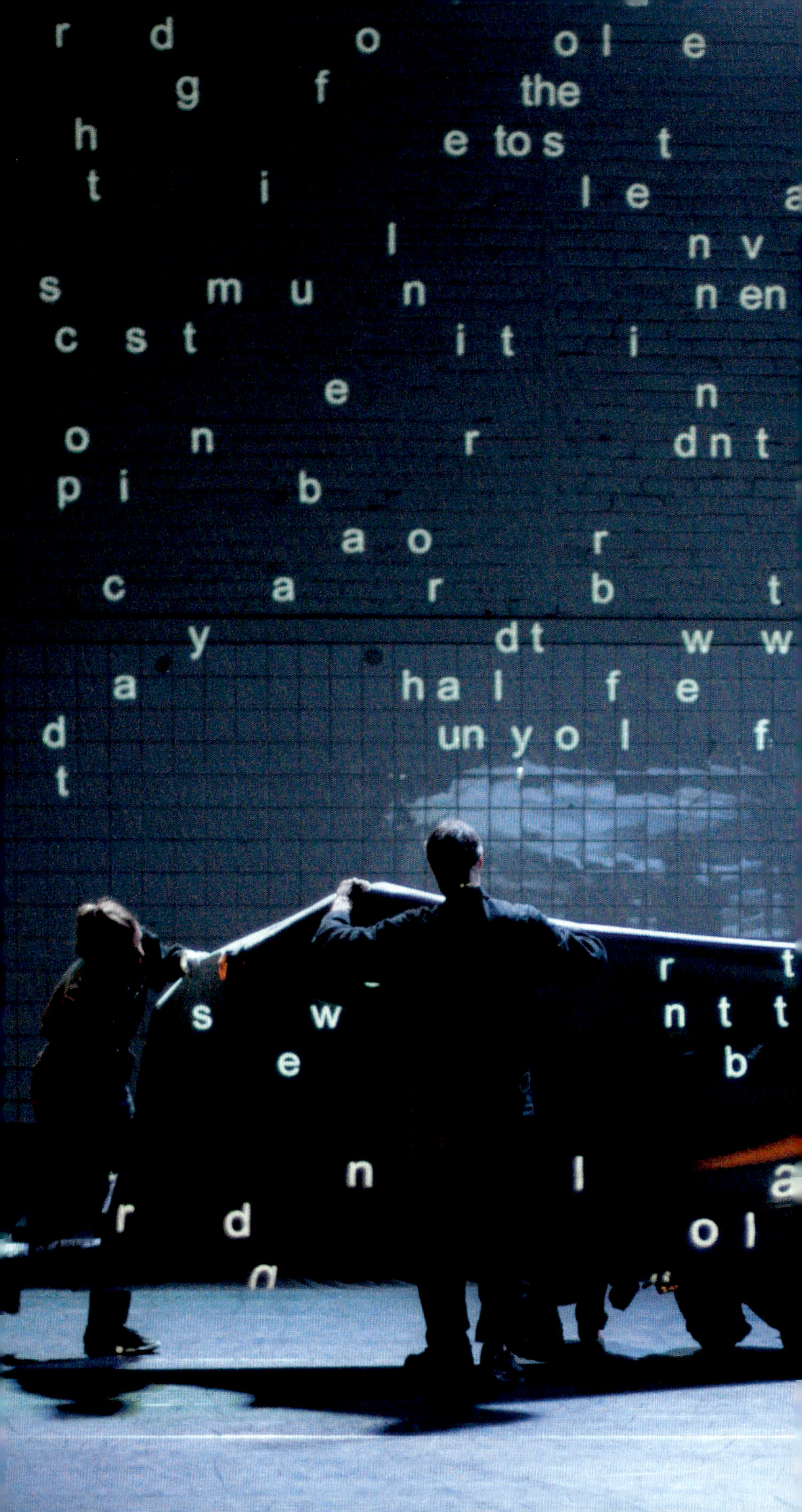
r d o ol e
g f the
h e tos t
t i l e a
l n v
s m u n n en
c s t i t i
e n
o n r dnt
pi b
a o r
c a r b t
y dt w w
a hal f e
d unyol f
t
r t
s w ntt
e b
n l a
r d ol

Texte zur Arbeitsweise

„IN DER NÄHE DER FEHLER LIEGEN DIE WIRKUNGEN“ (BERTOLT BRECHT)

Probenpraxis ohne Vision

Gerne beziehe ich mich mit dem Titel meines Beitrages auch auf Cuqui Jerez, von der wir hier eine Arbeit sehen können und die vor ein paar Jahren ein wunderbares Stück mit dem Titel *The Real Fiction* gezeigt hat. Da ging es überhaupt nur um Fehler und die Rekonstruktion von einer besseren Version ohne Fehler.

Das Zitat selbst ist von Brecht – aber ich glaube, er hat es bei Hegel geklaut – und Heiner Müller hat es immer wieder gern zitiert. Er sprach dabei im Zusammenhang von den Fehlern, die Hölderlin beim Übersetzen aus dem Griechischen passiert sind, und hat dabei das Potential dieser Irrtümer ausgelotet. Ich könnte ihnen auch sehr viele Anekdoten von meinen eigenen Proben erzählen, in denen gerade die Fehler zu wichtigen ästhetischen Weichenstellungen geführt haben. Oder Ihnen auch von Missverständnissen und Zufällen erzählen, zum Beispiel bei einer der ersten Radioarbeiten, die ich gemacht habe. Dafür hatte Thorsten Becker in Berlin Passanten gebeten, Heiner Müllers Text *Verkommenes Ufer Medeamaterial Landschaft mit Argonauten* zu lesen. Das Hören und das Korrigieren der Fehler von Unbeteiligten auf der Straße, denen man einen relativ komplexen Text zu lesen gegeben hat, wurde sowohl zum eigentlichen Genuss des Entdeckens als auch zur Sinngebung bei diesem Hörstück. Aus den ‚Argonauten‘ wurden Abonnenten, Astronauten und vieles anderes mehr im Zusammenspiel der frei werdenden Assoziationen. Letztlich ermächtigt uns erst das Spiel von Sinngebung und Sinnentzug dazu, selbst Sinn zu konstruieren, zu konstituieren und wieder zu hinterfragen, nicht ein vorgegebenes Statement aufzunehmen, sondern selbst aus dem Hören von *Verkommenes Ufer*[1] eigene Bilder zu imaginieren. *Verkommenes Ufer* war 1984 meine erste Radioarbeit.

Schwarz auf Weiß[2] mit dem Ensemble Modern war meine erste größere szenische Arbeit, bei der ich die Musiker zu Performern machen wollte. Das stand im Kontext des Wunsches nach einem Gleichgewicht der künstlerischen Kräfte auf der Bühne. Mein Impuls bestand darin, die Musiker nicht wie sonst üblich in den Graben zu setzen, um einen Solisten oder einen Protagonisten zu begleiten, mit dem sich das Publikum dann identifizieren kann. Sondern ich wollte eine Landschaft von gleichberechtigten Musikern auf der Bühne zeigen, in der die Zuschauer ihren Blick selbst fokussieren und Entdeckungen machen können. Insgesamt hatte ich ca. drei Wochen Proben für eine Arbeit, bei der die Musiker alles selbst ‚performen‘: sie sprechen, tanzen und machen dabei noch Musik, zum Teil auf Instrumenten, die sie vorher noch nie gespielt haben. In der Regel beginne ich ein bis zwei Jahre vorher mit ersten Workshops. Im Falle von *Schwarz auf Weiß* kann man es fast ein ‚Casting‘ nennen, obwohl weder ich noch die Musiker diesen Begriff mochten. Es ging nicht darum, jemanden auszusortieren, sondern um ein persönlicheres Kennenlernen in Einzelgesprächen und Einzelproben. Ich traf mich mit jedem der Musiker ca. eine Stunde, um herauszufinden, welche weiteren Instrumente sie noch spielen können. Gerade diese Instrumente haben die Arbeit dann stark beeinflusst: variable Instrumente, die szenisch einfach zu handhaben sind, wie ein Clavichord, Akkordeon, Didgeridoo, eine Koto etc. Dabei konnte ich auch einiges über Bedürfnisse, Hintergründe und Biografien der Mitglieder dieses international zusammengesetzten Ensembles erfahren. Nach einem Vierteljahr probierten wir erstmals eine Woche lang, fünf Tage am Stück.

Wenn ich mich des Zitats „In der Nähe der Fehler liegen die Wirkungen“ bediene, geht es mir nicht nur um Irrtümer, die man nutzen kann, sondern es geht mir vor allem um die Umkehrung der künstlerischen Strategie. Es gibt Künstler, die haben eine Vision, und versuchen diese gegen alle Widerstände durchzusetzen. Sie wissen quasi vorher, wie das Stück auszusehen hat, und sind am Ende oft unglücklich, weil entweder die Probenzeit oder das Geld nicht reicht, weil der Raum zu niedrig ist oder die Schauspieler nicht in der Lage sind, in die Rolle zu schlüpfen, die der Regisseur für sie vorgesehen hat. Mir geht es um die Umkehrung einer künstlerischen Strategie, indem man mit relativ wenig Visionen und Ideen beginnt. Ich selbst bin nahezu unfähig zur Imagination, deswegen probe ich immer von Anfang an mit allem, mit Licht, mit Verstärkung, mit Kostümen, auch wenn es nur Probenkostüme sind, und mit Blindtexten, wenn ich noch nicht den richtigen Text habe.

Bei den ersten Proben mit dem Ensemble Modern war ich zum Beispiel nicht in der Lage, vorher auch nur eine einzige Note zu komponieren. Völlig verzweifelt dachte ich: „Um Gottes willen, jetzt habe ich dieses teure Ensemble für fünf Tage und habe noch keine Note komponiert." Der Grund ist mir erst in der Arbeit mit den Musikern schlagartig klar geworden. Ich wollte vermeiden, dass sie die ganze Zeit mit den Noten beschäftigt sind, weil ich wusste, mit genügend Probenzeit können sie im Grunde alles spielen. Ich wollte wissen, welche Instrumente – abgesehen von ihren eigenen – sie spielen können, ich wollte an einer Szene arbeiten, in der alle Blasinstrumente spielen oder alle mit Violinen – zwanzig billigen koreanischen Geigen. Ich wollte etwas herausfinden, von dem ich selbst noch nicht wusste, ob sie es können: nämlich wie sie sich bewegen, wie sie mit dem Raum umgehen, wie sie singen, sprechen, wer von ihnen eine sprachliche Begabung, szenische Präsenz hat usw. Deswegen hatte ich Blindtexte dabei, die alle etwas mit Gartenbau zu tun hatten, weil mir etwas vorschwebte, das nicht so aufgeladen ist. Fellini hat meines Wissens manchmal auch so gearbeitet, dass er bei vielen seiner Filme seine Schauspieler einfach nur zählen ließ und später Texte dazu schrieb, die anschließend nachsynchronisiert wurden.

Ich habe eigentlich in dieser einen Woche mit den Musikern zusammen das ganze Stück erfunden. Nach dieser einen Probenwoche starb Heiner Müller, mit dem ich sehr viel zusammengearbeitet habe. Und er hatte mir Jahre zuvor einen Text von Edgar Allen Poe empfohlen und auf Deutsch auf Band gesprochen. Dieser Text, die Parabel „Schatten", handelt von Abwesenheit, und ihn habe ich dann als Grundlage für das Stück genommen. Erst nachdem die Bilder, die Bewegungen und Möglichkeiten die Musiker und mich selbst überrascht hatten, war ich in der Lage, etwas zu komponieren, was schließlich *Schwarz auf Weiß* werden sollte. Den Musikern gegenüber hatte ich bereits zuvor eine Art Programmatik für die Abwesenheit von Theatralität formuliert: „No theatre, stay private, ignore the audience!" In der Probenpraxis ergab sich, definiert durch das Bühnenbild, eine Struktur, die den Musiker als Performer schützt. Es besteht aus drei langen Gruppen von Bänken. Diese Bänke sind festgeschraubt und haben damit ganz nebenbei auch die Funktion, die Bewegungen der Musiker zu choreografieren, damit sie nicht formlos durch den Raum laufen, sondern sich ausschließlich in einem von diesen Bänken vorgegebenen Raster bewegen.

Wir spielen das Stück seit seiner Uraufführung 1996 immer noch, in fast identischer Besetzung. Selbst die Musiker, die mittlerweile als

Dirigenten, Komponisten oder Professoren tätig sind und deswegen das Ensemble verlassen haben, kommen zu den gelegentlichen Aufführungen. Es ist ein Stück, das Bestand hat auch dadurch, dass es mit den individuellen Biografien, Haltungen der Performer entwickelt wurde. Es war ein Kompositions- und ein Inszenierungsprozess, in den wir mit einer relativ großen Offenheit gegangen ist, nicht mit der Vision eines Resultats.

Diese Kompositionshaltung, die von gefundenem Material ausgeht und dieses verändert, überschreitet, in neue Kontexte setzt oder abstrahiert, hat vielleicht erst im 20. Jahrhundert Einzug in die Musik gehalten – zum Beispiel mit der elektronischen Musik oder bei den Komponisten der *musique concrète*. Plötzlich passieren Fehler im Studio, ein Feedback, etwa eine Störung in einem Effekt, der überhaupt erst musikalische Möglichkeiten aufscheinen lässt, auf die man selbst nicht gekommen wäre. Wenn ich alles im Kopf hätte, wie die Genies des 19. Jahrhunderts, würde ich es vermutlich gar nicht niederschreiben. Ich möchte von dem Resultat der Arbeit immer selbst überrascht werden. Jedenfalls kann man in diesen Arbeiten gut erkennen, wie die Probenpraxis auf die Ästhetik einwirkt.

Einige Jahre danach, 1998, wollte ich nach diesem Stück, in dem die Musiker Performer werden, ein Stück entwickeln, in dem der Schauspieler zum Musiker wird. Es wurde *Max Black*[3]. Im Zusammenhang mit dieser Arbeit kann man vielleicht die Einflussnahme der Probenpraxis auf die Ästhetik noch stärker hervorheben. Zu dem Regie-Team gehörten der Toningenieur Willi Bopp, der Bühnenbildner und Light Designer Klaus Grünberg, die Kostümbildnerin Jasmin Andreae, der Feuerwerker Pierre Alain Hubert und der Schauspieler André Wilms. Und als Fragestellung hat mich die Kategorie der „Vagheit“ interessiert – als wissenschaftliche Kategorie ist sie wohl ein Katastrophe, aber wenn man den Rätselcharakter der Kunst im Blick hat, ein künstlerisches Ziel – mit Texten von Paul Valéry, Georg Christoph Lichtenberg, Max Black und Ludwig Wittgenstein.

Ich skizziere die damalige Arbeitsweise etwas konkreter, weil ich an der Seite von bekannten Regisseuren selbst viele Jahre lang Theatermusik gemacht habe, bei Claus Peymann, Manfred Karge und Matthias Langhoff, Ruth Berghaus oder Hans Neuenfels. Ich weiß nicht, wie es heutzutage im Theater zugeht, aber damals waren die Proben von einer hysterischen Ruhe geprägt, bei Peymann ist es wohl immer noch so. Da durfte man praktisch gar nicht atmen. Bei uns am Gießener Institut für Angewandte Theaterwissenschaft ist das nicht so. Und auf den Proben, in denen wir *Max Black* entwickelt haben, wurde aus Prinzip von Anfang an mit allem geprobt, da ich alles immer gleichzeitig erfinden möchte, damit nichts in der Hierarchie hintangestellt wird, kein Element lediglich eine illustrierende und bedienende Rolle hat. Denn alles, was im Theater später hinzukommt, kann nur im Kontext dessen funktionieren, was schon da ist. Also letztlich strukturell nichts mehr verändern. Genau das bewahrheitete sich in diesem Proben-Prozess. Der Schauspieler bekam von mir ein Bündel völlig ungeordneter Texte. Der Toningenieur hatte vorher schon überall Mikrofone versteckt, von denen ich nichts wusste. Der Feuerwerker mixte während der Proben irgendwelche Substanzen zusammen, ging damit zu dem Schauspieler und flüsterte ihm etwas ins Ohr, was wahrscheinlich hieß: „Nachdem du das angezündet hast, gehst du besser mindestens zwei Meter zurück", und Klaus Grünberg, der Bühnenbildner, der zugleich auch Lichtdesigner ist, ging oft mitten in der Probe auf die Bühne, um die Positionen von Scheinwerfern zu verändern oder Tische umzustellen. Der Erfindungsprozess ist ein gleichzeitiger. Wenn man überlegt, dass hinter jedem Element, das auf der Bühne ist – Licht, Ton, Bühne, Schauspieler – dass hinter jedem Element ein anderer Künstler und Techniker im Team steht, der das miterfindet, realisiert man erst, dass es vielleicht ein dreifach polyphoner Prozess ist: Die Stimmen, die die Mitarbeiter im Team haben, realisieren und materialisieren sich in den Bühnenelementen und führen letztendlich auch zu einer Polyphonie von Sinneseindrücken. So entsteht aus dem Gewebe dieser unterschiedlichen Disziplinen und Elemente, Sounddesign, Lichtdesign, Schauspieler, Texte, Körper, Feuer, eine Art Kettenreaktion: aus einem Gedanken wird plötzlich ein Satz, ein Bild oder ein Geruch, wenn ein Feuer angezündet wird, oder ein Klang, in dem der Schauspieler, dessen Geräusche gespeichert und zurückgeworfen werden, seinen eigenen Soundtrack baut. Aus der Summe der Sounds, die der Schauspieler bei seinen Experimenten in diesem Laboratorium erzeugt, entsteht ein strenges, formales, rhythmisches Netz, das ihn in seinem Bewegungsraum und seiner Sprache einschränkt und ihn damit sehr präzise zu einem Rhythmus seiner Aktionen zwingt, bzw. choreografiert.

Das hat im Übrigen mit der Idee der ‚task performance' zu tun, statt mit Identifizierung. Das heißt, mit Schauspielern habe ich nie über

Prozesse der Einfühlung gearbeitet, sondern immer nur über externe Bedingungen, Aufgaben – ob das nun Sepp Bierbichler, Ernst Stötzner oder André Wilms waren. Das heißt, ich habe sie mit Aufgaben umstellt. Mir ging es nie um eine Innerlichkeit auf der Bühne, sondern wenn überhaupt um eine Innerlichkeit auf der Seite der Wahrnehmung und der Zuschauer. Wenn ich will, dass der Schauspieler erschöpft ist, dann gebe ich ihm vorher viel zu tun.

Vielleicht an dieser Stelle auch eine kurze Bemerkung zur Probenpraxis bei *Europeras 1&2* [4] von John Cage. Hier sind die ganzen Beziehungen der unabhängigen Theatermittel über die Stoppuhr geregelt. Das kann ich sehr empfehlen. Ich würde gern mal ein Theaterstück sehen, wo alles präzise per Stoppuhr reguliert ist. Also jeder Gang, jeder Text, jeder Szenenwechsel, jeder Kostümwechsel – wie bei John Cage – dann gibt es keine Psychologie mehr in den Proben. Niemand hat sich bei der Inszenierung dieser Oper bei mir beschwert, weil Cage alle Einsätze von einem Computer ausrechnen ließ: wer wann wo zu sein hat und was er zu tun hat. Deswegen wurde einfach auch nie darüber geredet. Das war eine sehr angenehme Probenpraxis.

Auch auf der Ebene des Visuellen kann das stattfinden, was ich vorhin die Umkehrung der künstlerischen Strategie genannt habe, also nicht mit der Erfindung zu beginnen, sondern auf die Gegebenheiten und auf die Möglichkeiten zu reagieren und diese zu erweitern. Es geht mir also beispielsweise nicht darum, ein Bühnenbild zu bauen, das einen Raum imaginiert, sondern darum, einen existierenden Raum zu nutzen und ihn mit Licht und relativ einfachen Mitteln zu strukturieren. Indem der Raum adaptiert und verändert wird, nutzt man die ihm innewohnenden Kräfte und schafft man die Offenheit gegenüber dem, was auf der Probe entstehen kann. Der Polyphonie von Stimmen derer, mit denen ich so ein Stück entwickle, entspricht wie gesagt auch die Polyphonie der verschiedenen Elemente, die alle ihre Unabhängigkeit behalten. Das Feuer steht dann für sich, ein paar Minuten wird nicht gesprochen und das Feuer produziert ein Bild. Oder der Klang verselbständigt sich gegenüber dem Wort. Deswegen lässt sich auch sagen, dass dem wiederum die Polyphonie der vielen Perspektiven entspricht, die auf dieses Stück geworfen werden können. Das heißt, man kann *Max Black* aus der Perspektive eines Interesses für den Text von Wittgenstein oder Paul Valéry sehen, man kann es mit musikalischen Kriterien betrachten, oder man geht hinein, weil man Theater liebt und den Schauspieler großartig findet, oder weil man sich für die visuellen Eindrücke interessiert. Die Polyphonie erlaubt viele Zugänge zu diesem Stück. Letztlich ist sie das Resultat eines vielstimmigen Probenprozesses, der nicht in einer isolierten, hysterischen Situation nur den Willen eines einzelnen Regisseurs realisiert.

Eines meiner letzten Stücke vor der Ruhrtriennale war 2007 *Stifters Dinge*[5], ein Stück, das ohne jeden Darsteller auskommt. Dabei konnten im Verlauf eines über einjährigen Probenprozesses in sehr enger Zusammenarbeit mit den Technikern des Théâtre Vidy-Lausanne Dinge entstehen, die nicht ich erfunden habe. Ich hatte zum Beispiel den Wunsch geäußert, das Geräusch eines Steines zu hören, aber keine weitere Idee dazu. Ein paar Monate später kam ich wieder nach Lausanne, da hatten die Techniker einen Weg aus Steinen gebaut, über den sie mit einem Motor einen anderen Stein ziehen, der dabei ein kratzendes Geräusch produziert. In solchen Momenten verschwinden die Grenzen zwischen technischer und künstlerischer Zusammenarbeit. „Ich hatte dieses Ding nie so gesehen wie heute." Dieser Satz von Adalbert Stifter, der in der Aufführung nach etwa zwanzig Minuten auftaucht, beschreibt das Prinzip meiner Arbeitspraxis ganz gut. Einerseits habe ich einen großen Respekt vor den Dingen, vor den Techniken, oder vor denen, die dahinter stehen, aber mich interessiert auch, etwas zu entwerfen, was uns fremd bleibt, was auch ich noch nicht gesehen habe, was sich aus der Summe der Stimmen, die in einem Team an einem Werk arbeiten, erst in der Probe entwickelt. Auch die Musik dazu entstand erst, als das ‚Instrument' gebaut war. Und damit ist im Prinzip die ganze Bühne gemeint. Mit Steinen, Metallen, Klavieren, Wasser, Regen, Nebel etc. Das ‚Instrument' war das Resultat einer einjährigen Probenpraxis. Es war nicht die Erfüllung eines kompositorischen Wunsches, dem man versucht, nahezukommen, sondern es war genau das Umgekehrte. Ich hatte plötzlich ein Keyboard, welches mir Hubert Machnik, ein befreundeter Komponist, gebaut hatte, und mit diesem konnte ich sowohl die Klaviere bedienen als auch den Nebel. Ich konnte auf das F# drücken, dann fing der Stein an zu laufen, und bei G# lief er wieder zurück. Ich konnte es sogar regnen lassen. Erst in diesem Moment habe ich begonnen, Musik zu machen.

Es gibt übrigens einen Vortrag von Arnold Schönberg aus den 1930er Jahren, zu seinem Musiktheaterstück *Die glückliche Hand*. Da träumt er von der Möglichkeit „mit den Mitteln der Bühne Musik zu machen“, das heißt, zum Beispiel mit dem Licht kompositorisch umzugehen. Er schreibt von einem Chor und einem Rhythmus aus Licht. Genau das konnte ich mit diesem Keyboard realisiseren und mit dem Licht rhythmisch arbeiten. Schönberg war das noch nicht möglich, der kannte noch kein MaxMSP und konnte sich diese Interfaces noch nicht bauen lassen. Allerdings war auch das Keyboard keine Vision, sondern das Ergebnis eines langen Probenprozesses. Nach den Aspekten von Polyphonie und Probenpraxis möchte ich noch versuchen, den Aspekt des ‚Fehlers‘ etwas genauer zu betrachten und zum Beispiel bei *Max Black* in die Aufführung zu integrieren. Auch bei der Arbeit mit dem Schauspieler. Es ist hoch komplex, was der Schauspieler bei solchen Experimenten zu tun hat, weil er immer im richtigen Moment die richtigen Geräusche verursachen muss, damit der Toningenieur in genau dem Moment das richtige Mikrofon offen hat, und damit der andere Musiker es in diesem Moment live sampeln und wieder zurückwerfen kann. Es ist also ein kompliziertes Dreieck, das jede Souveränität beim Schauspieler verhindert. Das habe ich zu einem Prinzip gemacht, das heißt, die szenische Arbeit, auch die Musik, immer so schwer zu machen, dass sie nie souverän zu handhaben ist. Ein Beispiel von vielen ist *Eislermaterial*,[6] ein Hanns Eisler gewidmetes Konzert, bei dem ich die Musiker so auf die Bühne setze, dass im Grunde das, was ein vertrautes Spiel miteinander sein könnte, unmöglich wird. Normalerweise sitzen Musiker gerne zusammen, atmen gerne gemeinsam, damit sie in großer Nähe musikalisch wie ein Körper agieren können. Ein Streichquartett ist dafür das beste Beispiel. Aber hier, bei *Eislermaterial*, ist es umgekehrt, die Musiker sitzen an den drei Seiten einer leeren Bühne, und sogar die Instrumentengruppen sind auseinandergerissen. Vorne links sitzt der Geiger, auf der rechten Seite sitzt der Cellist und hinten in der Mitte die Bratschistin, also in einer Entfernung von ca. 15 Metern. Die beiden Pianisten spielen mit dem Rücken zur leeren Bühne und haben kleine Rückspiegel, damit sie überhaupt miteinander kommunizieren können. Die Musiker des Ensemble Modern bezeichnen *Eislermaterial* immer als „Das ist unser Haydn“, weil Haydn offenbar das Schwierigste ist; aber sie lieben das Programm, vielleicht auch gerade weil es so fragil ist und weil jedes Mal wieder alles auf dem Spiel steht. Als wir eine Aufnahme gemacht hatten, sagten sie zunächst, „das können wir nicht auf CD veröffentlichen, das wackelt ja“, darauf sagte ich: „Darum geht es ja gerade bei diesem Stück, eben nicht um eine akademische Sicherheit, sondern darum, das fragil zu halten.“ Irgendwann konnte ich sie überzeugen, und es gab sogar eine Grammy-Nominierung. Im Grunde geht es darum, das Zusammenspiel so spannend und schwierig zu machen, dass die Zuschauer den leeren Bühnenraum virtuell besetzen, um möglichst nah an den kommunikativen Prozessen dran zu sein, die die Musiker über große Entfernungen deutlich vermitteln müssen. Das ist nicht nur deswegen so schwierig, weil es bei *Eislermaterial* keinen Dirigenten gibt, sondern auch, weil es ein Solisten-Ensemble ist und jeder eine bestimmte, möglicherweise andere Vorstellung vom Tempo hat. Da kann es schon mal sein, dass die Musiker auf der rechten Seite denken, die auf der linken Seite sind zu langsam, und die auf der linken Seite davon ausgehen, dass die anderen treiben. Deswegen ist es letztlich auch ein Kampf zwischen den Individuen, die hier gemeinsam versuchen, eine Musik rhythmisch zusammenzubringen. Dass es da rhythmisch wackeln kann, mit plötzlichen Beschleunigungen, die nicht unbedingt eine musikalische Logik haben, entsteht letztlich in Auseinandersetzungen, die zwischen den Musikern stattfinden. Selbst nach 50 oder 60 Aufführungen. Auch wenn Sie als Zuschauer gar nicht in unmittelbarer Nähe sitzen, spüren Sie die Fragilität, die sich aus dieser Konstruktion ergibt, und welche Spannung sie produziert. Es kommt vor, dass selbst in den letzten Reihen von 1000 Zuschauern das Publikum auf der vordersten Stuhlkante sitzt, weil genau die Unsicherheit, die Schwierigkeit, die Widerstände, die hier in der Choreografie des Raums errichtet sind, diese Spannung erzeugen.

1 Hörstück von Heiner Goebbels, Text: Heiner Müller, Ursendung: Hessischer Rundfunk, Frankfurt a. M. 1984.

2 Musiktheater von Heiner Goebbels, auf der Grundlage von Texten von Edgar Allan Poe und Maurice Blanchot, Uraufführung am 14. März 1996 im Bockenheimer Depot, Frankfurt a. M.

3 Musiktheater von Heiner Goebbels, auf der Grundlage von Texten von Paul Valéry, Georg Christoph Lichtenberg, Ludwig Wittgenstein und Max Black, Uraufführung am 21. April 1998, Théâtre Vidy-Lausanne.

4 Premiere am 17. August 2012, Jahrhunderthalle Bochum, Ruhrtriennale. Mit den Opernsängern: Yosemeh Adjei, Paolo Battaglia, Benjamin Bernheim, Nikolay Borchev, Ilse Eerens, As-mik Grigorian, Karolina Gumos, Susanne Gritschneder, Liliana Nikiteanu, Frode Olsen. Inszeniert von: Florian Bilbao, Willi Bopp, Stephan Buchberger, Harry Gurtis, Florence von Gerkan, Heiner Goebbels, Klaus Grünberg, Hubert Machnik.

5 Musiktheater von Heiner Goebbels, Uraufführung am 13. September 2007, Théâtre Vidy Lausanne; Licht und Bühne: Klaus Grünberg; Sound: Willi Bopp; Programmierung: Hubert Machnik. Koproduziert vom Théâtre Vidy-Lausanne mit T&M-Nanterre Paris, Schauspielfrankfurt, Berliner Festspiele – Spielzeit Europa, Grand Theatre Luxembourg, Teatro Stabile Turino. Co-comissioned von artangel, London.

6 Musiktheater von Heiner Goebbels, Uraufführung am 21. Mai 1998 im Bockenheimer Depot, Frankfurt a. M., mit dem „Ensemble Modern" und Josef Bierbichler; Bühne und Licht: Jean Kaiman; Regieassistenz: Stephan Buchberger; Musikalische Leitung: Peter Rundel; Sound Director: Norbert Ommer.

ENSEMBLE, TEAM & POLYPHONIE

„... aber bei einer starken künstlerischen Erfahrung ist man immer allein“

Lorenz Aggermann, Eliane Beaufils, Eva Holling
im Gespräch mit Heiner Goebbels

Zunächst möchten wir dich fragen, ob Begriffe von Zusammensein und Gemeinschaft eine Rolle in deiner Kunst spielen? Wenn ja, wie? Und hat sich das über die Jahre geändert?
Heiner Goebbels: Ich möchte auf den Gemeinschaftsbegriff zunächst mal nur von der Produktionsseite her antworten, weil ich glaube, dass man als Zuschauer immer alleine ist bei einer starken künstlerischen Erfahrung, im Moment des Erreicht-Werdens, selbst wenn man dort mit 1000 Leuten sitzt. Im Gegenteil, wenn ein ganzer Zuschauerraum lacht, lache ich bestimmt nicht mit. Im gemeinsamen Reagieren steckt eine Art der Affirmation, die nichts mit einer künstlerischen Erfahrung zu tun hat. Das ist eher ein Missverständnis vieler Zuschauer – das man aber trotzdem nicht unterschätzen und auch nicht darauf festlegen soll –, und vor allen Dingen von vielen Regisseuren, die üblicherweise ein Theater machen, das auf Wiedererkennung beruht – was eine antikünstlerische Strategie ist. Das kann man schon bei John Dewey nachlesen[1]. Wiedererkennen hat nichts mit Kunst zu tun, und genau darauf beruht eigentlich ein Theater voller Klischees und Stereotypen, das uns einen Spiegel der Realität vorhalten möchte.

Eine künstlerische Erfahrung kann immer nur die Erfahrung mit etwas Ungesehenem sein, etwas Fremdem, etwas Anderem oder mit etwas, das außerhalb von einem selbst steht. Und diese Erfahrung hat man nicht zusammen, sondern ist für jeden etwas anderes. Es nützt auch nichts, wenn man es zusammen hätte, denn dann könnte es einen nicht individuell affizieren. Dann überwiegt dieses Zusammensein, das Gemeinschaftsgefühl, die Familiarität, die Vertrautheit, aber nicht das, was einen im Innersten durch eine starke Erfahrung berührt.

Über den Erfahrungsbegriff könnte man noch länger diskutieren, aber Erfahrung muss immer auch etwas mit Durchschreiten, mit Riskieren, mit Gefahr und mit Irritation zu tun haben. Das hat Lacoue-

Labarthe in seinem Buch *Dichtung als Erfahrung*[2] entwickelt. Vielleicht kann man sich, wenn man einer Gefahr gegenübertritt, kurz rückversichern, dass man nicht alleine ist, aber ich glaube, wenn einen das Gefahrvolle dann tatsächlich ‚packt', oder das Fremde / die künstlerische Erfahrung / der künstlerische Eindruck erschüttert – und das meine ich nicht pädagogisch, sondern wirklich auch als Genuss –, dann ist das ein Erlebnis, das man alleine erfährt.

Wenn ihr also nach den Begriffen *Gemeinschaft* oder *Zusammensein* fragt, interessiert mich das vor allem auf der Ebene der Produktion. Darin steckt tatsächlich ein großes Potential. Ich habe lange – in den 1970 und 1980er Jahren – in deutschen Stadttheatern gearbeitet, und da gab es und gibt es ja wie heute den Begriff des *Ensembles*, der zumindest in den 70er Jahren tatsächlich etwas bedeutete, weil er am Schauspielhaus in Frankfurt einer selbstverwalteten Konstruktion entsprach: Die Schauspieler haben über den Spielplan diskutiert und darüber, wer welche Rollen bekommt, haben Stückvorschläge gemacht und abgelehnt, waren also dadurch auch in die Rolle von Produzenten gerückt. Jetzt aber, bei allem, was ich im Theater noch bis in den letzten Jahren an großen Häusern erlebt habe, ist es ein Hohn, von einem *Ensemble* zu sprechen, weil die Schauspieler und Schauspielerinnen z. B. von den Überlegungen des Betriebsbüros, der Dramaturgie, von Besetzungsfragen und von den Vorüberlegungen der Regie und der Intendanz weitgehend ausgeschlossen sind. Ich weiß es aus Erzählung von Regisseuren, aber auch aus eigener Anschauung, dass, wer eingeladen ist, eine Produktion an einem Haus zu machen, oft nicht einmal vorher mit den Schauspielern und Schauspielerinnen Kontakt aufnehmen darf. Ich selbst habe zum Beispiel einer großen Bühne ein halbes Jahr vor einer verabredeten Produktion mitgeteilt, mit welchem der drei mir ‚zur Verfügung' stehenden Schauspieler ich gerne arbeiten möchte. Der Schauspieler hat aber bis eine Woche vor Probenbeginn nichts davon erfahren. Er kannte meine Arbeit, hätte das sehr gerne gemacht, aber trotz (oder gerade wegen) seines persönlichen Interesses sagte er ab, weil ihm die Vorbereitungszeit (zu recht) zu knapp war. Es ist also immer noch Gepflogenheit, die Schauspieler selbst von der elementarsten Partizipation auszuschließen. Deswegen halte ich den herrschenden Ensemble-Begriff für zynisch.

Im Gegensatz dazu habe ich den Ensemble-Begriff produktiv anders erlebt, zum Beispiel in Zeiten des *Sogenannten Linksradika-*

len Blasorchesters oder in meiner Zusammenarbeit mit dem *Ensemble Modern*, das keine künstlerische Leitung hat. Das ist sicher ein kompliziertes Gefüge, das viel mit Kollaboration und Koexistenz und nicht mit nur ‚positiver' Gemeinschaft zu tun hat, sondern sehr konfliktreich sein kann. Dennoch trägt jeder einzelne dieser Musiker und Musikerinnen (oder die jeweils für ein Jahr gewählten Ensemblevertreter) zu den wichtigen Entscheidungen bei, die getroffen werden müssen: was wird gespielt, wo wird gespielt, wie lange wird geprobt, wer dirigiert, wer bekommt einen Kompositionsauftrag etc. Mit einem selbstverantwortlichen Ensemble von Musikerinnen und Musikern zu arbeiten, die an all diesen Entscheidungen beteiligt sind oder selbst entscheiden, macht einen großen Unterschied, verglichen mit einem Ensemble oder Orchester, für das jemand von oben herab entschieden hat.

All die Projekte, die ich mit dem Ensemble Modern gemacht habe, hätte ich in dieser Form mit keinem anderen, also mit keinem nichtselbstverwalteten Ensemble machen können, weil die Projekte viel zu sehr auf Schwierigkeiten, auf ungewohnte Strukturen, Widerstand, auf der Übernahme von ungewohnten Instrumenten oder auf den Verzicht auf einen Dirigenten und stattdessen ganz auf Kooperation setzen. Das war mir nur möglich, weil die Musiker dazu bereit waren, es wollten und selbst entschieden haben, mit mir zu arbeiten. Und wenn ein Problem auftritt, können sie nicht mehr jemand anderen dafür verantwortlich machen, müssen sie es selbst lösen. Wenn ein Instrumentalist nur beauftragt wird, in Moskau zu spielen, morgens um 5 Uhr aufsteht, zum Flughafen fährt und dann in Moskau zwei Stunden im Schnee im Stau steht, um noch bis Mitternacht zu proben, dann schimpft er in der Regel auf denjenigen, der die Planung gemacht hat – inklusive dem Wetter.

Wenn ich aber an der Planung selbst beteiligt war oder dem Risiko zugestimmt habe, finde ich mich bis Mitternacht bei der Probe zwischen gutgelaunten Gesichtern, die alle die Probe zu Ende bringen wollen und sehr motiviert daran arbeiten. Natürlich zielt diese Motivation bis in die musikalische Struktur, in die Intensität der Vorbereitung, die Kooperation zwischen den verschiedenen Instrumentengruppen, die Fülle der Ideen, die Bereitschaft zur ständigen Suche usw. Hier erlebe ich also den Begriff Ensemble sehr positiv, und es hat, wie gesagt, nichts mit Konfliktlosigkeit zu tun, sondern damit, dass es Regeln gibt, wie man die Konflikte auf zivilisierte Weise austrägt. Und die gibt es; das *Ensemble Modern* ist ein Solistenensemble, es sind schließlich alle Solisten, die ihre eigenen Ansprüche haben und eine eigene Auffassung von Ästhetik mitbringen. Das ist ein zeitgenössischer, politischer Ensemblebegriff; einer, der das Wort verdient, weil tatsächlich Entscheidungen, also Mehrheitsentscheidungen getroffen werden, und das muss man mittragen und demokratisch akzeptieren. Wenn also bei einem Projekt 15 dafür sind und vier dagegen, dann machen diese vier trotzdem mit. Denn beim nächsten Projekt ist es vielleicht umgekehrt. Diese Zusammenarbeit habe ich wirklich als glücklichmachende erlebt, immer wieder.

Ich habe für mich in den letzten 20 – 25 Jahren auf einer anderen Ebene vielleicht noch einen weiteren Ensemble-Begriff erlebt: in einem Team, das ich immer wieder mit einer großen Kontinuität für meine Projekte zusammenbringen konnte: mit der Kostümbildnerin Florence von Gerkan und mit dem Bühnenbildner und Lichtdesigner Klaus Grünberg habe ich fast zwanzig Jahre lang zusammengearbeitet, mit dem Toningenieur Willi Bopp und dem Dramaturgen Stefan Buchberger sogar bereits seit 1990, später auch mit Matthias Mohr (Dramaturgie) und René Liebert (Video). Aber dieses Team war nie mit einem Vertrag an mich gebunden, noch war ich es; es hat sich immer als selbst bestimmtes, selbst gewähltes verstanden. Das wird sich auch verändern, da geht die eine oder andere Biografie schließlich einen anderen Weg, aber bisher war das sehr stabil. Das wäre auch ein positiver Begriff von *Ensemble*.

Ich konnte zum Beispiel auch mit dem Schauspieler André Wilms in 25 Jahren vier Produktionen entwickeln, zusammen hatten wir Hunderte von Aufführungen auf der ganzen Welt. Das ist auch ein Begriff von Ensemble, dem wir beide nur durch das Interesse an einer gemeinsamen Arbeit verpflichtet sind. Dadurch entsteht so etwas wie eine Gemeinschaft, die aber immer über die Kunst und das gegenseitige Vertrauen definiert ist. In einem alltäglichen Sinne sind wir keine ‚Freunde', sondern es ist eine über dieses dritte Gut – nämlich die Produktion von gemeinsamen Arbeiten – vermittelte Gemeinschaft. „Meti sagte, dass das Verhältnis zwischen zwei Menschen gut sei, wenn da eine dritte Sache vorliege, der das Interesse beider gelte."[3]

Jetzt wird es interessant, denn diese Art von Gemeinschaft aus selbstbestimmten Individuen, produziert etwas zusammen, das durchaus auch unabhängig voneinander entsteht. D. h., wenn ich an einer Produktion arbeite wie z. B. *Max Black* oder *Stifters Dinge*, dann ‚stifte' ich zwar die Grundidee, mache die Produktion möglich und gebe ihr einen Kern und vielleicht auch eine Form – so begreife ich auch meinen Begriff von Komposition, als ein Komponieren aller Theatermittel –, aber was dann an einzelnen Materialien in dieser Produktion zusammenkommt, kann unabhängig voneinander entstehen. Klaus Grünberg verfolgt eine bestimmte Idee, während ich an einer anderen arbeite, und irgendwann versuchen wir diese beiden Perspektiven zusammenzubekommen, und dann merken wir: Dieses Bild passt nicht zu diesem Text, aber es geht gut mit jener Musik zusammen. D. h., oft entstehen die Materialien unabhängig voneinander und werden dann über mein kompositorisches Verfahren in einen konstruktiven Zusammenhang gebracht.

Das bezeichne ich oft als eine Art von *Polyphonie*, durchaus in einem wörtlichen Sinne von *Vielstimmigkeit*: Es gibt viele Stimmen, die in diesem Prozess mitsprechen, eigenständig, unabhängig – wie in der Musik selbstständig geführte Stimmen –, die alle an etwas arbeiten: der Toningenieur an bestimmten Klangvorstellungen, der Bühnenbildner und Lichtdesigner am Raum und an Lichtideen, die Kostümbildnerin an Kostümideen, der Feuerwerker mit Feuerexperimenten, etc. Das sind im Wortsinn Stimmen von Menschen, Stimmen der Team-Mitglieder.

Auf einer zweiten Ebene dieser Polyphonie sieht und hört man diese Stimmen dann materialisiert in der Arbeit – also als Licht oder Klang, als Kostüm, als Feuer. Man weiß dann zwar nicht mehr, wer sich dieses oder jenes ausgedacht und gemacht hat, aber ich glaube, man spürt, dass die Textur der theatralen Komposition aus unabhängig geführten Stimmen besteht, weil sich diese nicht gegenseitig illustrieren oder unterordnen. D. h., man merkt einer Produktion an, ob sie hierarchisch produziert wurde, oder ob in ihr mehrere, nicht miteinander in einem hierarchischen Verhältnis organisierte Stimmen mit gleicher Wertigkeit zu Wort kommen. Das spürt man auch an den Dingen, an den Theatermitteln.

Und eine dritte Ebene dieser Polyphonie bildet die Möglichkeit, im Publikum diese Stimmen bzw. diese Arbeiten von sehr unterschiedlichen Perspektiven aus zu sehen, d. h., von sehr unterschiedlichen Positionen bzw. ‚Stimmen'. Ich kann mir ein Stück wie *Max Black* anschauen, weil ich Lust auf die Feuereffekte habe, oder weil ich die Texte von Paul Valéry mag, oder weil ich mich für die live gesampelten Klänge interessiere, oder weil ich den Schauspieler verehre, oder weil ich vielleicht von der Bildenden Kunst komme und mich vor allem diese merkwürdigen Bilder interessieren, die da entstehen: der Rhythmus der Aquarien, die den Raum strukturieren, die grüne Farbe, die all den Werkstattteilen gemein ist, in denen der Schauspieler mit seinen Experimenten agiert. Das ist eine Art von Zuschauer-Vielstimmigkeit, die auf die Komplexität der Produktion individuell antwortet.

D. h., die polyphone Gemeinschaft der Produzierenden – in dem Sinne, dass man zwar am selben Thema arbeitet, aber nicht notwendigerweise mit denselben Mitteln und nicht mit denselben Vorstellungen – dieser Gemeinschaft entspricht eine bestimmte Komplexität der künstlerischen Arbeit, und die wiederum lässt eine Gemeinschaft von sehr heterogenen Perspektiven – und Stimmen – im Publikum zu.

Also hast du keine unterschiedlichen Ensemble-/Gemeinschafts-/Polyphonie-Ideen, wenn du in unterschiedlichen Funktionen tätig bist? Ist es so, dass du zu gewissen Zeiten als Komponist alleine arbeitest und als Regisseur zusammen mit anderen?
Diese Funktionen überlappen einander, manchmal. Wenn ich für ein großes Orchester komponiere, dann sitze ich tatsächlich meist alleine zuhause am Klavier oder am Computer. Doch selbst da gibt es dann später Momente der Zusammenarbeit. Es gibt beispielweise Musiker oder Dirigenten, die verteidigen dann in der Probe mir gegenüber die komponierten Noten und sagen: „Aber da steht doch das!“ Und ich antworte dann: „Das ist mir egal, denn das, was Sie gerade gespielt haben, ist viel besser als das, was da auf dem Papier steht.“ Es gibt in der Praxis ein Feedback, aber das ist bei der Orchesterarbeit vom Kompositionsprozess getrennt. Deswegen mag ich das auch nicht so. Ich komponiere nicht so gern für großes Orchester und es ist auch ca. 15 Jahre her, dass ich zum letzten Mal so gearbeitet habe.

Bei kleineren Ensembles, z. B. dem Hilliard Ensemble[4], der London Sinfonietta und dem Orchestra of the Age of Enlightenment[5], dem Ensemble musikFabrik[6], Carmina Slovenica[7] oder dem Ensemble Modern[8], gibt es oft Phasen, in denen wir zusammen Dinge entwickeln und wo ich mit Musikern eher wie ein Regisseur arbeite, und Vorschläge mache wie „probiere etwas anderes“ oder „versuche das von der Ecke aus zu spielen“ usw. Erst *nach* solchen Workshops ziehe ich mich in die Einsamkeit des Komponierens zurück, um so viele dieser Erfahrungen wie möglich zu berücksichtigen.

Und so arbeite ich auch im Theater: Ich arbeite schon zu Beginn mit allen Mitteln gleichzeitig, ich arbeite nie zuerst nur mit dem Text oder nur mit dem Schauspieler. Ich probiere simultan mit Licht, Ton, Verstärkung, Raum, Bewegung – mit allen Mitteln. Es ist zwar eine gigantische Investition (auch finanziell), so arbeiten zu können, aber ich versuche nie von einem Theatermittel zu abstrahieren, während ich an einem anderen arbeite. Deswegen muss ich vorher auch nicht unbedingt ein vollständiges Konzept haben. Oft habe ich es nicht. Jedenfalls habe ich keine *Vision* davon, wie ein Stück aussehen könnte. Ich habe einen Anfangspunkt, eine Fragestellung, teile sie mit dem Team, und dann versuchen wir uns dem von vielen Seiten aus zu nähern.

Nun, komponieren habe ich mir teilweise anders vorgestellt.
Als wir an *Stifters Dinge* zu arbeiten begannen, stand für Klaus Grünberg und mich anfangs nur die Frage, ob es möglich ist, ein Stück ohne Menschen auf der Bühne zu entwickeln. Klaus wollte gerne mit Wasser arbeiten, ich habe vorgeschlagen, mit Klavieren zu arbeiten, da ich wusste, wie man sie mit Midi-Programmen aus der Ferne spielen kann. Wir haben mit einem Pool und zwei Klavieren angefangen und nach anderthalb Jahren waren es drei Pools und fünf Klaviere, aber all das wurde während der Arbeit entwickelt.

Gestern Abend war ich zu einer Diskussion mit dem Musikphilosophen Gunnar Hindrichs in die Musikwissenschaft der Goethe Universität eingeladen, und wir sprachen über die „Tendenz des Materials“, einer Kategorie Adornos.[9] Während er sich auf die Wechselbeziehungen des Materials bezog, z. B. auf die Eigengesetzlichkeit einer Zwölfton-Reihe, habe ich versucht zu beschreiben, dass für mich die „Tendenz des Materials“ auch bedeuten kann, drei Wochen lang bei den Proben auf die Wasseroberfläche zu schauen – wie sich dabei mehr und mehr Möglichkeiten auftun, auf das Wasser zu reagieren, mit dem Wasser umzugehen, seine ökologischen Implikationen zu erkennen, etwas reinzuwerfen, zu schauen, wie es dabei Blasen wirft und sich daraus dann wiederum Möglichkeiten eröffnen, um dieses ‚Material‘ herum Musik zu bauen.

Es ist, wie gesagt, in den Theaterprozessen tatsächlich so, dass ich von ihnen zuvor keine Vision habe. Das war eine große Überraschung für zwei Studierende aus Gießen, die ich eingeladen hatte, an dem Probenprozess für *Hashirigaki* teilzunehmen. Während sich die Studierenden ihren eigenen Arbeiten eher konzeptionell annähern, habe ich mit meinem Team einfach eine Woche lang mit Texten von Gertrude Stein, mit Farben, mit Musik der Beach Boys herumgespielt. Die Studierenden waren erstaunt und vermutlich auch etwas enttäuscht. Wahrscheinlich haben sie von uns erwartet, alles vorher im Kopf zu haben und entsprechend auch in der Lage zu sein, all diese Experimente begründen zu können. Aber wir konnten das nicht. Jetzt könnte ich es, aber damals konnte ich es nicht.

Mir geht es darum, sich nie damit zufrieden zu geben, was da ist; sondern aus dem, was da ist, etwas anderes zu machen. Das war und ist der stete Motor meiner Arbeit. Die Verhältnisse zu verändern. Zu reagieren, auf die Dinge, die man hat, auf die „Tendenz des Materials"; es zu entdecken, zu akzeptieren und in etwas Anderes zu überführen. Und dann bin ich am Ende derjenige, der am meisten von dem Resultat überrascht ist, weil ich es nie vorhergesehen habe.

Ich habe eine Rückfrage zu den ersten Ausführungen über Ensembles, insbesondere historisch gesehen, aus deiner Erfahrung mit dem Mitbestimmungsmodell am Schauspiel Frankfurt. Warum hat sich das Modell nicht durchgesetzt, obwohl es doch ästhetisch gesehen durchaus Ergebnisse gibt, die für das Modell sprechen? Warum sind die Strukturen heute vielleicht sogar autoritärer als damals?
Ich war damals sehr jung als ich dort anfing, Mitte zwanzig, und habe nur das Ende des Mitbestimmungsmodells mitbekommen. Heute könnte ich vielleicht besser analysieren, was da passiert und warum es gescheitert ist. Das können vielleicht Leute wie Karlheinz Braun besser einschätzen. Ich vermute, dass es letztlich die institutionellen Vorgaben sind, die das nicht zulassen. Also zum Beispiel die Tatsache, dass jeden Abend ‚der Lappen hochgehen muss', dass jeden Abend ein anderes Stück gespielt werden muss im deutschen Repertoiresystem. Ich glaube, dass ein Mitbestimmungsmodell auch anders produzieren muss und in den seit über hundert Jahren institutionalisierten Strukturen nicht funktionieren kann. Da müssen wirklich schnelle Entscheidungen getroffen werden, da kann man nicht sagen, drei Wochen steht die Bühne mal leer und wir proben jetzt mal ein neues Stück und schauen, was es wird, und wenn es gut ist, dann findet die Premiere nächstes Jahr statt. Das ist nicht die Logik eines Stadttheaters. Und Schauspiel Frankfurt war und ist ja ein Stadttheater.

In anderen Kontexten geht es ja, in Teams wie Forced Entertainment oder Teams, die in Gießen entstanden sind, wie Monster Truck,

Rimini Protokoll, Herbordt/Mohren, Auftrag Lorey u.v.a. Es muss einen Einfluss haben auf die Art, *wie* gearbeitet wird. Und hier liegt die Inkompatibilität: Das Mitbestimmungsmodell kann sich nicht in einem ‚funktionierenden' Stadttheater realisieren, weil das System selbst schon hierarchisch strukturiert ist. Oder genauer: Solche Teams, wie die oben beschriebenen, können es erst dann, wenn sie sich außerhalb der Institutionen gebildet, ausprobiert, verändert haben.

Die Musiker haben die Idee der Mitbestimmung gestohlen – oder hatten sie schon lange vorher. Aber im Orchesterbetrieb ist die Möglichkeit, die Bedingungen auszugleichen, und die Planung leichter; die Rollen sind festgeschriebener. Auch bei den Berliner Philharmonikern, die Erfahrung konnte ich machen, gibt es ein Mitbestimmungsmodell, bei dem die Musiker mitentschieden, was gespielt wird, wer Dirigent wird usw. Aber im Gegensatz zum *Ensemble* können Komplikationen dadurch auftreten, dass eine Orchesterstruktur nicht unter gleichberechtigten Voraussetzungen verhandelbar ist. Es ist ein Unterschied, ob ich einer von fünf Schlagzeugern bin und mich mit großem Vergnügen gerade in der zeitgenössischen Musik realisieren kann, oder ob ich als 16. Geiger hinten am 8. Pult sitze. Diese unterschiedlichen Positionen müssen nicht, können aber einen Unterschied machen in der Motivation, in der Neugier, in der biografischen Offenheit und in der Realisierung von Möglichkeiten. Das Problem der Demokratie ist hier: Die Streicher haben die Mehrheit, weil jeder eine Stimme hat, d. h. unter Umständen können sie das beharrende Moment sein, wenn es um Programm-Entscheidungen geht. Das verschiebt natürlich die Machtverhältnisse in einem Orchester. Da habe ich begriffen, dass das Demokratie-Modell nicht so funktioniert wie z. B. im Ensemble Modern, wo jeder Solist ist und sich in einer anderen Weise realisieren kann, und die Instrumentalisten und Instrumentalistinnen vielleicht dadurch andere Persönlichkeiten und Charaktere herausbilden. Deswegen denke ich, dass auch das Mitbestimmungsmodell im Frankfurter Schauspiel letztlich an den Strukturen gescheitert ist, nicht an den Menschen.

Noch eine Frage zum ‚Ensemble' von unabhängig gedachten Mitteln und Materialien, das heißt zur Heterogenität in deiner Arbeit: Hat das etwas mit Widerstand zu tun? So zu arbeiten heißt ja, konventionelleren Formen zu widerstehen, um etwas wirklich Fremdes und Neues produzieren zu können. Ist das vielleicht sogar eine Form von Kritik?

Das klingt mir erstmal zu ‚pädagogisch'. Die Ästhetik unserer Arbeit, das Resultat dieses unmittelbaren, unabhängigen Arbeitens, entspringt vor allem unserem individuellen Bedürfnis. Wir machen das nicht, weil wir schwierig sein wollen. Wenn etwas zu platt aufeinanderpasst, interessiert es uns einfach nicht; wir machen das aus Lust an der Spannung. Wir suchen die Spannung und diese kann man nicht er-finden, die kann man nur vor-finden. Spannung, das ist letztlich eine musikalische Kategorie, der Kontrapunkt zwischen dem, was wir sehen, und dem, was wir hören; und wir suchen so lange, bis wir diese Kontrapunkte gefunden haben. Aber nicht um primär *gegen* etwas zu sein oder um jemandem bewusstseinsverändernde Bilder zu zeigen, das interessiert uns nicht. Es ist tatsächlich ein sehr lustvoller Prozess auf der Suche nach Kräfteverhältnissen, die uns selbst nach der 20. Probe nicht langweilen, und das ist ein Bedürfnis. Wir kritisieren in diesem Moment niemanden, wir suchen etwas, was uns tatsächlich fesselt und überrascht.

Ich verstehe oft nicht, warum etwas funktioniert, die anderen vielleicht auch nicht, aber wir merken: Wenn etwas funktioniert, sind sich alle einig. Und das ist etwas, was mit Gemeinschaft zu tun hat – das ist ein wichtiges Korrektiv – und wir merken das alle im Team. Mit Studierenden auf der Probebühne ist es das Gleiche. Wenn etwas nicht funktioniert, gibt es 100 Gründe, warum es nicht funktioniert: die Musik ist zu laut, das Licht zu dunkel, die Performer schwach, der Text ist doof … Aber wenn es funktioniert, sind sich alle einig, auch wenn sie mit unterschiedlichen Perspektiven und Geschmäckern draufschauen.

Und so ist es letztlich mit meinen Produktionen auch. Man sucht so lange, bis man Verhältnisse spürt, aus Klang, aus Bild aus Licht … Wenn man ‚konventionell' arbeitet, lassen sich Gesetze aufstellen. Dann weiß man, dass der Schauspieler vorne stehen muss, damit man ihn sieht, das Licht nicht von hinten kommt, etc. Solche hierarchischen Gesetze kann man auch unterrichten, die kann man kanonisieren. Wer aber diese Wahrnehmungsverhältnisse befragen will, wenn man Sinn nicht produzieren, sondern wenn man ihn sich ereignen lassen will, wenn es darum geht, dass Sinn sich im Hören, im Sehen ereignet, und man dafür eine Spannung bereithalten möchte, um einen Möglichkeitsraum für die Entstehung von Sinn zu eröffnen, dann muss man das ausprobieren. Das kann man sich nicht ausdenken. Das ist das Wichtige. Man muss immer von null anfangen, wenn man etwas machen will, was man noch nicht gesehen hat.

Ja. Widerstand und Kritik klingen dahingehend zu absichtsvoll – aber hier sprechen wir im Grunde einen Schlüsselbegriff an, nämlich den der Komposition. In diesem Zusammenhang hast du auch schon den Begriff der Resonanz erwähnt, der ja sehr schillernd ist und den man auf sehr vielen Gebieten anwenden könnte. Du meintest eben, wenn etwas funktioniert, dann sind sich eigentlich alle einig. Wie könnte man das denn ausdrücken, wenn alle zusammenkommen – ist das eine Resonanz auf etwas, das funktioniert, wo alles zusammenkommt?
Ich bin mit dem Begriff Resonanz eher vorsichtig, weil er so eine enge Bedeutung im Musikalischen hat, im Resonanzboden zum Beispiel. Man kann man ihn zwar auf eine metaphorische Weise benutzen, aber ich wundere mich darüber, dass ich ihn in einem Text benutzt haben soll, weil ich damit zurückhaltend bin. Über das Musikalische am Theater würde ich auch anders sprechen, wenn es um ein Zusammenführen von Elementen geht. Ich habe zwei Bewegungen in den Arbeiten: Ich versuche, Musik visuell und szenisch zu denken – wenn ich Konzerte inszeniere –, und auf der anderen Seite versuche ich, Theater musikalisch zu denken – und das hat dann nichts mit Musik im engeren Sinne zu tun. Es hat eher etwas damit zu tun – und das wird mir selbst auch langsam immer klarer –, dass mich kein Theater interessiert, das an die erfolgreiche Übermittlung einer Botschaft glaubt.

Wenn Jean-Luc Nancy über Musik spricht, erklärt er, dass ihre Fragilität eine Konsequenz der Nicht-Artikulation von Sinn (von Bedeutung) ist, der im selben Moment aufgespannt, dargeboten wieder entzogen wird.[10] Man kann nicht sagen, dass Musik keinen Sinn hätte; aber man weiß nie mit Sicherheit, welcher es ist. Das ist die endlose Anziehungskraft der Musik.

Diese aufs Theater zu übertragen, das interessiert mich. Dass ich ein Theaterstück so ansehe wie ich Musik anhöre. Indem ich spüre, da ist etwas, das mich angeht, aber was ist es denn? Und dann schaue ich es ein weiteres Mal an, und jedes Mal bin ich auf eine etwas andere Weise affiziert. Theater kann, was auch Bildende Kunst oder was Musik kann: auf einer Vagheit und auf einem Rätselcharakter bestehen. Und muss seine Mittel nicht dazu degradieren, Mitteilungen zu machen. Das ist mir wichtig: mit Theater Musik zu machen, nicht Musik um der Musik willen. Ich denke nicht: ‚Ach, das ist aber toll, dass man die Schritte des Schauspielers hört', sondern dieser Möglichkeitsraum von

Sinn kann sich im Zusammenspiel der Mittel eröffnen, im Resultat. Ohne diesen Möglichkeitsraum zuzuschütten, ohne ihn zu definieren, ohne ihn engzuführen. Theater als ein Spiel mit Klängen, Worten, Bedeutungen, aber keine Reduktion auf eine bestimmte Form der Interpretation. Deswegen mache ich Theater auf der Basis musikalischer Prinzipien. Dass ich das kann, hat natürlich etwas damit zu tun, dass ich Musiker bin, aber ich will mich damit nicht musikalisch ausdrücken, ich benutze Musik letztlich als tool, um eine Form von Theater zu erfinden, die diesen Raum eröffnet, in dem Imagination und Sinn sich ereignen kann.

Das scheint aber doch in einer gewissen Form ein Resonanzmodell zu sein, wenn ich das nicht nur auf einer musikalischen Ebene verstehe. Es gibt von Wellmer diese schöne Definition[11]*, die besagt, dass eigentlich jedes Medium, jede Kunstgattung in sich selbst ein ‚immanentes Loch' birgt, das auf andere Ausdrucksformen verweist, dass Sprache z. B. auf Musikalität verweist, Musikalität wiederum auf ein Bild, und ein Bild wieder auf Sprache oder was auch immer. So dass immer wieder Interferenzen – und ich würde tatsächlich sagen Resonanzen – der anderen Medien im jeweiligen Medium selbst aufscheinen. Also das sehe ich sehr in deinen Werken …*
Ja, das kann man so definieren … aber irgendetwas gefällt mir nicht an dem Begriff. Wenn ich mit einer Sprache arbeite, die selbst schon musikalisch ist, wie z. B. von Gertrude Stein oder Beckett, dann mache ich das natürlich, weil ich nach einer Sprache suche, die sozusagen einen Übergang hat zu einem anderen Medium. Aber der Begriff der Resonanz, den kann ich so schnell nicht damit verbinden – du meinst, den Hörer der Sprache erinnert dann etwas an Musik?

Ob es ein Erinnern ist, weiß ich nicht – für mich ist es dann tatsächlich eher eine Rejustierung der Wahrnehmung. So, wie ich prinzipiell etwas auch ‚visuell hören' kann, gibt es auch umgekehrt etwas, wodurch ich Bilder sprachlich wahrnehmen kann. Also ich glaube eher an eine grundlegende Umjustierung und Umfunktionalisierung von Wahrnehmungsweisen, die ich darin gespiegelt sehe, die deswegen auch das Wahrgenommene stärker in Frage stellen, und sich nicht unbedingt in Sinn überführen lassen …
Ja, damit bin ich d'accord.

Wo du gerade vom Arbeiten mit musikalischen Sprachen sprichst: Gibt es auch unmusikalische Sprache? Es klingt so, als wärst du auch auf unmusikalische Sprachen gestoßen?
Das hat man mich vor kurzem schon einmal gefragt; ich würde sagen, ja, es gibt sehr viele unmusikalische Sprachen. Die Sprache, die keinen Körper hat, die nur nach Konzept arbeitet. Die Musikalität der Sprache hat viel mit dem Körper zu tun.

... und der Körper resoniert doch ...?
Jetzt haben wir es!

Aber die Frage des Körpers und der Resonanz führt mich doch noch einmal zurück auf die Technik und die zweite Frage von vorhin. Das empfinde ich bei dir ja im positiven Sinne als eigenartig, dass letztlich gewissen technischen Vorgängen und Dingen Körper gegeben wird. Diese werden ja im Rahmen deiner Komposition genauso ernst genommen wie andere Vorgänge, sie bleiben bewusst nicht verborgen: einerseits die Leute, die das ausführen, andererseits auch verschiedenste Mechanismen, Dinge, die dazu beitragen, bis hin zum Theater selbst, das sich als eine Maschine outet, wie in Stifters Dinge.
Ja, aber hinter den Techniken stehen immer Menschen. Und ich glaube, dass man das spürt, man spürt auch als Zuschauer, wie der Techniker hierbei etwas zu sagen hatte oder auf das reduziert wurde, was der Regisseur glaubte, davon zu wissen. Von daher ist die Verbindung ganz eng. Besonders auch bei den Gegenständen in *Max Black*: Du siehst sofort, mit welcher Sorgfalt, mit welcher Sachkundigkeit, mit welchem Geschmack die Requisiten ausgesucht sind; man denkt vielleicht gar nicht darüber nach, aber ich glaube, man spürt das.

Ich würde gern auch auf die Gefahr zu sprechen kommen. Im Zusammenhang mit Stifters Dinge *spricht André Eiermann von einer gefährlichen Offenheit, die du selbst wiederum einmal in Bezug auf* Call Cutta in a Box *von Rimini Protokoll erwähnt hast.*[12] *Was hat dir an dieser Formulierung gefallen?*[13]
Das hatte ich selbst wiederum zitiert von Gernot Böhme.[14] Ich finde es dabei elementar, dass man nicht weiß, worum es sich bei dem, was man wahrnimmt, genau handelt. Man kann es nicht in Besitz nehmen; es nimmt umgekehrt von einem selbst Besitz, weil es etwas ausstrahlt,

wofür man vielleicht selbst keine Worte hat. Das kann für das Subjekt gefährlich sein. In diesem Sinne fand ich das interessant.

Du hast eben stark das Musikalische betont. Aber in einigen Texten benutzt du auch den Ausdruck ‚poetisch' und hast auch eine poetische Logik erwähnt mit Blick auf die Komposition. Und jetzt klang das ebenfalls danach, dass Sinn zwar angedeutet wird, man aber keinen kontrollierenden Zugriff darauf hat. Könnte man diese Art und Weise zu arbeiten auch poetisch nennen?
Der Begriff kommt aus den „Anmerkungen zur Antigone" von Hölderlin[15], und ich verstehe darunter zunächst mal eine produktionsästhetische Verfahrensweise – noch letzte Woche habe ich versucht, das den Studierenden zu erläutern: Es hat etwas damit zu tun, wie man von einem Bild ins nächste kommt, oder von einem Wort ins andere, oder vom Bild in den Ton, mit einer Bewegung in die nächste Szene. Wenn ich Theater mache, halte ich mich selten innerhalb der Szenen auf, weil die Szene selbst schnell klar ist – aber ich bin wochenlang mit den Übergängen beschäftigt – wie komme ich vom Einen ins Andere. Wenn das nicht auf poetische Weise gelöst wird, stellen wir uns als Leser/ Hörer/ Betrachter zu viele Fragen. Wenn wir erst sehen, wie etwas zu Ende geht und etwas anderes gerade beginnt, haben wir in dieser Zäsur zu viel Zeit, uns ‚dumme' Fragen zu stellen. Wenn es mir aber gelingt, diese zwei Teile (oder zwei Worte oder zwei Szenen) so miteinander zu verknüpfen, dass diese Fragen nicht auftauchen, dann könnte das an einer poetischen Logik liegen. D. h., man stellt gar nicht erst die Frage nach der Logik, weil sie über Poesie, über den Klang oder das Verhältnis vom Licht zum Klang oder über den Rhythmus des Übergangs gelöst ist. Als Leser eines Gedichts von Hölderlin leuchtet einem die Verbindung der Worte auf wundersame Weise ein, obwohl sie zunächst nichts miteinander zu tun zu haben scheinen; dabei hat das nur etwas mit dem Rhythmus zu tun oder mit dem Klang: Das ist poetische Logik. Wenn ich das auf das Theater übertrage oder auf den Film, wenn ich es schaffe, an den Übergängen so lange zu arbeiten, bis entweder keine Zäsur mehr erkennbar ist oder stattdessen ein starker Bruch, dann würde ich sagen, sind es glückliche Momente poetischer Logik. Mir hat das übrigens einmal ein Zauberer gesagt, den ich als Student manchmal am Klavier begleitet habe. 20 Jahre danach sah er eines meiner Stücke und meinte: „Du machst das genauso wie ich; du

lenkst die Leute ab und plötzlich ist da etwas unerwartetes Neues. Das ist Magie.“

Ist da dann aber nicht doch etwas, das aus dem Widerstand heraus gedacht ist? Aus dem Widerstand gegen eine erklärende Logik?
Ja. Natürlich will man keine Klischees reproduzieren, das ist ja selbstverständlich, das wollten wir schon im *Sogenannten Linksradikalen Blasorchester* nicht.

… Was ja durchaus nicht zu schmälern ist …
Nein, natürlich nicht. Ich habe dabei auch sehr viel über Zusammenarbeit und Ko-Existenz in Kompositionsprozessen gelernt. Auch dass die Prozesse von Meinungsbildung, auch von ästhetischer Meinungsbildung, kollektive Prozesse sein können und man ihnen vertrauen kann. Und nicht auf dem eigenen Ego bestehen muss. All das habe ich schon damals erfahren. Ich habe das als große Bereicherung erlebt, und dass Entscheidungen auf den Schultern vieler lagen, hat mich auch entlastet.

Wird es da eigentlich auch politisch für dich? Einerseits ist es ein Erfolgsmodell geworden, gemeinsam zu arbeiten, auf der anderen Seite funktioniert vieles im Kunstmarkt, aber auch im Theater, immer noch über das Verständnis von Genie und damit Personenkult etc.
Der Druck von außen ist durchaus auch destruktiv; Rädelsführer auszumachen war auch damals beim Blasorchester ein Problem. Wenn Journalisten versuchten, die dominierenden Personen in der Gruppe auszumachen, hat das dem Kollektiv geschadet. Ich habe auch zwei Theaterarbeiten zusammen mit Michael Simon gemacht, die wir als Autoren und Regisseure gleichermaßen gemeinsam verantwortet haben, bis in der *FAZ* jemand schrieb „Heiner Goebbels und sein Bühnenbildner“. Daraufhin hat Michael sofort die Zusammenarbeit aufgekündigt – obwohl ich nichts dafür konnte – und sich entschieden, von nun an als Regisseur alleine zu arbeiten. Jetzt ziehe ich es vor, in diesem Punkt lieber offen zu sagen, ich bin derjenige, der das Projekt startet und inszeniert, ich bin auch derjenige, der es möglich macht, indem ich Koproduzenten oder die Budgets finde, ich stelle das Team zusammen und gebe der Sache so etwas wie einen inhaltlichen Kern. Und schließlich bin ich derjenige, der all diese Theatermittel zusam-

men komponiert, und deswegen trägt es auch meinen Namen. Das finde ich klarer als es zu verstecken; das geht sowieso nicht mehr.

Aber interessiert dich das prinzipiell, die Frage des Zusammenhangs zwischen Kunst und dem Politischen?
Wenn man das Politische nicht in einem engen (Mitteilungs-) Sinne begreift, dann hat das Politische tatsächlich etwas damit zu tun, *wie* etwas produziert wird. Und es hat auch damit zu tun, was Hans-Thies Lehmann als „wahrnehmungspolitisch" bezeichnet hat.[16] Das ist wieder die Frage danach, welche Möglichkeitsräume man dem Publikum eröffnet. Ich habe bereits betont, dass es stark davon abhängt, *wie* man arbeitet. Bei bestimmten Arbeiten ist das Politische vielleicht offensichtlicher, etwa bei *Eislermaterial* oder *Landschaft mit entfernten Verwandten*, oder auch bei den Canetti-Texten in *Eraritjaritjaka*, weil die Texte selbst schon hochpolitisch sind.[17] Andere Stücke berühren das Politische auf eher subtile Weise – aber das ist mir eigentlich auch egal. *Stifters Dinge* war zunächst wirklich nur als Theaterexperiment geplant, wurde dann plötzlich als ein ökologisches oder ethnographisches Stück wahrgenommen, aber es ist intentional nie ein politisches Stück gewesen. Ich glaube, die Chance für das Politische besteht in der Absichtslosigkeit; wenn die Absicht offensichtlich ist, ist man sofort verstimmt.

Und die Zuschauer können auch keinen *Möglichkeitsraum mehr sehen.*
Sie müssen das Politische entdecken können, um es mit der eigenen Biografie und den eigenen Erfahrungen aus der Realität auf produktive Weise verknüpfen zu können – oder auch nicht. Dazu darf es von den Produzierenden nicht ausgestellt sein, das funktioniert nicht.

Du hattest mehrmals von Affiziertwerden gesprochen. Dieses Affiziertsein will nicht allzu sehr auf den Sinn gerichtet sein, auch nicht allzu sehr aufs Sinnliche. Du hattest auch geschrieben, dass du Stimmen suchst, die berühren. Affizieren, berühren, … spielt denn Emotion in deiner Arbeit eine Rolle?
Moment, Emotion ist etwas ganz anderes …

Ja, ich habe auch gezögert bei der Formulierung, aber ich habe irgendwie nach einem gemeinsamen Nenner gesucht …
Ich möchte das Wort Emotion lieber nicht verwenden. Auch wenn Emotionen entstehen – das kann ich nicht verneinen. Ich habe viele

Menschen weinen sehen bei *Stifters Dinge,* kurioserweise immer im selben Moment: wenn es in dem Stück regnet. Es war nicht meine Intention, aber bestimmt habe ich in unbewusster Weise an der Emotion, die da entsteht, auch gearbeitet, aber eben unbewusst. Das Musikstück, das gespielt wird, während es regnet, ist ein Stück, das ich als dreizehnjähriger Junge geübt habe. Und zwar damals nicht nur den langsamen Satz aus dem italienischen Konzert von Bach, sondern auch den dritten, den schnellen Satz, mit dem ich mein erstes (und letztes) Konzert in der Pfalz hatte – danach habe ich den Klavierunterricht abgebrochen. Mich verbindet also sehr viel mit diesem Stück. Vielleicht liegt es auch am Licht, in diesem Moment hören wir auch das Gespräch mit Lévi-Strauss, und es regnet dazu. In all dem ist wohl etwas, das auf emotionale Weise wirkt, was mir nicht klar war. Das heißt, ich vermeide emotionale Momente nicht, ich lasse sie in der Arbeit auch zu; aber die Gefühle, die das auslöst, sind nicht meine – ich habe nie geweint bei dieser Szene.

Und ich glaube, dass es sehr unterschiedliche Gefühle sind, weil in der Gleichzeitigkeit von Regen, Bach, Licht und Lévi-Strauss die Perspektiven der Zuschauer sehr unterschiedlich sein können. Eine Person merkt gar nicht, dass da Klavier gespielt wird, eine andere hört nur auf den Bach, die dritte wundert sich darüber, warum es im Theater regnet, und schaut auf die fallenden Tropfen so, als hätte sie im richtigen Leben noch nie etwas Vergleichbares gesehen …

Ich denke, es gibt nicht so etwas wie eine Gefühlsinszenierung. Es gibt sogar Leute, die sagen, *Stifters Dinge* sei ein ganz kaltes Stück, schließlich gebe es ja niemanden auf der Bühne. Ich werde auch bei anderen Stücken darauf angesprochen, z. B. von einem Ehepaar, das viele meiner Produktionen bei der Ruhrtriennale gesehen hatte: „Herr Goebbels, es ist ein ganz wunderbares Programm, aber die Leute auf ihrer Bühne berühren sich nie, sie sind immer so allein." Darauf habe ich geantwortet: „Ja. Wie im richtigen Leben." Die beiden standen aber Arm in Arm vor mir und konnten nicht verstehen, was ich meine. Vielleicht ist es sogar ein Gefühl, das ich da inszeniere, und es hat ihnen vielleicht Angst gemacht, dass man irgendwann allein sein könnte. Ich bin eher daran interessiert, auf der Bühne eine Spannung zu erzeugen, durch eine Distanz zwischen den Menschen, und nicht eine Gemeinschaft vorzugeben.

Ich frage mich gerade, ob das nicht mit ‚Intensität' besser auszudrücken wäre, denn was du eben bei Stifters Dinge *erwähnt hast – den*

Moment mit dem Regen, der Musik, der Stimme von Lévi-Strauss – sie haben alle dieselbe Intensität in unterschiedlichen Mitteln.
Das bringt jetzt mich auf den Begriff der Resonanz zurück: Wenn man die Sprachmelodie von Lévi-Strauss anhört, gibt es tatsächlich Resonanzen zwischen seiner Interpunktion und der Musik von Bach. Ich habe sie aber erst später realisiert. Ich habe die Sprache so zur Musik gesetzt, wie es mir gefallen hat. Dass es tatsächlich strukturelle Resonanzen gibt zwischen der Länge eines Satzes von ihm und der Länge einer melodischen Phrase bei Bach, das ist mir erst nach dem 50. Mal aufgefallen.

Ich habe mir diesen Intensitätsbegriff trotzdem noch mal notiert, denn du hattest ja anfangs die Lust betont, die ja doch ein maßgebliches Stimulus in der Arbeit zu sein scheint. Ist sie vielleicht eine Suche nach Intensitäten? Oder wie würdest du das beschreiben?
Es ist auch die Lust an der Entdeckung von etwas, das man noch nicht kennt.

Obwohl du ja umgekehrt wohl auch unterschreiben würdest, dass man ja gerade in der Musik nichts Neues komponieren oder finden kann.
Man kann keine neuen Klänge mehr erfinden, aber in der Zusammenstellung des bereits Erfundenen kann man sehr wohl etwas Neues bauen. Das ist auch mit einem Klavierstück möglich, das 300 Jahre alt ist.

Aber es ist ja doch immer wieder aufgefallen, dass das Menschliche oft auf abwesende Weise bei dir präsent ist, und daher stellt sich die generelle Frage des Menschlichen. Vielleicht kannst du erörtern, warum für dich wichtig ist, dass es mehr auf abwesende Weise auf die Bühne kommt.
Das ist ja nur ein Trick! Es gibt ja zwei starke Präsenzen: zum einen eine akustische Präsenz, die immer einhergeht mit einer körperlichen Abwesenheit, und zum anderen ist da die Präsenz desjenigen, der schaut. Bei *Stifters Dinge* z. B. sitzen 150 Protagonisten im Zuschauerraum und die sind auf ganz unterschiedliche Weise motiviert, angesprochen; und sie werden zu Protagonisten dieser Aufführung, weil sie etwas vermissen, oder weil sie etwas nicht sehen, was sie vielleicht erwartet haben. Weil sich in der Spannung zwischen dem, was sie sehen und dem, was sie nicht sehen, ihre Imagination in einer besonderen Weise ereignet.

Tatsächlich habe ich, als ich anfing Theater zu machen, versucht, bestimmte Dinge in meiner Arbeit zu vermeiden – hier würde der Begriff der Kritik passen. Bei meinen ersten Arbeiten wusste ich nicht, was ich sehen wollte, ich wusste nur, was ich nicht sehen wollte. Deswegen habe ich z. B. die Musiker in *Schwarz auf Weiß* gebeten, sich mit dem Rücken zum Publikum zu setzen; und deswegen sitzt am Anfang von *Die Wiederholung* jemand mit dem Rücken zum Zuschauerraum auf der Bühne an einem Schreibtisch und tut 15 Minuten lang nichts – weil ich das noch nicht gesehen hatte. Die Negation oder die Vermeidung dessen, was mich am Theater immer gestört hat, führt zu Bildern, die etwas mit Abwesenheit zu tun haben. Ich bin nicht auf die Probe gegangen und habe gesagt, ich mach jetzt mal was Abwesendes, sondern ich habe versucht, etwas zu finden, was ich ertragen kann, was ich gerne anschaue. Wenn ich einen Rücken sehe und gar nicht weiß, wer spricht denn hier, „Qui parle?“[18], dann habe ich diese Spannung, nach der ich suche.

Das Rätselhafte und das Schöne sind etwas, das bei dir oft miteinander einhergeht. Ist es deswegen, weil es den größten Anreiz zum Denken gibt?
Nein. Es ist eines meiner Bedürfnisse, etwas Utopisches zu machen. Mich hat es nie interessiert, die Welt, so wie sie ist, auf der Bühne zu denunzieren, auch wenn es das Motiv vieler Theaterregisseure ist. Mich hat es immer interessiert, etwas zu sehen, wonach ich mich sehne. Es gibt dieses wunderbare späte Interview mit Heiner Müller, ich habe es erst vor wenigen Jahren gelesen, das man auf die ganzen Arbeiten beziehen könnte, die ich in den 1990er Jahren gemacht habe. Er beschreibt dort, warum das Fremde das eigentlich Schöne ist: Weil es in der Realität nicht vorkommt.[19]

Ja, ich glaube, ich habe „Utopie der Form“ gelesen, aber es wird nicht ausdrücklich mit Sehnsucht verbunden. Mit Utopie schon, aber nicht mit Sehnsucht.
Sehnsucht ist ein starkes Wort, ich kann auch wunderbar ohne dieses Wort leben. Wie ihr seht, geht es mir gut, ich muss auch gar nicht arbeiten, danach habe ich auch keine Sehnsucht, also lassen wir das Wort weg.

Zum Schluss noch eine Frage: Hat das Intellektuelle nicht auch bei dir einen wichtigen Referenzrahmen für die Kunst? Also empfindest du es selbst auch als einen Referenzrahmen für die Art und Weise, wie du Kunst machst, oder sind das zwei unterschiedliche Dinge für dich?
Es sind wirklich zwei unterschiedliche Dinge. Ich habe damals zwar in Soziologie eine Diplomarbeit über Hanns Eisler geschrieben, in der ich schon die Begründung des *Sogenannten Linksradikalen Blasorchesters* mitformuliert habe – von daher gibt es so eine Art Synchronisation von Denken und Tun. Aber je mehr ich künstlerisch gearbeitet habe, desto wichtiger wurde mir, mich immer wieder frei zu machen von konzeptionellem Denken. Ich habe zunächst oft konzeptionell gedacht, aber dann versucht, es ganz zu vergessen, um auch mit meinem Körper zu komponieren und zu arbeiten. Und natürlich ist das Denken dann nicht verloren. Man baut sich in der konzeptionellen Phase ein Netz von Kriterien, und dieses Netz bleibt auch bestehen, wenn man sich dessen nicht mehr bewusst ist. Aber damit ich künstlerisch zu interessanten Lösungen komme, muss ich mich freimachen, um dem Unbewussten seine Chance zu geben. Das ist das Wichtige. Das sind auch die besseren Arbeiten, je freier ich mich dabei gefühlt habe, Dinge erst einmal unreflektiert auszuprobieren. Was nicht ausschließt, dass es davor eine lange Phase der konzeptionellen Überlegungen gab.

Ich glaube – und das ist als Abschluss des Interviews und im Hinblick auf meine Emeritierung auch nochmal für die Zukunft unseres Instituts in Gießen wichtig: Es funktioniert nicht, erst im Rahmen eines Seminars ein Konzept zu erarbeiten, und dann auf die Probebühne zu gehen und daraus ein Stück zu machen. Es funktioniert nur, wenn du morgens einen interessanten Text liest und nachmittags an etwas ganz anderem arbeitest, und sich dann plötzlich Synapsen verbinden, die dir nicht klar sind. Dann kann es interessant werden. Es gibt keinen direkten Weg von der Theorie in die Praxis.

Umgekehrt natürlich schon, ich profitiere bei der Reflexion dessen, was ich tue, im Nachhinein sehr von meiner Ausbildung. Aber im Prozess selbst ist das Intellektuelle nur dann produktiv, wenn es eine Unabhängigkeit hat. Immer wieder brauchen wir die Chance für ein nicht-intentionales Tun.

Wir danken sehr für das schöne Gespräch.

1 John Dewey: *Kunst als Erfahrung,* Frankfurt am Main 1995, S. 66ff.

2 Philippe Lacoue-Labarthe: *Fiktionen: Dichtung als Erfahrung / Die Fiktion des Politischen / musica ficta,* Basel/Weil am Rhein, 2009, S. 25f.

3 Bertolt Brecht: „Me-ti / Buch der Wendungen“, in: *Gesammelte Werke 12, Prosa 2,* Frankfurt am Main 1967, S. 555.

4 Heiner Goebbels, *I went to the House but did not enter,* Musiktheater, Lausanne 2008.

5 Heiner Goebbels, *Songs of Wars I have seen,* Uraufführung mit Orchestra of the Age of Enlightenment und London Sinfonietta, szenisches Konzert, London 2008.

6 Harry Partch, *Delusion of the Fury,* Inszenierung Heiner Goebbels, Bochum 2013.

7 Heiner Goebbels, *When the Mountain changed its clothing,* Musiktheater, Bochum 2012.

8 Heiner Goebbels, *Schwarz auf Weiß,* Musiktheater, Frankfurt 1996, Eislermaterial, Musiktheater München 1998, *Landschaft mit entfernten Verwandten,* Musiktheater, Genf 2002.

9 Theodor W. Adorno: *Philosophie der Neuen Musik,* Frankfurt am Main 1958, S. 36 ff.

10 Jean-Luc Nancy: *Der Sinn der Welt,* Zürich/Berlin 2014, S. 123.

11 Albrecht Wellmer: *Versuch über Musik und Sprache,* München 2009, S. 24.

12 Von Eiermann auf *Stifters Dinge* bezogen, da es sich ums Hören, Wahrnehmen handelte.

13 André Eiermann: *Postspektakuläres Theater,* Bielefeld 2009, S. 238–265.

14 Gernot Böhme: „Akustische Atmosphären. Ein Beitrag zur ökologischen Ästhetik“, in: INMM Darmstadt (Hrsg.): *Klang und Wahrnehmung,* Band 41, Mainz 2001.

15 Friedrich Hölderlin: „Anmerkungen zu Antigone“, in: ders.: *Sämtliche Werke,* Frankfurter Ausgabe Bd. 16, Frankfurt am Main, 2003, S. 411.

16 Hans-Thies Lehmann: *Postdramatisches Theater,* Frankfurt am Main 1999, S. 469–471.

17 Wie auch bei Heiner Goebbels jüngster Arbeit *Everything That Happened and Would Happen* (2018), nach Texten aus Patrik Ouredniks *Europeana – Eine kurze Geschichte Europas im zwanzigsten Jahrhundert,* Wien 2003.

18 Maurice Blanchot: *Warten Vergessen,* Frankfurt am Main 1987, S. 7.

19 Heiner Müller: „Utopie der Form“, in: ders.: *Werke 12 Gespräche 3,* 1991–1995, hrsg. von Frank Hörnigk, Frankfurt am Main 2008, S. 802–803.

ZUR MUSIKALITÄT DES THEATERS

Antrittsvorlesung zur Georg-Büchner-Professur

> „Meine Damen und Herren, für eine Ehrung zu danken, die im Namen Büchners geschieht, erscheint mir als tollkühnes Unterfangen. Denn man dankt in Worten, und wer hätte die seinen nicht im Kopf, wenn dieser Name genannt wird, und wen gibt es, in irgendeinem Lande der Erde, der ein Recht darauf hätte, neben diese Worte eigene zu setzen!“[1]

Das war, Sie haben es geahnt, nicht von mir, sondern der Beginn der Dankesrede von Elias Canetti bei der Verleihung des Büchner-Preises der Darmstädter Akademie für Sprache und Dichtung 1972, und ist ‚ziemlich dick aufgetragen‘. Auch wenn der Anlass ein anderer ist: In diese Verlegenheit, ‚neben Büchners Worte eigene zu setzen‘, möchte ich gar nicht allzu sehr geraten, und werde deswegen, das liegt mir näher, eher über Klänge und Bilder meiner eigenen Arbeiten sprechen. Und ich will Ihnen auch nicht vorenthalten, wie Canetti dennoch in seiner Dankesrede fortfährt: „Wenn überhaupt etwas für mich spricht, das ich als Entschuldigung anführen könnte, so ist es die Tatsache, dass er (Büchner) mein Leben verändert hat wie kein anderer Dichter.“[2] Und vielleicht kann ich das auch für mich sagen. Zwar nicht ‚wie kein anderer Dichter‘, aber dennoch entscheidend, wenn es um die Musikalität des Theaters geht. Und bereits in meiner Antrittsrede für die Professur der Angewandten Theaterwissenschaft vor fast zwanzig Jahren habe ich den Namen Büchner sechsmal als Zeugen für meine ästhetische Orientierung angerufen und ich vermute, es werden jetzt ein bisschen mehr werden.

Denn auch mein Leben hat Büchner verändert, wenn auch weniger dramatisch als bei Canetti, denn der berichtet in dieser Rede von einem richtigen Schock, den die späte Kenntnis des *Woyzeck* bei ihm ausgelöst hatte – mit dem Zusatz seiner späteren Frau Veza damals: „Sei doch froh, dass Du es nie gekannt hast (...) wie hättest Du sonst selber etwas schreiben können!“[3] Er hatte gerade *Die Blendung* fertiggestellt. Was er an dieser Stelle verschweigt, und erst später in einer

Biografie preisgibt, ist die Tatsache, dass sie den *Woyzeck* in ihrem Bücherregal, das er wie seine Westentasche zu kennen glaubte, sogar mutwillig vor ihm versteckt hat – hinter Bänden von Victor Hugo, weil sie sich sicher war, das die ihn nicht interessierten.

Für mich war es zunächst während meines Musikstudiums die plötzliche Erkenntnis, dass es mit Alban Bergs *Wozzeck* tatsächlich doch noch zumindest eine einzige Oper geben sollte, mit der ich mich anfreunden kann. Und dass das nicht nur Bergs Verdienst war. Und was schwerer wiegt: Bevor ich mich getraut habe, selbst Musiktheater zu machen, habe ich vor allem Theatermusik komponiert, für andere Regisseure, und diese prägende Phase meiner Biografie als Komponist von Bühnenmusik wurde in den 1980ern von zwei Aufträgen gerahmt, die zu Stücken von Büchner ergingen: 1980 am Bochumer Schauspielhaus und 1989 am Thalia Theater Hamburg.

Die Inszenierung von Büchner's *Woyzeck* entstand mit dem DDR-Regieteam *Karge/Langhoff.* Der Begriff „Regieteam" wurde also offenbar nicht am Institut für Angewandte Theaterwissenschaft in Gießen erfunden, sondern ‚in einem anderen sozialistischen Land' …; auch wenn Manfred Karge und Matthias Langhoff bei dieser Arbeit bereits eine erste Trennung vollzogen, denn Karge spielte den Woyzeck, Langhoff übernahm die Rolle des Regisseurs. Mit Blick darauf, dass alle Figuren durch ihr Verhältnis zu Woyzecks Geliebter bestimmt seien, nannten sie den Abend *Marie.Woyzeck*. „Alles zielt auf das Sexualproblem innerhalb einer Männergesellschaft."[4]. Und 1989 in Hamburg war es die Arbeit an *Dantons Tod* in der Regie der früheren Intendantin des Berliner Ensembles Ruth Berghaus.

Das heißt, nach meinen ersten Lehrjahren als musikalischer Leiter am Frankfurter Schauspiel (1978 – 1980) entstanden die erste, große, freie und selbstständige Theatermusik und eine meiner letzten zu Texten von Büchner. Und dass das für mich eine solche Bedeutung hatte, hat sich nicht zufällig ergeben – auf mehreren Ebenen:

Beide Inszenierungsansätze standen in einer direkten, wenn auch ideologisch und ästhetisch aufgeklärten Brecht-Tradition. Bei Langhoffs waren Brecht und Eisler noch ein und aus gegangen, die Choreografin Ruth Berghaus bekam von Brecht wichtige Impulse und war mit dem Komponisten Paul Dessau verheiratet, der mit ihm eng zusammengearbeitet hat. Im Gegensatz zu den westdeutschen Regisseuren Hans Neuenfels, Claus Peymann u. v. a., mit denen ich in diesen Jahren auch mehrfach arbeiten konnte, und die Musik auf der Bühne eher narrativ, funktional, illustrativ, filmmusikalisch, emotionalisierend oder auch nur zur Überbrückung einsetzten, haben mich Langhoff und Berghaus gerade dazu aufgefordert, den musikalischen Eingriff gestisch, szenisch, selbständig zu denken.

In *Marie.Woyzeck* konnte ich das darüber erreichen, dass ich die Schauspielerinnen und Schauspieler dazu brachte, die Musik selbst auszuführen; sie mussten für ein veritables Geigenorchester den einfachen Umgang mit (entsprechend gestimmten) Violinen üben, für ein Trommelorchester auf Tonnen schlagen, für ein Blasorchester mit Schalmeien marschieren usw. Der Schauspieler des Tambourmajors spielte zugleich Trompete. Während *Dantons Tod* eine völlig andere Bühnenkomposition wurde, die – wohl zum ersten Mal – ganz auf dem Einsatz eines Samplers beruhte, um die einzelnen Orchesterklänge präzise zwischen die Worte zu schießen.

Von Brecht kann man nicht nur das Postulat einer musikalischen Unabhängigkeit oder der *Trennung der Elemente* lernen, sondern auch, wie es zu einer erfolgreichen Kooperation gehört, die Akzeptanz einer unabhängigen Disziplin, einer weiteren künstlerischen Instanz und die Anerkennung kompositorischer Kompetenz. Als Bertolt Brecht einmal wieder Hanns Eisler einen Text zur Vertonung schickte, machte er ihm dabei zwar einige musikalische Vorschläge, beendete den Brief aber mit einem saloppen „But it's up to you."[5]

Im Respekt für den Anderen, im Vertrauen auf dessen Blick und Kompetenz steckt auch der Verzicht auf die Dominanz einer Disziplin und die Bereitschaft zu einer ästhetischen Koexistenz, die auf Heterogenität beruht. Das nutzte Eisler in diesem speziellen Fall sogar dazu, den Text gar nicht zu vertonen. Andere Beispiele belegen auch, wie Eisler auf dialektische Weise kompositorische Strategien gegen die Intention eines Textes entwickelt hat, wie zum Beispiel in *Die Maßnahme*[6].

Es war auch kein Zufall, dass sich die prominenten DDR-Künstler für ihre Inszenierungen im Westen – wie Heiner Müller konnten sie reisen – wohl auch aus politischen Gründen am dezidiert politischen Anspruch dieses Autors ausweisen und abarbeiten wollten; schon allein das war ein Statement. Und mit ihren textgenauen Lektüren und sehr klangverantwortlichen Diskursen haben sich für mich bei der gemeinsamen Arbeit Kriterien entwickelt, hinter die ich auch später für meine eigenen Musiktheaterarbeiten und meine Hörstücke nach Texten von Müller nicht mehr zurückfallen wollte: die Konzentration auf jedes einzelne Wort, die Verzahnung von Wort und Klang, Theater und Musik.

Darüber hinaus liegt beiden Stücktexten von Büchner eine Struktur zu Grunde, die Freiräume lässt – Lücken zwischen den Gedanken, Absätzen und den Worten – die dem Klang/der Musik die Möglichkeit bieten, diese Lücken für eine weitere Dimension der Wahrnehmung zu nutzen.

Dazu muss ich noch einmal kurz auf die Nacht in Wien zurückzukommen, in der Canetti 1931 Büchner entdeckt, dann zu seiner Geliebten fährt, zum ersten Mal die Schlüssel zu ihrer Wohnung nutzt, „So war es, für den Fall, dass irgendeine Unruhe mich frühmorgens hintreiben sollte, zwischen uns besprochen“[7], sie aufweckt und fragt, ob sie den *Woyzeck* kenne und was sie von diesem Fragment halte: Sie antwortet, es sei für sie „das größte Drama der deutschen Literatur […] Fragment! Fragment! Nennst du das ein Fragment? Was darin fehlt, ist noch besser, als was in den besten anderen Dramen da ist.“[8]

So sind es auch die Auslassungen, nicht nur die Rhythmik und Musikalität von Büchners Sprache, die für mich zur Inspiration und zur Aufforderung wurden, mit Klang, Rhythmus oder Geräusch die Erfahrungsräume des Hörens zu vergrößern, und damit überhaupt die Wahrnehmung der Musikalität von Sprache ermöglichen. Das kann nämlich verloren gehen, wenn Sprache und Sinn überartikuliert werden.

Schon in den verschiedenen Textsorten bei Büchner liegt das Potential zur Intermedialität mit den anderen Künsten. Das sogenannte „Fragmentarische“ liegt im *Materialcharakter* seiner Texte. In *Dantons Tod* sind es historische Hefte, politische Dokumente, Reden, Manifeste und viele literarische Zitate anderer Autoren (Heinrich Heine u. a.). Im *Woyzeck* sind es Prozessgutachten, Umgangssprachlichkeit, Gebete, zahlreiche volkstümliche Lieder und sogar die „Erbsbrei-Experimente“ des Justus von Liebig, von denen er vielleicht während seines Semesters in Gießen gehört hatte.

Im Aufeinanderstoßen dieser dokumentarischen Materialien, der O-Töne, denen das Moderierende, Vorbereitende, Verbindende fehlt, liegt das Potential dazu, dass sich der Sinn nie wirklich schließt – oder, anders formuliert: wenn diese Materialien auch mit musikalischen Kriterien montiert sind, öffnen sich die Texte einem *musikalischen Sinn*, der als offener Sinn zu verstehen ist.

„Was darin fehlt, ist noch besser, als was in den besten anderen Dramen da ist."[9]

Der französische Autor und Philosoph Maurice Blanchot spricht davon, dass sich vieles oder alles, was wir sagen, „auf die *Helligkeit* als das alleinige Maß bezieht."[10] Eine Helligkeit – die für Klarheit, Verständnis steht. So als ob Sprache zu einem quasi optischen System wird. Nicht zufällig heißt einer seiner wichtigsten Romane *Thomas der Dunkle*. Und er entlehnt Heraklit die Idee, „dass es eine Sprache gibt, worin die Dinge sich weder zeigen noch verbergen." Eine Sprache, „die spricht ohne Sagen und Schweigen", die etwas von einem Orakel hat, von „Weissagungen, mit Hilfe von Zeichen [...], Einkerbungen, Einschnitten", die spricht durch einen „Text der Dinge".[11]

Oder vielleicht meint Blanchot ja eine Sprache, die Musik zulässt, oder die ist wie Musik? Denn Musik kann das am ehesten einlösen. Musik hören wir immer wieder neu und haben dennoch kein klares begriffliches Verständnis davon. Der Sinn, den wir der Musik zusprechen, bleibt dunkel, wird nur individuell sich ‚ereignen'. Das ist das Privileg der Musik. Jean-Luc Nancy spricht in *Der Sinn der Welt* von einer musikalischen *Fragilität, Fraktalität,* von einer musikalischen *Diskretion.* Und er sieht diese musikalische Fragilität in einer „Nichtartikulation". Sie liegt „an der Nichtartikulation eines stets zugleich aufgespannten dargebotenen und wieder entzogenen Sinns".[12]

Das gilt sicher auch für eine Literatur, deren Musikalität sich bereits an die Grenze unserer Sprache vorwagt, wie zum Beispiel in Samuel Becketts vorletztem Text *Worstward Ho*, ein Text, in dem der Übergang von Sprache zur Musik bereits dermaßen ‚komponiert' ist, dass ich mich bei der Arbeit mit dem Hilliard Ensemble als Komponist sehr zurücknehmen konnte, um die Musik fast gänzlich dem Sprachrhythmus Becketts überlassen.

> „All of old. Nothing else ever. Ever tried. Ever failed. No matter. Try again. Fail again. Fail better"[13]

Das sind Texte, für die sich kaum eine Kategorie finden lässt. Ist *Worstward Ho* ein Roman? Eine Erzählung? Eine Litanei, ein Gebet, eine Anrufung oder selbst schon Musik?

Michel Serres geht auf emphatische Weise davon aus, dass Musik gar nicht als „unter den Künsten gelten" kann. „Kunst kann nicht erfolgreich sein, wenn sie keine Musik hat. Musik behütet sie alle und schenkt ihnen das Dasein. Sie ist nur eine Ansammlung von Noten, ein plattes Kalkül, wenn sie keine Musik hat. Die Poesie geht zu Fuß oder schlimmer auf Knien, ohne die Musik. Die Architektur ist nur ein Steinhaufen, die Statue nur Material, die Prosa bloßer Lärm; und die Kunst fällt zurück in Unsinn und Langeweile, wenn Rhythmus und das Auf und Ab der Betonungen fehlen.“[14]

Nach Michel Serres ist Musik „die Summe aller Künste“, ist „Schnitt- und Vereinigungsmenge zugleich.“ „Unsere Sprachen haben Sinn. Die Musik, unterhalb der Sprache, (universell unterhalb der Sprachen, physische Grundlage und Voraussetzung,) liegt unterhalb des Sinns und ihm voraus. Der Sinn setzt sie voraus und träte ohne sie nicht hervor […]. Sie wohnt im Sinnlichen. Sie hat jeden Sinn, der nur möglich ist.“[15]

In den fiktiven Dialogen, die Blanchot (in *Das Unzerstörbare*) über „Sprache und Sprechen“ mit sich führt, denkt er auch über ein Sprechen nach, das „gleichwohl den Nächsten nie nennt, sondern an ihn appelliert, damit er als Unbekannter sich uns zuwendet.“[16] Wenn wir das als Anregung für das Theater ernst nehmen, kann zum Beispiel gemeint sein, dass wir jemandem zuschauen, der spricht, ohne dass er dieses Sprechen an uns adressiert.

In *Worstward Ho* singen z. B. die Sänger des Hilliard Ensemble auch aus dem Fenster heraus – wir sehen sie nur von hinten – oder sitzen gar im Halbdunkel mit dem Rücken zum Publikum auf dem Boden. Und wir interessieren uns dafür – bei gleichzeitiger akustischer Präsenz ihrer Stimmen – vielleicht gerade deshalb, weil sie uns nicht ansprechen. Und wir wenden uns ihnen zu mit unserem Interesse, vielleicht mit unserer Wahrnehmung sogar in einem erhöhten Maße, gerade weil sie sich von uns abwenden oder weil sie nicht in aufdringlicher Zeichendichte auf uns einreden. Das ist auch ein Aspekt der *Diskretion,* von der Nancy spricht. Und in dem reduzierten Vokabular von Becketts *Worstward Ho* wird eine Wiederholungsstruktur hörbar, bei der sich die Aufmerksamkeit von der Semantik auf den Rhythmus verschiebt und zwischen beiden hin- und herpendelt.

Und jetzt erinnere ich mich auch wieder genau, wie ich mich bei der Arbeit an *Dantons Tod* weniger mit den politischen Reden von Robespierre, Legendre, Saint Just oder Thomas Payne beschäftigt habe, sondern mit dem Aufspüren von poetischen, rhythmischen Figuren in den Texten Büchners, die sich zahlreich finden – zum Beispiel in der ersten Szene des zweiten Aktes, wo es heißt:

> Aber die Zeit verliert uns. Das ist sehr langweilig, immer das Hemd zuerst und dann die Hosen drüber zu ziehen und des Abends ins Bett und morgens wieder herauszukriechen und einen Fuß immer so vor den andern zu setzen; da ist gar kein Absehen, wie es anders werden soll. Das ist sehr traurig, und dass Millionen es schon so gemacht haben, und dass Millionen es wieder so machen werden, und dass wir noch obendrein aus zwei Hälften bestehen, die beide das nämliche tun, so dass alles doppelt geschieht – das ist sehr traurig.[17]

Man kann den Text semantisch untersteuert sprechen, oder ihn überpointiert ‚interpretieren', sich dabei vielleicht sogar sich in die einzelnen Bilder ausdrucksvoll hineinbegeben, man kann aber auch seinem Puls folgen und ihn wie ein rhythmisches Gedicht in drei Strophen mit repetitiven Sequenzen und einer wiederkehrenden Refrain-Struktur sprechen, als sei es Musik:

> Aber die Zeit verliert uns.
> **Das ist sehr langweilig,**
> immer das Hemd zuerst
> und dann die Hosen drüber zu ziehen
> und des Abends ins Bett
> und morgens wieder herauszukriechen
> und einen Fuß immer so vor den andern zu setzen;
> da ist gar kein Absehen, wie es anders werden soll.
> **Das ist sehr traurig**
> und dass Millionen es schon so gemacht haben
> und dass Millionen es wieder so machen werden
> und dass wir noch obendrein aus zwei Hälften bestehen,
> die beide das nämliche tun,
> so dass alles doppelt geschieht –
> **das ist sehr traurig.**

Dann ist die musikalische Struktur des Textes nicht mehr zu überhören. Erst viel später sollte ich entdecken, was Gertrude Stein hundert Jahre danach in *The Making of Americans* für eine wunderbare Musik der Worte gemacht hat, und damit mein Stück *Hashirigaki* eröffnen:

> "One is doing something and then doing that thing again and then doing another thing and then doing that thing again and then doing

> the one thing and then the other thing and that one certainly would be doing some other thing and doing that thing again and would be then doing another thing and would be doing that thing again and would then be doing the one thing and then would be doing the other if that one were not doing the things that one is doing in being one being living."[18]

Blanchot nennt eine solche Sprache (in seinem Essay über Samuel Beckett und Gertrude Stein) den „enigmatischen Raum der Wiederholung." „Zweimal das Gleiche zu sagen, nicht weil man auf das Identische bedacht ist, sondern aus der Ablehnung des Identischen heraus und so, als ob der gleiche Satz, wenn er reproduziert wird, dabei aber sich verschiebt, sich gleichsam in sich selbst entwickelt und zwar gemäß den Eigenschaften des von der Verschiebung erzeugten Raumes."[19] Und man könnte ergänzen: des *musikalischen* Raumes.

Lassen Sie mich abschließend die Vermutung äußern, dass mein Verfahren, Theater mit all seinen Mitteln musikalisch zu denken und zu bauen, wohl vor allen Dingen darauf zielt, an dieses *Wesen von Musik* heranzukommen. An die ureigenen Möglichkeiten, die Musik hat. So wie sie z. B. von Jean-Luc Nancy formuliert wurden. Und zwar selbst dann, wenn es nicht um komponierte Klänge geht, sondern zum Beispiel um die Sprache selbst. Es ist der Versuch der Übersetzung dieser diskreten Qualität – nämlich der „Nichtartikulation eines stets zugleich dargebotenen aufgespannten entzogenen Sinns" – in die Sprache der Bühne, des Raumes, der Bilder, der Texte, des Lichts, der Bewegungen und – eben auch – des Sprechens.

1 Zitiert nach Deutsche Akademie für Sprache und Dichtung, online: https://www.deutscheakademie.de/de/auszeichnungen/georg-buechner-preis/elias-canetti/dankrede.

2 Ebd.

3 Ebd.

4 Zitiert nach: *DIE ZEIT*, Rolf Michaelis am 21. November 1980.

5 Bertolt Brecht: *Werke. Große kommentierte Berliner und Frankfurter Ausgabe Bd. 29. Briefe 2. Briefe 1937–1949*, hrsg. von Werner Hecht, Jan Knopf, Werner Mittenzwei, Klaus-Detlef Müller, Frankfurt am Main 1998, S. 453–454.

6 Vgl. Tore Vagn Lid: *Gegenseitige Verfremdungen: Theater als kritischer Erfahrungsraum im Stoffwechsel zwischen Bühne und Musik*, Babelsberg 2011.

7 Elias Canetti: *Das Augenspiel. Lebensgeschichte 1931–1937,* München / Wien 1985, S. 15.

8 Ebd., S. 17.

9 Ebd.

10 Maurice Blanchot: *Das Unzerstörbare,* München 1991, S. 92.

11 Ebd., S. 92ff.

12 Jean-Luc Nancy: *Der Sinn der Welt,* Zürich/Berlin 2014, S. 123.

13 Samuel Beckett: *Worstward Ho,* Frankfurt am Main 1989, S. 6.

14 Michel Serres: *Die fünf Sinne,* Frankfurt am Main 1998, S. 161.

15 Ebd., S. 162.

16 Maurice Blanchot, a.a.O., S. 119.

17 Georg Büchner: *Werke und Briefe,* München 1988, S. 90.

18 Gertrude Stein: *The Making of Americans,* Illinois State University, Normal 1995, S. 803.

19 Maurice Blanchot, a.a.O., S. 159.

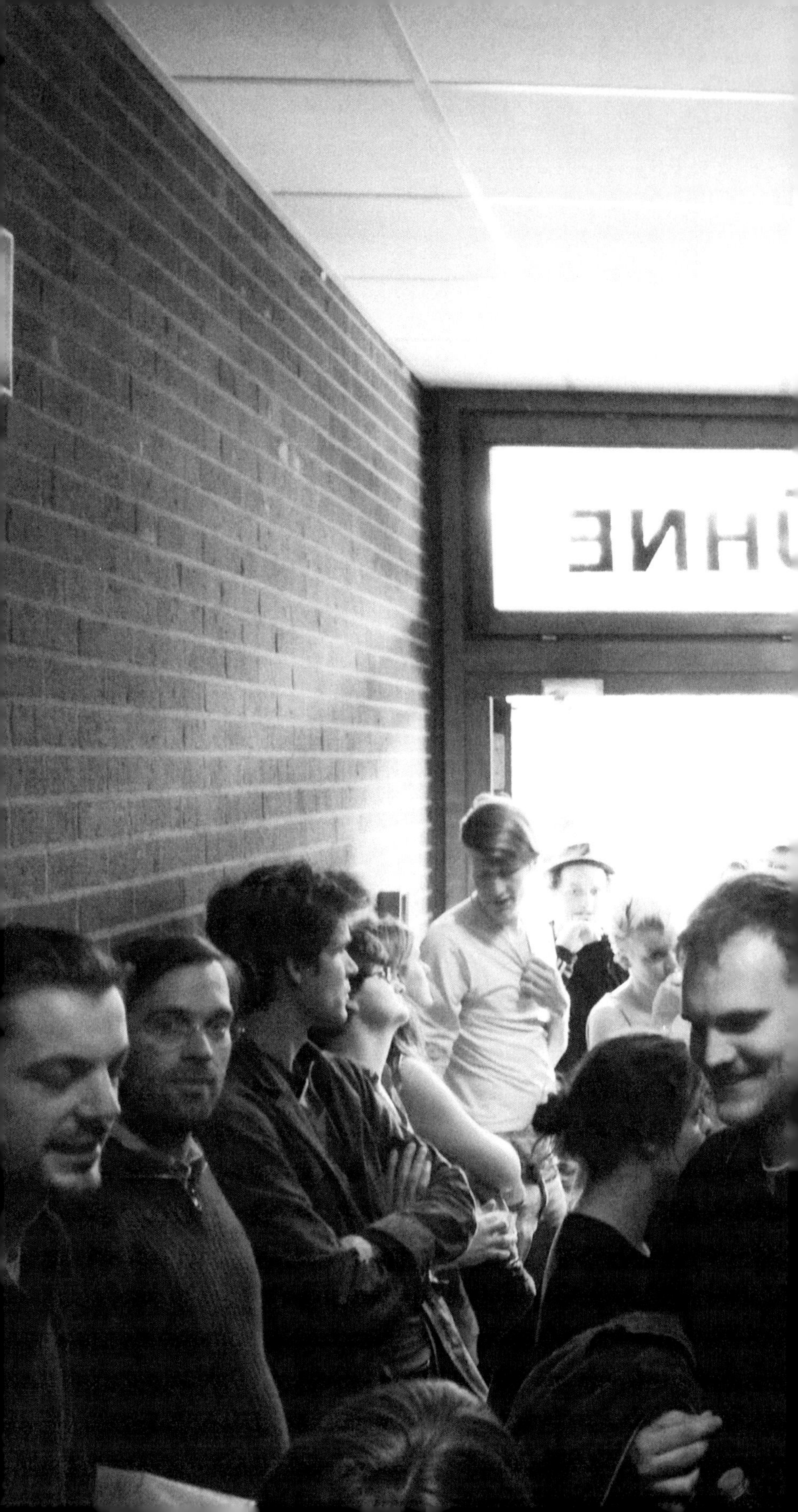

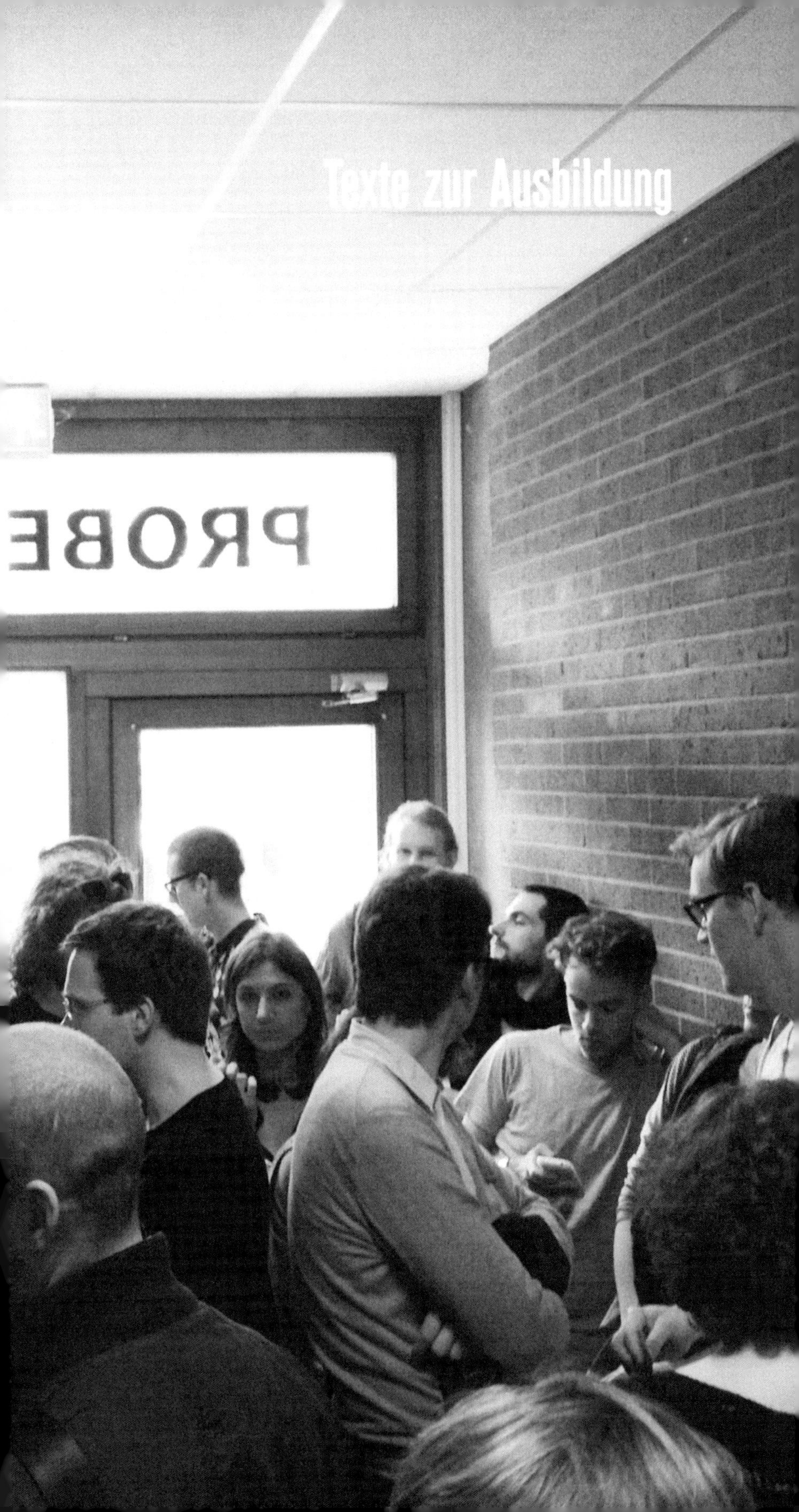

Texte zur Ausbildung

FORSCHUNG ODER HANDWERK?

Neun Thesen zur Zukunft der Ausbildung für die darstellenden Künste

1

Wenn wir über die Ausbildung in den darstellenden Künsten sprechen, reden wir über das Ende einer langen Kette. Die Hochschulen für Theater und theaterbezogene Disziplinen für Tänzer, Sänger, Instrumentalisten, Schauspieler, Regisseure, Bühnen- und Kostümbildner sind das über lange Zeit entwickelte Resultat einer ästhetischen Konvention. Alle diese Ausbildungsstätten wurden gegründet mit der einzigen Absicht, Nachwuchs bereitzustellen für die repräsentativen Institutionen, die Abend für Abend Ballette, Opern, Konzerte, Theater und Musicals präsentieren. Sie sind das Ergebnis einer real existierenden künstlerischen Praxis, die mindestens hundert Jahre alt ist – die Grundannahmen für die Opernausbildung sind sogar um einiges älter. Sie wurden nicht gebaut, um die Ästhetik zu erneuern, geschweige denn um die Strukturen und Institutionen, für die sie ausbilden, infrage zu stellen. Und damit ist die Ausbildung für den existierenden „Markt" das letzte und langsamste Glied in einer Kette aus Kunst, Kunstinstitution und Ausbildung für die Kunstinstitution.

Dass den Absolventen zunächst verlässliche Jobs an den Theatern und Opernhäusern in Aussicht stehen, ist ein wichtiges Ziel – aber es ist unverantwortlich, sie nicht zugleich für eine darüber hinaus vielleicht unsichere und weit komplexere Zukunft vorzubereiten. Und mit jeder Generation von Absolventen laufen wir Gefahr, die herrschende Auffassung der künstlerischen Disziplinen, so wie sie von den Institutionen repräsentiert werden, zu legitimieren und festzuschreiben.

Stattdessen sollten wir clevere junge Künstler ausbilden, die auch dazu in der Lage sind, ihre eigene Ästhetik zu entwickeln. Und wir müssen nicht so tun, als wüssten wir als Lehrende, wie sie aussieht. Wir wissen es nicht. Die Zukunft der darstellenden Künste ist – hoffentlich – nicht vorhersehbar; und um die Studierenden für die komplexe Wirklichkeit vorzubereiten, müssen wir sie in unsere Forschung einbeziehen und sie in die Lage versetzen, ihre eigenen Experimente zu betreiben.

2

Jedes Handwerk, jede Technik ist ideologisch. Sprecherziehung kann den Klang einer Persönlichkeit auslöschen, die Biografie, den Akzent, die Einzigartigkeit einer eigenen Stimme unhörbar machen, um einem gegebenen ästhetischen Standard zu entsprechen. Ähnliches mag für die Gesangsausbildung wie für andere Bereiche gelten – für die Rollenstudien in der Schauspielausbildung und die Inszenierungsstrategien in den Regieschulen, die sich immer noch schwertun, mit nichtpsychologischen, postdramatischen Texten ohne Figurenrede oder ohne lineare Narration künstlerisch umzugehen. Selten findet man in der Schauspielausbildung formale, „äußerliche" Techniken jenseits von „Einfühlung". Viele Trainingsmethoden wollen uns an die „Natürlichkeit" klassischer Konventionen glauben machen. Und die Ignoranz gegenüber den Errungenschaften der Theateravantgarde Anfang des 20. Jahrhunderts wirft uns historisch immer noch weit zurück. Wie lange hat es gedauert (und wie viele Inszenierungen von Robert Wilson haben wir gesehen) bis ernst genommen wurde, was bereits Adolphe Appia erkannt hat: dass das Licht eine unabhängige Kunstform auf der Bühne sein kann und nicht nur ein Mittel, um Schauspieler oder die Dekoration sichtbar zu machen?

Wir brauchen den Luxus einer künstlerischen Forschung anstelle einer Konzentration auf das klassische Handwerk und seiner Trainingsmethoden. Wenn schon Methodenlehre, dann brauchen wir deren gleichberechtigte Vielfalt und müssen uns immer ihrer historischen Implikationen bewusst sein. Wir brauchen eine weite Offenheit der Studierenden, um die Klischees zu überwinden, die die 17- oder 18-Jährigen z. B. über ihr künftiges Berufsbild als Schauspieler oder Regisseure durch Film, Fernsehen, Musical oder Schultheater vermittelt bekommen. Für viele kommt die Berufsentscheidung vielleicht zu früh. Die Frage sei daher erlaubt, ob wir bei den Aufnahmeprüfungen für diese Disziplinen überhaupt die richtige Klientel anziehen – oder auswählen?

3

Zeit ist kostbar. Wir müssen nicht jede mögliche Minute des Lehrplans für Handwerk und technisches Training verwenden, sondern die aufbrechenden Studierenden dazu ermächtigen, über einen sich ständig verändernden Kunstbegriff nachzudenken und das Repertoire, die Werke, die Gattung, nicht von vornherein als gegeben hinzunehmen. Das braucht Zeit, um zu lesen, theoretisch zu reflektieren, woran man arbeitet, zeitgenössische Musik zu hören, in Museen zu gehen, die Nachbarkünste und die aktuellen performativen Strategien zu sehen, zu erfahren, zu erproben. Nur so erwerben die Studierenden eine eigene künstlerische Intelligenz und können in den Diskurs über zeitgenössische künstlerische Erfahrungen einbezogen werden. Und nur so können die jungen Darsteller und Performer in der Produktion zu Komplizen werden und nicht nur Ausführende sein. Auch als Sänger oder Sängerin, als Tänzer oder Tänzerin wird man sich dann darüber im Klaren sein, wofür das Training gut ist: Was bedeutet es im 21. Jahrhundert? Was geht im Zuschauer vor, wenn die auf der Bühne zu singen oder zu tanzen beginnen?

Zeit ist kostbar – auch auf lange Sicht. Die künstlerische Entwicklung, die Herausbildung von Geschmack und ästhetischen Kriterien können nicht auf drei bis vier Jahre gestaucht werden. Statt einer Spezialisierung, die zu früh kommt, müsste Zeit sein, einen eigenen, zeitgenössisch erweiterten Begriff von den darstellenden Künsten zu entwickeln, *bevor* man sich entscheiden muss, Schauspieler oder Bühnenbildner oder Regisseur zu werden. Vielleicht steht sogar die strikte Trennung in diverse Disziplinen überhaupt infrage: die Trennung von Regisseur und Darsteller, Techniker und Bühnenbildner. Wenn man auf Arbeitsweisen vorbereiten möchte, die weniger hierarchisch sind, sollte man die Studierenden weder mit einem großen Ego ausstatten, noch sie in einer Arbeitsteilung einüben, wie wir sie von den großen Institutionen gelernt und in die Ausbildungsinstitutionen hineinkopiert haben. Sondern man sollte ihnen soziale Kompetenz in Teamarbeit vermitteln, mit der Fähigkeit zur Kollaboration und reifer Selbstverantwortung. Wichtige Regie- und Performancekollektive bilden hierzu ja bereits eine weithin sichtbare Alternative.

4

„Kunst" ist – in einer Formulierung des Systemtheoretikers Niklas Luhmann – definiert „durch die Unwahrscheinlichkeit ihrer Entstehung". Und wenn wir diese Definition auf den konventionellen Betrieb des Theaters anwenden, in dem jeden Abend ein Programm gegeben wird, könnte sich herausstellen, dass es sich hierbei gar nicht um Kunst handelt, sondern um Unterhaltung und Handwerk. Wenn Kunst die Unvorhersehbarkeit des zu Erwartenden ist, muss ohne Kompromisse gearbeitet werden und alles infrage zu stellen sein.

Wir sollten die Möglichkeiten der Bühne nicht darauf beschränken, allzu gut bekannte Geschichten zu erzählen, Botschaften für ein unterschätztes Publikum zu formulieren und Statements über die Realität zu machen. Wir können Theater als künstlerische „Erfahrung" mit allen Mitteln verstehen und sicher sein, dass das Publikum reif, erwachsen und in der Summe cleverer ist als die, die sich ein Stück ausgedacht haben. Und wenn wir akzeptieren, dass ästhetische Erfahrung die Erfahrung des Unbekannten, des Anderen ist – eine Erfahrung, die den Blick öffnet, unsere Imagination beflügelt, eine Erfahrung, für die wir keine Worte haben –, dann muss die darstellende Kunst, also die Oper, das Theater, der Tanz, die Performance, genauso wie die bildende Kunst kompromisslos die Konventionen verweigern, die so diskret hinter den vielen unhinterfragten Voraussetzungen versteckt sind.

Eine dieser Grundannahmen des Theaters ist der unbestrittene Wert von „Präsenz" und „Intensität". Von den bildenden Künsten lernend, kann man aber auch die entgegengesetzte Erfahrung machen: In vielen zeitgenössischen Arbeiten kann man erleben, wie gerade die „Abwesenheit" als enorme Anziehungskraft die Aufmerksamkeit eines souveränen Betrachters bindet. Wenn darauf verzichtet wird, das Offensichtliche zu zeigen und das Zentrum der Aufmerksamkeit zu besetzen. Künstlerische Erfahrung des Zuschauers kann nicht nur die direkte identifikatorische Erfahrung mit einem virtuosen Protagonisten auf der Bühne sein, sondern sich auch (und das können das Theater und die Oper von den fragmentierten, abstrakten und manchmal kaum sichtbaren Körpern im zeitgenössischen Tanz lernen) als indirekter Kontakt, als vermittelte Begegnung mit einem unbekannten Dritten ereignen.[1]

Ein wichtiger Teil der Ausbildung für das Theater muss darin bestehen, die darstellenden Künste im Kontext der aktuellen Entwicklungen ihrer Nachbarkünste – der Musik, der bildenden Kunst, der nichtdramatischen Literatur – zu lehren und zu erforschen. Die Tatsache, dass die Theaterverlage meist immer noch Texte mit Figuren und Rollen in üblichen Besetzungen anbieten (2M, 3F) – und das so viele Jahre nach Gertrude Stein, Samuel Beckett, Heiner Müller und Sarah Kane –, ist das eigentliche Drama.

5

Wir dürfen die Schwerkraft der Institution nicht unterschätzen. In Deutschland haben wir Hunderte von öffentlich subventionierten Stadt- und Staatstheatern: Sie sind hervorragend und weltweit einzigartig für die Repräsentation und Pflege des Repertoires, aber sie erweisen sich auch immer wieder als inflexibel, wenn es um die Entwicklung strukturell neuer Produktions- und Präsentationsformen geht. Sie tun sich schwer damit, sich auf das Unbekannte einzustellen. Sie basieren ausschließlich auf der deutschen Sprache, ignorieren die Internationalität der Künste, der Gesellschaft und die uns fremde Sprache der Anderen – und tun es auch darin den Medien nach.

Man kennt als Zuschauer das Repertoire, die Stücke, man kennt die Räume, man kennt im Abonnement die Nachbarn zur Rechten und zur Linken, man kennt die Regisseure und die Mitglieder des Ensembles – und falls noch nicht, wird man zu Spielzeitbeginn mit großformatigen Close-up-Fotos mit ihnen vertraut gemacht. Viele Theater basieren – und das ist das Gegenteil von künstlerischer Erfahrung – auf Wiedererkennung und „Vertrautheit".

Die institutionelle Formatierung ist für die dort arbeitenden Künstler eine Bedingung a priori, lässt sich kaum infrage stellen und ist selten mit bewusster Entscheidung verbunden. Von einigen exponierten Häusern abgesehen, können die Institutionen kaum die Frage zulassen, was dem Projekt wirklich angemessen ist; dazu fehlen die Zeit und das Geld. Sie beantworten nur die Frage, was das Haus braucht, was für die Institution, die Schauspieler, die Sänger, das Orchester, die Werkstätten, das Repertoire, den Spielplan und das Publikum gut ist. Kompatibilität mit der Institution wird zur ersten Bedingung für die künstlerischen Entscheidungen. Selbst bei zeitgenössischen Opern ändert sich in den meisten Fällen nur der Sound – nicht jedoch die Typisierung der Besetzung, nicht die Dramaturgie, nicht die Produktionsverhältnisse und nicht das Verhältnis zum Publikum und die Struktur der Wahrnehmung.

Was wir neben den Häusern für das Repertoire dringend brauchen, sind Laboratorien für Theater und Musiktheater, in denen *alles* infrage gestellt werden kann: wie wir arbeiten, woran wir arbeiten, mit wem wir arbeiten, wie lange wir arbeiten. Laboratorien, in denen es möglich ist, mit allen Mitteln, allen Elementen von Anbeginn an gleichzeitig zu arbeiten. Ist es nicht dasselbe wie beim Auto? Ein neuer Wagen wird auch nicht am Fließband erfunden.

6

Theater ist eine kooperative Kunstform. Selbst die Technik und jedes ihrer Elemente (Licht, Kostüm, Video, Sound, Raum etc.) sind nie nur neutrale Werkzeuge. Als Brecht die „Trennung der Elemente“ gefordert hat, schwebte ihm ein Theater vor, in dem jedes Element so weit entwickelt wird, dass es seine eigene künstlerische Kraft und Stärke zeigen kann und nicht nur dienendes illustratives Beiwerk bleibt.

Und es ist immer sichtbar, wie gearbeitet wird. Man sieht einer Produktion in Film oder Theater nicht nur an, wie der Regisseur mit den Schauspielern gearbeitet hat. Man sieht auch, wie autoritär (oder ignorant oder illustrativ) mit den Elementen umgegangen wird, hinter denen immer auch Techniker, Mitarbeiter und andere Künstler stehen. Mit einer flachen Hierarchie und einer nichtentfremdeten Teamarbeit, in der die Mitarbeiter den Raum, die Zeit und die Freiheit haben, ihre eigene Disziplin weiterzubringen, starkzumachen, kann eine Polyphonie der Elemente entstehen, die es erlaubt, ein Stück von verschiedenen Perspektiven aus zu erleben. Eine Polyphonie, die viele Zugänge eröffnet und es den Zuschauern ermöglicht, ihre Eindrücke auf individuelle Weise aus all den einzelnen Eindrücken zusammenzusetzen.

In vielen zeitgenössischen Arbeiten hat sich der Begriff vom „Drama“ längst verschoben: weg von der psychologischen Konfrontation repräsentativer Rollen und Figuren auf der Bühne hin zu einer Kunstform, in der die Wahrnehmung selbst zum Thema wird.

7

Phantasie ist gefährlich. Heiner Müller hat davor gewarnt: „Ich habe keine Phantasie. Nicht die geringste. Menschen mit Phantasie sind permanent in Gefahr gegenüber den Schwierigkeiten der Realität. Ich kann mir nichts vorstellen. Ich habe nicht einmal Ideen. Ich warte bis irgendetwas vorbeikommt.“ Es gibt Künstler, die Visionen haben, und sie leiden darunter – wie ihre Mitarbeiter –, weil es so schwer ist, diese Visionen gegen alle Widerstände umzusetzen. Überall hakt es: Es fehlt das Geld, die Traumbesetzung, die Probenzeit.

Und es gibt Künstler, die eher zuschauen, beobachten, Möglichkeiten entdecken und versuchen, diese in etwas Nicht-Vorhergesehenes zu verwandeln. Das kann glücklich machen, weil das Ergebnis für alle Beteiligten über die Erwartungen hinausgeht und überraschend ist. Diese Art zu arbeiten ist nicht nur billiger, sondern kostet auch weniger Energie. Man muss nicht mit viel Aufwand ideale Welten nachbauen, man kann auf das reagieren, was schon da ist. Ein bestimmter Grad an Beschränkung ist dabei durchaus sehr hilfreich.

Das Theater braucht keine Künstler mit Visionen. Es ist nicht wichtig, was auf der Bühne passiert. Es ist nicht einmal wichtig, was wir auf der Bühne zeigen, sondern eher, was wir verbergen – um das Publikum in den Stand zu setzen, selbst zu entdecken. Um einen Raum für die Imagination der Zuschauer zu schaffen, in dem die Texte aufgeschlossen und die Bilder für die Blicke der Zuschauer geöffnet werden.

8

Kreativität braucht Zeit. Die Geschwindigkeit zu drosseln wird in der Gesellschaft des Spektakels zunehmend zur subversiven Qualität. Wir müssen das Tempo, das uns von den öffentlichen Medien angeboten wird, nicht kopieren. Und Zeit ist wichtig, wenn wir uns künstlerisch nicht wiederholen wollen. Weigern wir uns – als Künstler wie als Theater –, in zu kurzer Zeit zu viel zu produzieren. Kümmern wir uns lieber darum, eine gute Arbeit zu machen und sie lange am Leben zu halten.

9

Zu den Sätzen, die ich am meisten hasse, gehört: „Das ist eine gute Story." Die Schwerkraft einer guten Geschichte beschränkt die reichen Mittel der Bühne. Lieber halte ich es mit Gertrude Stein: „Everything which is not a story could be a play." Alles, was keine Geschichte ist, könnte Theater sein. Denn „was soll der Nutzen sein, Geschichten zu erzählen, wo es doch so viele gibt und jeder kennt so viele und erzählt so viel. Es ist wirklich außergewöhnlich, wie viele komplizierte Dramen sich die ganze Zeit abspielen. Und jeder kennt sie, warum also noch eines erzählen?" Und Theater als Kunstform kann so viel mehr als das.

1 Vgl. Gerald Siegmund: *Abwesenheit. Eine performative Ästhetik des Tanzes,* Bielefeld 2006 und André Eiermann: *Postspektakuläres Theater. Die Alterität der Aufführung die Entgrenzung der Künste,* Bielefeld 2009.

WENN ICH MÖCHTE, DASS EIN SCHAUSPIELER WEINT, GEB' ICH IHM EINE ZWIEBEL

Über die Arbeit mit dem Schauspieler

Es gibt einen Augenblick in der Musiktheaterarbeit *Eraritjaritjaka*, in dem wir den französischen Schauspieler André Wilms eine Zeile aus den Aufzeichnungen Canettis sagen hören, und wir sind tief bewegt, weil sich der Schauspieler dabei zu ersterbender Musik eines Streichquartetts eine Träne aus den Augen wischt: „So sprechen, als wäre es der letzte Satz, der einem erlaubt wäre."[1] Wir sind bewegt, obwohl er den Satz nicht mit viel Innerlichkeit hervorbringt – denn gleichzeitig ist er damit beschäftigt, ein Rührei vorzubereiten: Er würzt die bereits schaumig geschlagenen Eier mit Pfeffer und Salz, schneidet mit der Schere etwas Schnittlauch in die Glasschüssel, lässt in der Pfanne die Butter schmelzen und schält nun eine Zwiebel. Ist sie es, die ihm die Tränen in die Augen treibt? Ist es das Rührei, das uns rührt?

Aber mit der Zwiebel ist es längst nicht getan: Es ist der Rhythmus des Streichquartetts, in dem der Schauspieler die Zwiebel klein schneidet; alle Bewegungen und Vorgänge und Texte dieser ca. 35 Minuten langen Sequenz sind durch die Musik definiert (wie auch alle Kameraeinstellungen, die diese Bilder live einfangen und auf die Bühnenrückwand projizieren). Wann er die Ärmel der Strickjacke hochstreift, wie er den Brieföffner zur Musik ansetzt, die Eier aufschlägt, die Zeitung liest, die Socken sortiert etc., all das folgt, Takt für Takt, genau der Partitur des Streichquartetts von Maurice Ravel, das gleichzeitig auf der Bühne gespielt wird.

Ich umstelle den Schauspieler mit rein *äußerlichen* Aufgaben, die aber im Kontext der Inszenierung, als Zusammenspiel der Texte mit der Musik, dem Raum, dem Licht und dem Spiel nicht *äußerlich* bleiben, sondern alle Sinne des Zuschauers erreichen (man riecht auch das Rührei …), zum Nachdenken anregen und sehr wohl berühren können. Die vielbeschworene „Innerlichkeit" findet sehr wohl statt, aber da, wo sie hingehört – im Publikum.

Ich möchte beschreiben, wie sich in meinen Arbeiten das Drama verlagert von der Repräsentation eines dramatischen Konflikts, der auf der Bühne gespielt wird (als in der Regel psychologisch ausgetragene Konfrontation von Protagonisten), zu einem Drama der Wahrnehmung, das sich für den Zuschauer ereignet: aus dem, was man sieht und hört, was im Zuschauen ausgelöst und erfahren wird, was man aus dem Gesehenen und Gehörten macht.

Die erste Frage des Schauspielers, der mit mir arbeitet, ist demnach nicht: „Woher komme ich?" oder „Wer bin ich?", sondern: „Was muss sich auf der Bühne ereignen, damit die Fragen, die man an einen Text, an ein Stück, an eine Arbeit hat, auch dort, wo sie mit Interesse aufgenommen und vielleicht beantwortet werden können – nämlich bei den Zuschauern – auch ankommen?"

Das ist keine Degradierung des Schauspielers, ganz im Gegenteil. Es bedeutet, ihn zum Komplizen, zum Koregisseur zu machen, von dem man denselben Überblick über die zu verarbeitenden Mittel auf der Bühne (von denen er eines ist) erwarten kann, wie vom Regisseur.

Ich stelle die höchsten Anforderungen an Schauspieler und kann auch – nicht ohne Stolz – sagen, dass ich das Glück hatte und immer noch habe, mit einigen der hervorragendsten der Zunft gearbeitet zu haben oder immer noch arbeiten zu dürfen. Und ich gehe grundsätzlich davon aus, dass ein Schauspieler sehr wohl über große Virtuosität verfügt und damit zu spielen weiß, aber dabei nicht notwendigerweise etwas vorzugeben hat oder „sich verstellen", d. h. in eine dramatische Figur verwandeln muss. Und dass dies im Kontext meiner Arrangements nicht vonnöten ist – kurz: dass wir nicht einmal darüber sprechen. Wir sprechen nicht über Figuren, sondern über Aufgaben.

Skepsis und Misstrauen in die Repräsentation begleiten mich grundsätzlich. Skepsis nicht nur gegen Schauspieler, sondern grundsätzlich gegen das Theater: gegen ein Bühnenbild, das illustriert, gegen ein lediglich funktionales Licht, gegen kommentierende Kostüme und gegen Texte, die vor allem Mitteilungen machen wollen und keine eigene künstlerische Realität behaupten.

Mein Misstrauen gegenüber der Repräsentationsfähigkeit des Schauspielers ist also weder persönlich gemeint noch gegen den Berufsstand gerichtet: im Gegenteil, ich glaube einfach, der Schauspieler kann weit mehr. Nur steht er – der uns Zuschauern und damit dem „richtigen Leben" so ähnlich scheint – am ehesten im Verdacht eines „als ob", denn für ihn mag es besonders schwierig sein, dem Spiel eine „eigene künstlerische Realität" zu verleihen, die nicht nur eine Kopie einer anderen Realität ist. Eine Hauswand auf der Bühne kann riesengroß sein oder winzig klein – und damit Abstraktes evozieren. Ein Schauspieler ist zunächst immer einer von uns, ein Mensch.

Szenische *Formen* – chorisch rhythmische Texte wie bei Einar Schleef oder entschleunigte, stilisierte Körper und ihre Trennung von der Sprache wie bei Robert Wilson – helfen ihm (und den Zuschauern), dabei das Stanislawskische „als ob" gar nicht erst aufkommen zu lassen. Oder eben Aufgaben. Das kann – in der Tradition der choreografischen und performativen Experimente der sechziger Jahre bis heute, von Yvonne Rainer bis Mathilde Monnier – als „task performance" oder „score" bezeichnet werden: Wenn ich möchte, dass der Schauspieler verzweifelt ist, gebe ich ihm viel zu tun. Wenn ich möchte, dass er seine Erschöpfung zeigt, gebe ich ihm – wie in der Musiktheaterarbeit *Max Black* – nach einem atemberaubenden Marathon einen Stuhl.[2]

Aber formuliert nicht jeder Regisseur Aufgaben? Er beschreibt bei den Proben die Emotion der Figur während der Szene und nennt das *Subtext*. Die Idee ist charmant, setzt aber voraus, dass man den Subtext kennt. Und dass es entweder nur einen gibt oder man davon ausgeht, dass der Subtext, den der Regisseur als solchen definiert, der allein selig machende ist. Das Problem ist nur: *Den* Subtext gibt es nicht. Jeder gute literarische Text hat viele Bedeutungsschichten, Sinn-Ebenen, Lesarten. Und sie werden leicht vom Subtext verdeckt, zugeschüttet, eingeschnürt, indem quasi eine einzige Interpretation, ein „privates" Gefühl zur dominanten Verständigungsebene gemacht wird – statt sie zu öffnen und aufzuschließen für die vielen Augen und Ohren und Köpfe des Publikums.

Der Aberglaube einer Regie, das „Verstehen" eines Textes lasse sich damit sicherstellen und eins zu eins auf die Bühne bringen und plausibel nachvollziehen, ist fahrlässig. Im Gegenteil: Das Ausstellen von „Plausibilität" und „verstanden zu haben" durch einen souverän wirkenden Schauspieler, der den Text beherrscht (statt unter ihm, hinter ihm zu stehen und ihn nur „anzubieten"), kann sogar unsere Erfahrung eines Textes schmälern. Die Folge sind Inszenierungen, bei denen schon in der ersten Szene klar ist, wie das Stück nach drei Stunden ausgehen wird ... „Verstehen" wird meist verwechselt mit einer Reduktion auf das bereits Bekannte. Klischierte Bilder und Gesten illustrieren den Gedanken und am Ende sagt das Publikum, es habe das Stück (oder die Interpretation) „verstanden". Aber ist das nicht das Gegenteil von künstlerischer Erfahrung, die doch immer auch die Erfahrung des Fremden, Unbekannten meint? Ich möchte mit „Verständnis“ eher auf die vielstimmige Offenheit von Sprache anspielen, die einen Text nicht festzurrt.

Verstehen muss immer individuell realisiert werden, es kann sich nur in Kopf und Körper des Zuschauers ereignen. Und man kann es nicht „vormachen“. Man kann es umstellen und Techniken bereitstellen, die es möglich machen. Dafür benutze ich persönlich im Übrigen weniger den Begriff der „task“ oder des „score“, sondern den des „Widerstands“ und der „Form“. Was nicht ausschließt, dass auch der Schauspieler die Arbeit an Widerständen und mit formalen Konfrontationen als produktive Herausforderung genießen kann.

Auf der Probebühne des Gießener Instituts hörte ich einmal durch die offene Tür einen Lehrbeauftragten zu den Studierenden sagen: „Man darf einem Schauspieler nie sagen: lauter oder leiser, langsamer oder schneller ..., sondern muss das immer über die Figur, die Psychologie begründen.“ Ich habe daraufhin die Tür zur Probebühne sofort wieder geschlossen, weil ich nämlich genau so arbeite: nach rein musikalischen, akustischen, formalen Kriterien. Ich habe mich auch immer geweigert, die frappierende Technik von Ruth Berghaus anzuwenden, die darin bestand, einerseits formal und ästhetisch zu denken, dies aber in Sekundenschnelle für den Schauspieler überzeugend in Psychologie zu übersetzen. Wenn ich ihr z. B. bei unserer Zusammenarbeit an *Dantons Tod* aus musikalischen Gründen geraten habe, eine Passage langsamer sprechen zu lassen, dolmetschte sie diesen Vorschlag quasi simultan für den Schauspieler mit Hinweis auf die Figur: „Mensch, denk doch mal darüber nach, was der Robespierre gerade durchgemacht hat!“ – nicht ohne mir dabei mit dem anderen Auge verschwörerisch zuzublinzeln.

Der Rhythmus zum Beispiel ist ein solcher möglicher Widerstand: Das heißt, die Komposition einer Form für Text oder Bewegung, die den Schauspieler und seine Sprache quasi als Instrumentalist in *den* Zustand versetzt, der dem Hörenden beim Aufschließen der Texte hilft. Denn auch unsere Wahrnehmung operiert in Rhythmen, in Seh-Rhythmen ebenso wie in der körperlich rhythmischen Erfahrung des Hörens von Sprache, Musik, Klang, Geräusch. Dabei kann das Aufschließen der Texte durchaus im Wortsinn gemeint sein: als akustisch hörbare Instrumentierung der Interpunktion zum Beispiel. Die Syntax zu hören, das heißt, wo das Komma sitzt oder das Zeilenende die Semantik bricht, kann der entscheidende Impuls sein, einen Satz jenseits eingefahrener Bedeutungsebenen neu zu verstehen.

Die Blockierung eines offenen „Verständnisses" findet genau dadurch statt, dass der Regiebegriff vom „Subtext" und der „Emotion" quasi stellvertretend für das Publikum an das Innerste heranwill und damit (für den Zuschauer) das eigentliche emotionale Zentrum (mit dem Schauspieler) besetzt. Das Wichtigste ist dabei also, den Grund des Spiels nicht aus der Innerlichkeit zu holen, sondern aus der Realität dessen, was der Schauspieler tatsächlich auf der Bühne tut. Es geht also darum, nicht die Selbstbezüglichkeit, das Sich-in-der-Rolle-Wohlfühlen, In-ihr-Aufgehen, die Textsicherheit und Souveränität des Schauspielens ins Zentrum zu stellen. Wir brauchen diese Widerstände, wenn Theater nicht zu den Medien gehören soll, die „alle Beziehungen zwischen den Menschen als spontan, improvisatorisch, unmittelbar menschlich erscheinen lassen"[3] – wie Adorno/Eisler es (einmal) über schlechte Filmmusik formuliert haben.

Ich versuche den Schauspielern, Performern, Musikern eine Instanz zur Seite bzw. in den Weg zu stellen, mit der sie sich auseinandersetzen, an der sie sich reiben können, und die den Eindruck dieser improvisatorischen Spontaneität gar nicht aufkommen lässt – Aufgaben eben.

Welche Rolle spielt die Arbeit an äußerlichen Formen in der derzeitigen Schauspielausbildung? Wird dabei ein Bewusstsein über die ideologischen Komponenten des Handwerks vermittelt – als institutionalisierte Ästhetik einer theatralen Konvention, die gut hundert Jahre alt ist? Der Verdacht drängt sich auf, dass das nahezu ausschließliche Reden über „Stoffe" und „Inhalte" und die Vermeidung *formaler* Studien uns doch nur nahelegen wollen, die darstellerischen Konventionen als „natürlich" zu begreifen und sie nicht zu hinterfragen; ein quasi *organisches* Spiel zu verabsolutieren, um uns unreflektiert der Wirkung dieser quasi „natürlichen" Formen auszuliefern.

Wie die Arbeit an der Form zu heftigen Konflikten führen kann, beschreibt der norwegische Regisseur und Theaterwissenschaftler Tore Vagn Lid aus eigener Erfahrung bei Musiktheaterarbeiten mit Schauspielern:

> Stanislawskis Programm des psychologischen Realismus rückt den Schauspieler ins Zentrum des Theaters, nicht als äußerer Realismus, sondern eben in des Schauspielers innerer Vorstellung von der einheitlichen, realistischen und glaubwürdigen Situation. In der Arbeit

> des Schauspielers, bei Stanislawski gleichbedeutend mit der Verinnerlichung des dramatischen Textes, wird also der Kernbegriff der Motivation an die Definition und Klärung einer organischen Situation geknüpft [...] Wenn die „Bausteine“ der Theaterarbeit klar definierte (analysierte) Situationen, unterteilt in eine organische Kette von Handlungen und Reaktionen, sind, und diese wiederum auf dem individuellen und relationalen Verständnis und der Auffassung des Schauspielers von Rhythmus und Struktur beruhen, werden mit Notwendigkeit Prämissen für die übrigen dramaturgischen und musikdramaturgischen Parameter des Theaterraums gesetzt.
>
> So liegt zum Beispiel im Aufhalten dessen, was vom Schauspieler als eine organisch prozesshafte Situation aufgefasst wird, um so Raum für einen musikalischen Kommentar zu schaffen, der Keim zu einem Konflikt. Ein Konflikt mit der Identifikation, der „Einheit“ zwischen Schauspieler und Rolle.
>
> Das alles verstärkt diese identifikationsleitende Schwerkraft („die Arbeit des Schauspielers an sich selbst/die Arbeit des Schauspielers an der Rolle“), verstärkt ein subjektives und expressives Verhalten zum Szenischen und zum musikalischen Material.[4]

Es geht also um eine Vermeidung dieser vorgeblich organischen Plausibilität, um eine Spannung und Aufspaltung zwischen Ausübendem und Material. Gerade in der szenischen Arbeit mit Musikern kann man beobachten, wie konstruktiv ihr instrumentelles Verhältnis zum eigenen Körper sein kann. Trotz geringer Probenzeiten und hochkomplexer szenischer Aufgaben war es mir zum Beispiel möglich, mit den Musikern des Ensemble Modern innerhalb weniger Wochen eine Oper zu inszenieren *(Landschaft mit entfernten Verwandten),* in deren Verlauf die Musiker nicht nur virtuos ihre Instrumente gespielt haben, sondern auch singen, tanzen, sprechen und nebenbei noch ca. 300 Kostüme wechseln konnten. Stimmt der Eindruck, beim Schauspieler müsse im Gegensatz zum Musiker immer alles durch den Körper und das Körpergedächtnis? Wird ein derart instrumentelles Verhältnis in der Schauspielausbildung vielleicht blockiert?

Die Arbeit an der Form ist keine Reduktion der Fähigkeiten eines Schauspielers; man muss als Schauspieler trotzdem bzw. gerade „besonders gut sein“. Und in die Auseinandersetzung mit den Aufgaben gehen spielerische Potenziale ein, die nicht aus dem Abgrund der Psyche motiviert sind, sondern eben ihre Kraft aus dem Widerstand gegen die Aufgaben beziehen. Es geht um ein doppeltes Drama der Elemente: für den Schauspieler (mit bzw. gegen die anderen Theatermittel) wie für die Zuschauer (in den Konflikten ihrer Wahrnehmung). Hier fließt die von André Eiermann[5] explizierte These ein, dass künstlerische Erfahrung in der Aufführung nicht ausschließlich einer direkten Begegnung entspringen muss, sondern ebenso als trianguläre, indirekte, nicht unmittelbare Beziehung mit einem medialisierten Dritten zu denken ist. Für den Schauspieler wie für den Zuschauer bedeutet das gleichermaßen: keine Einfühlung/Identifikation, sondern die Bereitschaft, Interesse für das Unbekannte aufzubringen, es anzuerkennen und sich mit dem auseinanderzusetzen, was uns möglicherweise fremd bleibt.

1 Elias Canetti: *Die Provinz des Menschen. Aufzeichnungen 1942 – 1972,* Frankfurt am Main 1976, S. 222.

2 Vgl. Gerald Siegmund: „Die Aufgabe des Schauspielers – Task Performance als Choreographie", in: Wolfgang Sandner (Hg.): *Komposition als Inszenierung,* Berlin 2002, S. 127 – 131.

3 Theodor W. Adorno, Hanns Eisler: *Komposition für den Film,* Hamburg 1996 (München 1969), S. 41.

4 Tore Vagn Lid: „Gegenseitige Verfremdungen" – Theater als kritischer Erfahrungsraum im Stoffwechsel zwischen Bühne und Musik, Frankfurt am Main 2011, vgl. Teil II, Kap II „Stanislawskis ‚System': Die Arbeit des Theaters ‚an sich selbst'".

5 André Eiermann: *Postspektakuläres Theater. Die Alterität der Aufführung und die Entgrenzung der Künste,* Bielefeld 2009.

EINE RIESIGE HOLZPISTOLE

Theorie und Praxis in Gießen

Eine riesige Holzpistole schießt eine Darstellerin auf die Bühne.[1]
Ein Dirigent und eine Tänzerin dirigieren synchron eine unhörbare Musik.[2]
Eine Wäschemangel frißt ein endlos langes Bodentuch.[3]
Ein organisch wurmartiges Gebilde windet sich auf dem Boden des Büchnersaals und fängt alsbald chorisch zu singen an.[4]
In einer Zimmerecke geht immer wieder eine Tür auf; manchmal tatsächlich, manchmal nur als Projektion eines Videos, bei dem in einer Zimmerecke immer wieder eine Tür aufgeht.[5]
36 Leuchtstoffröhren flackern zögerlich zu Akkorden auf, die eine junge Frau auf einem Keyboard spielt, das notdürftig als Flügel verkleidet ist.[6]
Während eine selbstgebaute Wellenmaschine hin- und herschwingt, donnert es aus der hölzernen Kiste im Bühnenhimmel und regnet es Reis.[7]
Drei Boxen auf der Bühne sprechen mit dem erstaunten Publikum.[8]
Dort, wo eben noch eine junge Frau vom plötzlichen Verschwinden ihres zur Stalinzeit in einer russischen Spiegelfabrik arbeitenden Großvaters erzählt hat, steht jetzt plötzlich ein großer, schwarzer Kubus, aus dessen schmalem Schlitz es weiß und gleißend strahlt.[9]
Ein Schlagzeuger führt in einer Unterführung ein Solostück von Xenakis auf. Die Zuschauer stehen auf der anderen Straßenseite. Die Komposition wird von den durchfahrenden Autos interpunktiert.[10]
Auf einer in regelmäßige Felder unterteilten Grünfläche der Universität wird Kuhfladen-Bingo gespielt. Protagonist ist eine einem Bauernhof entliehene Kuh.[11]

Das ist keine postdramatische Regieanweisung, sondern nur eine Liste einzelner Eindrücke von künstlerischen Arbeiten der Studierenden des Instituts für Angewandte Theaterwissenschaft, die man im Laufe der vergangenen Monate bei der Präsentation szenischer Projekte und bei der Werkschau „Theatermaschine 2010“ sehen konnte. Die Liste ist relativ beliebig. Und für das, was in der letzten Zeit entstanden ist, zu kurz. Und beim besten Willen wird keine Geschichte daraus. Es sei denn die Geschichte vom Ende der „Gießener Schule“, wenn mit diesem Begriff einmal eine ästhetische Uniformität gemeint war – so es sie überhaupt je gegeben hat. Wer auf die Breite der künstlerischen Arbeiten, die in Gießen gemacht werden, schaut und hört, merkt schnell, dass zwischen Trash und zeitgenössischer Musik, zwischen Narration und bildender Kunst, zwischen installativen Arbeiten und Performances, zwischen Stillstand und Tanz so ziemlich alles möglich ist. Selbst das etwas aus der Gießener Mode gekommene Schreiben und Inszenieren dramatischer Literatur.

Trotz aller Diversität findet sich in dieser Liste aber vielleicht eine Gemeinsamkeit: Immer wieder sind es einzelne Elemente einer Aufführung, die sich „selbständig“ machen: Theatermittel, Vorgänge, Texte, Elemente, die sich behaupten, dem erwarteten Umgang zuwiderlaufen, nicht „aufgehen“, nicht gegenseitig ihre Bedeutung verstärken, sich nicht gegenseitig illustrieren. Eine Insistenz auf der Selbständigkeit der Elemente, ein Bestehen auf dem „für sich“ stehenden Vorgang, der unkommentiert bleibt, seine Kraft entfaltet und sich erfolgreich einer schnellen Einordnung entzieht.

Und gerade das Unmögliche ist das Schöne, denn es gehört zu den überraschenden und vielleicht besten Momenten des Kuratierens, wenn Studierende ein Konzept, das man zwar kritisch toleriert, aber dem man kaum eine Chance gegeben hat, am Ende gelungen ins Ziel bringen. Aber was sind eigentlich die Ziele?

Wenn das Licht macht, was es will, wenn die akustische Bühne sich von der visuellen entfernt, wenn die Bilder voneinander weglaufen, wenn ein Text auf der Stelle tritt, obwohl die Handlung weitergeht und umgekehrt. In all diesen Versuchen finden sich Elemente, die einen Zwischenraum offenlassen, in dem die eigene Sinnproduktion der Zuschauer individuell überhaupt erst stattfinden kann, realisiert wird; sich aber auch von der Sinnproduktion anderer Zuschauer unterscheidet.

Und die Unschlüssigkeit ist doppelt: Ob als theatermachende Studierende oder als Lehrender: Wir wissen nicht genau und vor allem nicht im Voraus, was sich beim Zusammenstoßen mehrerer getrennter Elemente ereignet. Das muss probiert und erfahren werden und macht die oft an der Wahrnehmungsseite orientierte Forschung mit den Theatermitteln so lebendig. Aber auch für die Zuschauer lässt sich die Frage nach der Wirkung nicht erschöpfend behandeln. Das Zusammenstoßen ihrer Wahrnehmungsmodi und -rhythmen ist und bleibt individuell und lässt sich nicht festmachen. Und das ist auch gut so. Denn wenn künstlerische Erfahrung die Erfahrung des Noch-nicht-Gesehenen, Noch-nicht-Gehörten, des Noch-nicht-Begriffenen bedeutet, kann sie sich vielleicht überhaupt nur in einem Raum ereignen, der noch nicht vom bereits Verstandenen besetzt ist. Irgendwo in dem vielbeschworenen Zwischenraum von Theorie & Praxis. Wie sich dieses Verhältnis aber tatsächlich realisiert, bleibt hartnäckig ein Geheimnis, weil natürlich die direkten Übertragungen von Theorie in Praxis nicht greifen. Was genau zwischen dem Lesen, Diskutieren, Verstehen, Konzipieren, Proben und Verwerfen passiert, bis eine Arbeit gelingen kann, ist nicht wirklich zu definieren. Und um es kurz zu machen, glaube ich, dass die Abgleichungs- und Übersetzungsprozesse dessen, was man als Künstler plant, mit dem, was sich in der künstlerischen Praxis ereignet, immer durch die komplex wahrnehmenden, aber auch das Unbewusste zulassenden Körper der Künstler müssen – der Kopf reicht hier allein nicht aus. Und in dieser merkwürdig irrational verbleibenden Lücke zwischen Theorie und Praxis ist es durchaus keine Seltenheit, wenn über eine gelungene Szene selbst zwischen Vertretern sehr unterschiedlicher Geschmäcker Einigkeit herrscht; während die Vorschläge zur Rettung einer „misslungenen" Szene mindestens so zahlreich sind wie die Anzahl derer, die an einem der oft und hart geführten Kritikgespräche im Institutsflur teilnehmen.

Wenn ich von Rhythmen spreche, von individuellen Rhythmen, ist das keine Metapher, sondern durchaus wörtlich zu nehmen, in der Weise, wie Bernhard Waldenfels von einem „Rhythmus der Sinne" spricht.[12] Zu diesen Rhythmen muss es kommen, wenn konkurrierende Elemente getrennte Aufmerksamkeiten einfordern und nicht unmittelbar „einschnappen" (Adorno/Eisler). Spätestens bei der Arbeit an *Stifters Dinge* wurde mir klar, dass ein Zuschauer kaum in der Lage ist, gleichzeitig und in Unabhängigkeit zu hören und zu sehen. Das heißt, er (oder sie) muss (oder darf) ständig hin (und her) springen. Waldenfels macht hierfür (mit Erwin Straus) auch die strukturelle Differenz dieser beiden Wahrnehmungsmodalitäten verantwortlich, da beim Sehen die einzelnen Teile sukzessiv aus dem sich darbietenden Ganzen analytisch entschlüsselt werden, „während das Hören eine synthetische Form annimmt, da Gehörtes nur bruchstückhaft präsent ist und seine Einzelheiten sich in zeitlichen Schritten entfalten".[13] Ein sich selbständig machendes einzelnes Element – wie z. B. die 36 Leuchtstoffröhren, die im Probebühnenhimmel hängen und in nicht schlüssig nachvollziehbarem Zusammenhang zu den Klavierakkorden aufflackern und wieder verlöschen – konfrontiert hier unser Sehen mit dem Hören und wir versuchen, dieses zu synchronisieren.

Aber wie entstehen diese Arbeiten? Zum einen im Rahmen von szenischen Projekten, die nach und nach den Umgang mit theaterrelevanten Medien quasi durchbuchstabieren; die eine Einführung in die Möglichkeiten künstlerischer Praxis mit einzelnen Theaterelementen bieten – wie „Hörstücke", „Videoinstallationen", „Lichtinszenierungen", „Szenische Konzerte" u. a. Diese Projekte haben zusätzlich zur Ausbildung einer medialen Kompetenz ihren Schwerpunkt aber auch darin, einzelne Theaterelemente überhaupt auf ihr ureigenes dramatisches Potenzial zu untersuchen und dieses als Eigenständiges starkzumachen. Nicht unter, sondern neben anderen Elementen – oder sogar an ihrer statt.

So erfolgt z. B. die Beschäftigung mit Licht nicht aus der funktionalen Perspektive auf ein mögliches Theaterlicht, sondern eher als Reflexion des Sehens und als Auseinandersetzung mit einer Kunstform, die Wirklichkeit nicht mehr beleuchtet oder beschreibt, sondern verkörpert: in Kenntnis der Arbeiten von Lichtkünstlern wie Olafur Eliasson, James Turrell, Mischa Kuball u. a.

Die szenischen Projekte bieten auch erste Möglichkeiten, Teamarbeiten zu erproben, die für die Studierenden des Instituts so charakteristisch sind und es für die Regie-Kollektive unter den Alumni oft bleiben.

Aber viele dieser Arbeiten entstehen auch unabhängig vom Curriculum im Aufeinanderstoßen mehrerer Disziplinen, auf die sich jeweils einzelne Studierende zunehmend spezialisiert haben, nachdem sie mit ehemals ungerichteten Interessen das Studium begonnen haben.

Man kann es nicht hoch genug bewerten, dass es genau diese frühe Ungerichtetheit ist, die zu experimentellen Arbeiten jenseits der Schwerkraft eines Handwerks befähigt. Die viel zu frühe Entscheidung für eine Disziplin verstellt zu früh den Blick auf das, was Theater alles sein kann und sein wird.

In den Projekten wird deutlich, dass das kollektive Arbeiten nicht nur eine Frage einer dringlichen Institutionskritik ist, eine soziale Frage, eine Frage der Moral, des Umgangs miteinander und mit dem

Material. Es ist zugleich immer auch die Produktion einer ästhetischen Vielstimmigkeit, der auf der Wahrnehmungsseite die vielstimmigen Perspektiven eines vielstimmigen Publikums entsprechen.

Eine Aufführung, für die sich – als Team – junge Künstler „zusammenraufen", die jeweils und auf möglichst gleichermaßen hohem Niveau für die Musik, das Licht, die Technik, den Text und die Darstellung verantwortlich sind, bietet mindestens ebenso viele Zugänge für die Betrachter, wenn all diese Mittel um ihre Selbständigkeit konkurrieren, d. h. nicht nur einer Idee oder einem konventionellen Regiebegriff untergeordnet sind. Ich kann als Zuschauer hinhören, vielleicht auch nur schauen, vornehmlich dem Text folgen, oder auch all das zusammen. Und ich kann in Konflikt geraten mit den einzelnen, getrennt und selbständig agierenden Elementen – wie mit der oben erwähnten Wäschemangel –, die dann eine Entscheidung für die Wahrnehmung einfordert: flüchten oder standhalten.

Schaue ich also dem Tuch hinterher, das allmählich zwischen den automatisch sich drehenden Walzen der Mangel verschwindet, und rechne mir aus, wie lange das wohl noch dauert? Und wohin das führt? Ob das Geräusch mich stört? Was es in mir auslöst? Wofür es stehen mag? Am Ende doch nur für ein Tuch? Und nehme ich dabei in Kauf, dass ich die anderen gleichzeitig stattfindenden Vorgänge verpasse? Den dreistimmig auf einen französischen Text gesungenen Akkord, der zeitlupenartige Gang der drei Performer in die Ferne, die Veränderungen des Lichtes, das Echo zuvor aufgenommener Geräusche? Gleichzeitig wird bei dieser Performance mit dem Titel STRAND klar, dass die Rhythmen der Wahrnehmung langsamer verlaufen können, weil der Charakter der rituell sich wiederholenden Vorgänge ein entspannteres Schweifen zulässt und das Zuschauen zu einem Strandspaziergang werden kann.

Wie kommen diese Verselbständigungen zustande? Als Brecht einmal wieder Hanns Eisler einen Text zur Vertonung schickte, machte er ihm zwar einige musikalische Vorschläge, beendete den Brief aber mit: „But, it's up to you."[14] Im Respekt für den Anderen, im Vertrauen auf seinen Blick und seine Kompetenz steckt auch der Verzicht auf die Dominanz einer Disziplin und die Bereitschaft zu einer ästhetischen Koexistenz, die auf Heterogenität beruht. Das nutzte Eisler in diesem speziellen Fall sogar dazu, den Text *nicht* zu vertonen. Oft finden wir bei ihm aber auch kompositorische Strategien, die den schriftstellerischen zuwiderlaufen oder dem Text einen Kontrapunkt gegenüberstellen.[15]

Die mangelnde eigene Kompetenz nicht als Schwäche wahrzunehmen und zu überspielen, sondern als Stärke zu nutzen, um damit die künstlerische Perspektive um den Blick des Anderen zu erweitern – das ist der Kern des kollektiven Arbeitens. Die internationalen szenischen Kooperationsprojekte des Instituts, die in den letzten Jahren – mit unterschiedlichem Erfolg – mit Studierenden und Instituten aus Italien, Österreich, Frankreich, Dänemark und den Niederlanden realisiert wurden, sind eine weitere Herausforderung zur Vermittlung der eigenen Ästhetik und der Akzeptanz der Ästhetik anderer.

Die Alternative zum Regie-Ego ist die Einladung zu einer künstlerischen Vielfalt und Offenheit, über deren Ausgang sich nicht einmal allzu Gesichertes sagen lässt:

Denn was macht die große Holzpistole mit mir, wenn ich ihre narrative Bedeutung nicht in Beziehung zu ihren Ausmaßen setzen kann und sie „,ins Leere läuft" oder sich vor allem als Material ins Spiel bringt?

Was löst das Nachdenken über Bewegung aus, wenn zwei unterschiedliche Körper und Professionen (eines Dirigenten und einer Tänzerin) nach einer Partitur das Gleiche tun, ich mir dessen aber erst dadurch bewusst werde, dass die Musik fehlt? Und was löst ein immer wiederholter Satz von Alain Robbe-Grillet aus, der sogar dann noch weiter zu hören ist, wenn die Performer schon längst aufgehört haben zu singen?

Wie entschleunigen sich meine Sinne durch die befremdliche Trägheit einer Kuh hinter dem Audimax der Justus-Liebig-Universität?

Wie verändert sich mein Hören von zeitgenössischer Musik, wenn die Virtuosität eines Schlagzeugers, dem die weihevolle Bühne entzogen ist, sich in der Profanität einer Tiefgarage gegen unbeeindruckte Autofahrer beweisen muss?

Wie gehe ich mit der nicht-linearen Erzählform einer ungeklärten Geschichte um, die humorvoll und unauflösbar Privates und Politisches in den brutalen Wirren der Stalin-Zeit vermischt und uns ohne jeden Versuch der Darstellung zurücklässt mit einem schwarzen, leeren Kubus, der, innen strahlend weiß, am Boden mit Salz bedeckt, uns durch einen bereits erwähnten, schmalen, weiß gleißend glänzenden Spalt anlockt?

Der ästhetische Gewinn der Verselbständigung einzelner Mittel und der Trennung der Elemente liegt im irritierten und so manches Mal komplexen Genuss eines dezentralen Gewebes, das uns als Zuschauer immer wieder mit anderen Prioritäten konfrontiert oder selbstgewählte Prioritäten, Entscheidungen, Verknüpfungen fordert und möglich macht.

In der Musik nennt man die Selbständigkeit der Stimmführung Polyphonie, und vielleicht hat das komponierte Nebeneinander von Gesang, Bewegung, Raum, Licht und Wäschemangel tatsächlich etwas von der kontrapunktischen Struktur einer Fuge. Auch in der Fuge bleibt es dem Hörer überlassen, welcher Stimme er nachhört, falls der Interpret diese Entscheidung nicht vorher getroffen und damit privatisiert hat. Gerade diese Offenheit macht das Vergnügen aus und ein mehrmaliges Wiederhören (und -spielen) einer Fuge möglich, das sich nie gleichen wird. Und vermutlich ist es auch genau diese aus der Kontrapunktik der Theatermittel entstehende Offenheit, die Meyerhold im Sinn hatte, wenn er formulierte, dass „der Regisseur vor allem Musiker sein muß, um das Unfaßbare zu umfassen. Gerade er hat mit einem der schwierigsten Gebiete der Musikkunst zu tun – er erarbeitet die szenischen Bewegungen immer kontrapunktisch."[16] Und weiter: „Unüberwindlich ist ein ganzer Haufen von Schwierigkeiten nur darum, weil jemand nicht weiß, wie ein Werk anzupacken, wie es musikalisch aufzudecken ist."[17]

Wenn ich mir nicht mehr sicher sein kann, ob auf der Bühne die Tür in der Zimmerecke tatsächlich aufgeht, ob der junge Mann und die junge Frau tatsächlich hereinkommen, ob sie die Blumen, den Sessel, die Büste, das Plakat tatsächlich umräumen oder das alles nur eine Videoprojektion ist oder sich diese Projektion mit den tatsächlichen, gegenläufigen Bewegungen derselben Akteure überlagert, bis man nicht mehr weiß, wie viele Menschen eigentlich auf der Bühne sind – dann verschiebt sich der Begriff des Dramas, das man eben noch zwischen den beiden Performern vermutet hat.

Denn das Drama „ist nicht mehr ein Drama von handelnden Rollenpersonen, die sich psychologisch, sozial oder nach welchen gegebenen Wahrscheinlichkeitskriterien auch immer, motivieren ließen", wie Helga Finter es formuliert hat. „Das Drama ist in die Sinne verlegt, Auge und Ohr haben die Bedingungen von Sehen und Hören, den

Weg, der zum Verstehen führt, selbst zu rekonstruieren."[18] So kommt es zu einem Drama unserer eigenen Wahrnehmung, das sich im Konflikt selbständiger und konkurrierender Theaterelemente ereignet.

Was das für ein Drama sein kann, konnte ich auch kürzlich bei einer Aufführung des Nature Theater of Oklahoma erleben, auch wenn die Konstruktionsprinzipien zunächst ganz anders daherkamen: *NO DICE* [19] ist eine Performance, bei der man zunächst den sicheren Eindruck hat, die Darsteller wollen um jeden Preis die schlechtesten Schauspieler der Welt sein: richtige Knallchargen, viel zu laut, zu expressiv. Der Text, zu banal, wiederholt sich, und all die Erzählungen, die hier auf die Bühne kommen, erwecken auf nervtötende Weise den Eindruck, als wollten sie überdeutlich an den Zuschauer gebracht werden; bis man – relativ langsam, aber man hat vier Stunden Zeit – zu entdecken beginnt, dass bei dieser Theatertruppe auf sehr virtuose Weise nichts, aber auch gar nichts zusammenpasst: Die Gesten der Hände passen nicht zum Gesichtsausdruck, die Signale der Augen nicht zum grimassierenden Mund, die Intonation der Sprache nicht zur Lautstärke und zur Intensität des Sprechens, geschweige denn zu dem, *was* erzählt wird. Ganz abgesehen davon, dass die Kostüme, die schlecht sitzenden Perücken und aufgeklebten Bärte wiederum völlig anderer, klischierter Provenienz sind: Seeräuber, Cowboy, Nachtclubtänzerin, einäugige Mickey Mouse usw. Dass das Bühnenbild noch dazu aussieht wie ein schlecht ausgestattetes Großraumbüro, fällt in dieser scheinbar geschmacksfreien Zone schon kaum mehr auf.

Und man beginnt auch erst allmählich zu entdecken, dass die Texte, die dokumentarisch aufgenommenen Telefongesprächen entstammen, den Darstellern über winzige Kopfhörer zugespielt werden.

Man entdeckt das aber nicht sogleich in dieser Komplexität. Die Unangemessenheit der verschiedenen körperlichen Erscheinungsformen zu den fragwürdigen Erzählungen wirkt deshalb zunächst unbeholfen und anekdotisch, weil wir prinzipiell von einer Identität des Hörens und Sehens ausgehen – zumindest so lange, bis sich dieses vielfache Auseinanderfallen von Sehen und Hören und das ständige und vielfältige Abgleichen desselben dem Betrachter auffächert zu einem ganzen Feuerwerk virtuoser Gedankensplitter. Die ästhetische Strategie des Naturtheaters von Oklahoma besteht gerade darin, immer eine Identität des Gezeigten zu suggerieren und Zusammenhänge vorzugeben, wo keine sind. Die Selbständigkeit der getrennten Elemente wird dabei nicht ausgestellt, sondern kaschiert und kann erst allmählich von den Zuschauern mit Lust entdeckt werden, falls sie nicht vorher das Weite gesucht haben.

1 *Eine Pistole, ein Tanz, etwas aus Holz, das was kann.* Idee und Effekt: Caroline Creutzburg und Sophie Reble.
2 *Nostalgie, Solo für 1 Dirigenten* (1963). Tanzprojekt von Paula Rosolen (Szenische Einrichtung); Komposition: Dieter Schnebel; mit: Scott Voyles und Paula Rosolen.
3 *STRAND.* Ein Projekt von Katrin Hylla, Chris Herzog, Oliver Horton, Serena Schranz, Elisabeth Krefta und Fanny Frohnmeyer; Ton: Melchior B. Tacet, David Rittershaus.
4 *Während sie.* Performance von PACK (Sarah Bahr, Juliane Freitag, Johanna Grolig, Leonhard Großwendt, Angela Harter, Oliver Horton, Fabian Passarelli, Katharina Runte, Jascha Sommer).
5 *record of time.* Performance von und mit: Alexander-Maximilian Giesche, Lea Letzel.
6 *Neurosen des White Cubes.* Lea Letzel.
7 *Zergliederung der Schönheit. Miniatur nach William Hogarth.* Performance: Christoph Bovermann, Idee und Konzept: Anna Schewelew. Bühne: Nicola Sabbatini, Musik: Henry Purcell, Technik: Fabian Offert.
8 *Feuerland.* Performance von Alexander Bauer, Alma Wellner Bou, Chris Herzog, Jasmin Jerat, Ferdinand Klüsener und Lisa Schwalb.
9 *1937 I* und *1937 II* von Anna Schewelew und Fabian Offert.
10 *North, South, East, West. All that we have to do is to know any one of these directions. Then, from that one, we can find out the rest. – Ein Abend für Sabelweyn.* Inszenierung von/Eine Veranstaltung von/Ein Projekt von/Ein Abend von Szenische Konzerte und musikFabrik Köln.
11 *Krowa. Ein performatives Glücksspiel* von Chris Herzog, Oliver Horton, Elisabeth Krefta, Bettina Rychener.
12 Bernhard Waldenfels: „Vom Rhythmus der Sinne", in ders.: *Sinnesschwellen*, Frankfurt am Main 1999, S. 53 – 85.
13 Ebd., S. 73.
14 Bertolt Brecht: Werke. *Große kommentierte Berliner und Frankfurter Ausgabe Bd. 29. Briefe 2. Briefe 1937 – 1949,* hg. von Werner Hecht, Jan Knopf, Werner Mittenzwei, Klaus-Detlef Müller, Frankfurt am Main 1998, S. 453 – 454.
15 Vgl die Untersuchungen von Tore Vagn Lid zu den musikdramaturgischen Strategien Hanns Eislers bei der Komposition der Brechtschen *Maßnahme*, die deutlich machen, wie es bei einer arbeitsteiligen Trennung von Bühne und Musik zu einer „wirksamen polyphonen Stimmung von Musik im Theater und Theater in der Musik" kommen kann. Tore Vagn Lid: *„Gegenseitige Verfremdungen" – Theater als kritischer Erfahrungsraum im Stoffwechsel zwischen Bühne und Musik,* Frankfurt am Main 2011.
16 Wsewolod Meyerhold: „Die Kunst des Regisseurs" in ders: *Theaterarbeit 1917 – 1930,* herausgegeben von Rosemarie Tietze, München 1974, S 165 – 182, hier S. 175ff.
17 Ebd.
18 Helga Finter: „Das Kameraauge des postmodernen Theaters", in: Christian W. Thomsen (Hg.): *Studien zur Ästhetik des Gegenwartstheaters,* Heidelberg 1985, S. 46 – 70, hier S. 47.
19 *No Dice,* Nature Theater of Oklahoma, Aufführung im Künstlerhaus Mousonturm in Frankfurt am Main am 4. September 2009.

DAS HÖREN UND SEHEN ORGANISIEREN

Die Angewandte Theaterwissenschaft

Für welches Theater bilden wir aus? Theater als Labor oder Museum? Um falsche Polarisierungen zu vermeiden und Missverständnissen vorzubeugen: Ich liebe Museen. Es sind Schutzräume, die wir in Zeiten der medialen Attacke mehr und mehr brauchen. Und auch das Theater kann ein Schutzraum sein, ein *Museum für unsere Wahrnehmung*, für all die Qualitäten, die uns verloren gehen können, für das entdeckende Sehen und Hören zum Beispiel. „Ein Museum der Sätze", wie Canetti es einmal formuliert hat, ein Museum der Sprache, und nicht nur unserer eigenen.

Der Laborbegriff dagegen stammt in diesem Zusammenhang eigentlich von Klaus Völker, der bei einer Podiumsdiskussion vor einigen Jahren in Frankfurt unter dem großen Beifall der damaligen Schauspiel- und Regiestudenten sagte, eine Schauspielschule sei nicht dafür da, Labor für ein Theater der Zukunft zu sein. Da bin ich allerdings anderer Meinung.

Für die Ausbildung am Institut für Angewandte Theaterwissenschaft der Justus-Liebig-Universität in Gießen gilt gerade der Anspruch auf Forschung, damit die Studierenden vorbereitet sind auf die zunehmende Komplexität der darstellenden Künste, die sie erwarten wird. Das heißt auch, sie auf eine künstlerische Herausforderung vorzubereiten, von der wir jetzt noch nicht wissen, wie sie aussehen mag.

Natürlich gibt es Handwerk im Theater, im Tanz, in der Musik – aber es darf die künstlerische Praxis nicht beharrend dominieren, sonst wird Theater zur Konvention. Wenn es um die Kunst des 21. Jahrhunderts geht, muss alles zur Disposition stehen können.

Die künstlerische Ausbildung ist an allen Hochschulen in diverse Disziplinen unterteilt – Schauspiel, Tanz, Regie, Bühnenbild, Dramaturgie, Licht, Ton etc. – und wird meist getrennt voneinander (um nicht zu sagen: manchmal auch gegeneinander) gelehrt. Diese Spezialisierung gibt es an unserem Institut nicht.

Auch bei meinen eigenen Musiktheaterarbeiten steht z. B. die Musik nicht prioritär fest. Sie ist nicht bereits komponiert und man sucht dann nach einer inszenatorischen Lösung. Die Stückentwicklung ist ein Prozess, in dem oft das Musikalische nicht einmal an erster Stelle steht. Der Arbeitsprozess beginnt immer schon mindestens ein Jahr vor der Premiere in einer ersten Probe mit allen Darstellern und mit allen Mitteln – auch mit Licht, Ton und Raum – für die Dauer von ca. einer Woche. Es ist dabei absolut notwendig, dass möglichst alle der auch später bei den Aufführungen Verwendung findenden Mittel hier bereits zur Verfügung stehen, damit man das Verhältnis der Elemente zueinander finden und entwickeln kann. Denn wenn man die Trennung der Elemente ernst nimmt und sie nicht nur benutzt, um dem vermeintlich Wesentlichen – nämlich der Musik oder dem Text – zuzuarbeiten, dann muss alles gleichzeitig entwickelt werden. Wenn ich erst bei den letzten Proben mit Licht arbeite, kann ich von einem Schauspieler nicht mehr erwarten, dass er das Licht noch strukturell berücksichtigt. Wenn ich aber vom ersten Tag an mit dem Licht arbeite, dann kann das Licht ein starker Partner werden; dann kann das Licht den Schauspieler führen und umgekehrt. Oder das Licht kann selbst schauspielenderweise mit der Szene verzahnt werden. Deswegen ist vielleicht auch eine wichtige Voraussetzung für diese Art des Musiktheaters, mit einem Team zu arbeiten, dessen Mitglieder die Chance haben, jeweils ihr eigenes Mittel realisieren zu können. Bei der Arbeit mit einem Toningenieur, einem Lichtdesigner, einem Bühnenbildner, einem Schauspieler und einem Musiker hat jeder von ihnen – besonders in dieser ersten frühen Phase, ein Jahr vor den Endproben – die Möglichkeit, tatsächlich die eigene Sache, die eigene Kunstform starkzumachen. Anders wäre beispielsweise ein Stück wie *Stifters Dinge* mit seiner komplizierten Mechanik, den technischen Konstruktionen, dem Licht, Nebel und dem Wasser nicht zu produzieren. All diese Elemente entstehen im Verlauf der Proben durch die enge Zusammenarbeit mit den Mitgliedern des Teams. Die Stücke sind also keine Kompositionen, die vorher feststehen, die notiert sind; sondern sie entstehen nur kooperativ in der langen Probenzeit.

Unsere Studierenden kommen mit einem sehr ungerichteten Interesse an den darstellenden Künsten, an zeitgenössischer Live-Art. Und vielleicht ist das zunächst der größte Unterschied zu den Regieschulen. Die Frage, was sie einmal im/am/und um das Theater herum werden wollen, können unsere Studierenden zunächst meist gar nicht beantworten. Damit sind sie aber auch offen für die vielen Facetten und künstlerischen Möglichkeiten, die sich zwischen bildender Kunst, Musik und Theater bieten.

Vielleicht steckt ja ohnehin in der zu früh getroffenen Entscheidung eines jungen Menschen, „Ich möchte Schauspieler(in) werden" oder „Ich möchte Regisseur(in) werden", eine relativ klischierte Berufserwartung und es stellt sich die Frage, ob damit letztlich nicht eine Festlegung auf ein bestimmtes Theaterbild einhergeht, so wie man es eben kennt: in München, Butzbach oder Cottbus. Aber bereits darin liegt eine ästhetische Einschränkung, die sich im Laufe der Ausbildung als beharrendes Element erweist und sich verbunden mit dem Berufswunsch sogar noch erhärtet.

Viele Studierende, die sich bei uns bewerben, wissen es noch nicht; sie kommen entweder nach ersten Erfahrungen im Schultheater (die wir aufnehmen, wenn bei ihnen auch eine andere Seite zu beobachten ist, die im Schultheater alleine nicht aufgeht). Oder sie kommen, weil sie eigentlich lieber ins Kino gehen, dort aber „irgendetwas" an lebendiger künstlerischer Erfahrung vermissen. Sie sind weder ausschließlich im Theaterpublikum oder (noch weniger) im Opernpublikum zu finden, sondern im Idealfall gleichermaßen auch den zeitgenössischen anderen Kunstformen gegenüber interessiert und offen. Das Gesehene nicht auf das zu beziehen, was einem bekannt ist, sondern es als neue Erfahrung zu schätzen – das zu überprüfen, dazu dient unsere dreifache Aufnahmeprüfung.

Wie sich das Verhältnis von Theorie und Praxis tatsächlich im Alltag unseres Studiums herstellt, ist schwer zu beschreiben. Schließlich ist das Verhältnis nicht gradlinig. Da das Institut an einer Universität angesiedelt ist, sind die Studierenden in der Ausbildung mit vielem konfrontiert, das sich nicht direkt auf die Theaterpraxis bezieht. Der Studienplan sieht Seminare in Germanistik, Romanistik, Anglistik, Slavistik, Musikwissenschaft, Kunstgeschichte vor und natürlich Theaterwissenschaft und Philosophie. All das – auch wenn man gerade ein Bild von Velazquez analysiert oder ein Buch von Walter Benjamin liest oder von Sebald – sind für die Praxis inspirierende Umwege.

Die Vermittlung der wissenschaftlichen Theorie zur Praxis ist sehr komplex und persönlich. Wahrscheinlich muss das Gelesene Gesehene Gehörte Besprochene erst durch den eigenen Körper, damit die künstlerische Arbeit nicht ein aufgesetztes theoretisches Konstrukt ist, das man zwar auf der Bühne sieht, das sich dem Betrachter aber nicht mitteilt.

Als ich die Professur für künstlerische Praxis in Gießen 1999 begonnen habe, ging ich davon aus, dass es wohl drei Arten von Studierenden geben würde: Theoretiker, Techniker und Künstler; aber ich lag völlig falsch: Die Besten von ihnen haben diese drei Kompetenzen zusammen. Und die regieführenden Teams, die in den letzten Jahren von Gießen aus entstanden sind – wie Rimini Protokoll, Herbordt/Mohren, Auftrag: Lorey etc. –, sind sowohl technisch auf hohem Niveau, programmieren teilweise die Software, mit der sie arbeiten, selbst, haben theoretisch souveräne Diplom- und Hausarbeiten geschrieben und sind künstlerisch hochinteressant. Das Verhältnis von Theorie und Praxis ist also kein Widerspruch. Und es liegt auch keine Arbeitsteilung darin. Entgegen einer im Theater weitverbreiteten Theoriefeindlichkeit scheint Reflexionsfähigkeit für die künstlerische Intelligenz nicht von Nachteil zu sein.

Vielleicht unterscheidet sich auch die theaterwissenschaftliche Lehre und Theoriebildung am Gießener Institut von der an anderen theaterwissenschaftlichen Instituten durch ihre Nähe zur Praxis. Diese Nähe erhebt ständig Einspruch, wenn die Theorie zur Interpretation von künstlerischen Erfahrungen aufgesetzt und zur Kanonbildung herangezogen wird, und sie ermöglicht Theoriebildung als etwas, das unbedingt aus der Seherfahrung kommt. Es geht also auch in der theaterwissenschaftlichen Forschung nicht darum, Begriffe aus der Literaturwissenschaft zu nehmen, um damit die Arbeiten von William Forsythe oder René Pollesch zu analysieren und daraus womöglich sogar ein Gesetz zu formulieren, das aber schon in wenigen Jahren nicht mehr aktuell sein wird. Wir versuchen den umgekehrten Weg: den Forschungsgegenstand „Theater“ als lebendigen, sich täglich verändernden zu betrachten und zu versuchen, daraus zu einer – ebenfalls offenen – Theorie zu kommen. Das ist zunächst eine Sache, die die Lehrenden betrifft.

Für die Studierenden bedeutet die theoretische Reflexionsebene aber vor allem das Nachdenken über die eigene Arbeit. Das ständige Abfragen dessen, was man schon gesehen hat, was das „mit uns macht“ – womit die Wahrnehmung und die Konstitution des wahrnehmenden Subjekts untersucht werden.

Die künstlerische Arbeit der Studierenden entsteht in „szenischen Projekten“. Wie sieht so ein szenisches Projekt aus? In der Regel wird entweder ein Thema vorgegeben (z. B. „Texte von Alexander Kluge“; oder „Stadträume“) oder ein Format (Lichtinszenierung, Hörspiel, Botenbericht, Objekttheater etc.). Darauf antworten die Studierenden entweder mit freier Formwahl (im ersten Fall) oder einem eigenen Thema (im zweiten Fall). Dafür bilden sich in der Regel unter den Studierenden kleine Gruppen. D. h. das, was an anderen Hochschulen „Bandenbildung" genannt wird, ist hier nichts Subversives, sondern bewusster Teil dieser offenen Struktur auf der Suche nach einer eigenen Ästhetik, angeleitet und kuratiert. Die Arbeit im Team steht dazu nicht im Widerspruch, sondern ermöglicht im Gegenteil sogar eine ästhetische Polyphonie, die stärker sein kann als die Phantasie des Einzelnen. Dass der geniale Einfall kein Privateigentum ist – das als Möglichkeit schon im Studium zu erfahren ist unschätzbar. Die wichtigste Kategorie ist also zunächst nicht, „sich künstlerisch auszudrücken" oder, wie es kürzlich ein Regisseur ausgedrückt hat, „die Wunde in dir zu finden", sondern die Frage zu stellen, was mit uns passiert, wenn wir etwas sehen hören erfahren. Und in der Lage zu sein, das zu formulieren. Auch das trägt zur Kompetenz der Studierenden bei.

Wir haben keine Klassenstrukturen. Bei uns mischen sich alle Jahrgänge in den Projekten und in vielen Seminaren, sodass die Studierenden selbst sehr viel voneinander lernen. Sie lernen voneinander auch in den gemeinsamen Projekten, wo Studierende der höheren Semester mit den Anfängern zusammenarbeiten. Der Grund dafür liegt in der Tatsache, dass die Bewerber und Bewerberinnen mit sehr unterschiedlichen Voraussetzungen kommen; sie sind auch im Alter breit gefächert. Wenn z. B. ein Studienanfänger bereits eine Tanzausbildung hinter sich hat oder im Videoschnitt kompetent ist, macht es keinen Sinn, die Studierenden nach Jahrgängen zu trennen.

Im Prinzip gilt das auch für fast alle eigenen künstlerischen Teams, die von den Studierenden gebildet werden: dass sie aus einem Studierenden des zweiten Semesters bestehen, der gut im Umgang mit Tontechnik ist, und aus jemandem aus dem fünften Semester, der mit Licht besonders vertraut ist, und vielleicht einem guten Performer, der gerade angefangen hat, und jemandem, der schon im siebten Semester ist und schreibt. Oder dass sie sich zusammenfinden und zusammenarbeiten, weil sie denselben Humor haben …

Es gibt im Übrigen auch internationale künstlerische Kooperationsprojekte zusammen mit Studierenden anderer Institutionen aus anderen Ländern, die bei uns in jedem Jahr angeboten werden. Diese sind dann allerdings teilnehmerbeschränkt und eher für fortgeschrittene MA-Studierende.

Das Voneinander-Lernen ist auch deshalb wichtig, weil es im Laufe des Studiums auch um die Herausbildung einer eigenen Ästhetik geht und nicht darum, die Ästhetik der Lehrenden nachzubauen. Etwas zu finden, was mich als Lehrenden möglicherweise herausfordert, überrascht – und wovon ich gestern noch dachte, es würde eigentlich gar nicht funktionieren. Wie bei den ersten Versuchen der Gruppe Monster Truck mit einer Trash-Ästhetik, die mich zunächst eher ratlos gelassen hat, auch wenn unübersehbar war, welches Potenzial an szenischer Kraft und Bildstärke sich hier entwickelt. Aber nach anderen Kriterien als denen, die uns Lehrenden zur Verfügung standen.

Zu den szenischen Projekten, die bei uns angeboten werden (und von mir oder den künstlerischen Gastprofessoren betreut werden) gehört, dass alle, die daran beteiligt sind – das sind so zwischen zehn und zwanzig Studierende aller Semester – gegenseitig ihre Kritik formulieren an dem, was sie sehen und was vorgestellt wird; es handelt sich ja um das Ausprobieren von etwas so noch nicht Gesehenem und nicht um das Einüben in Vertrautes. Die Frage nach dem ästhetischen Gelingen ist also auch: Wie finden das diejenigen, die heute ins Kino gehen oder Musik hören oder ins Theater gehen oder Literatur lesen? Wie finden das die Anfang, Mitte Zwanzig- oder Dreißigjährigen? Deswegen trifft auch der Begriff des „Lehrenden als Lernenden“ (und umgekehrt) für die Arbeit an unserem Institut.

Viele Gruppen, die sich in den letzten zehn Jahren z. B. von Gießen aus als Performancegruppen etabliert haben, haben sich in diesen Lehreinheiten gebildet. Das gilt für Monster Truck genauso wie für Haug/Wetzel von Rimini Protokoll, deren Zusammenarbeit zurückgeht auf ein szenisches Projekt, das ich damals noch im Rahmen einer Gastprofessur Mitte der neunziger Jahre zu Kafka angeboten habe.

Medienkompetenz gehört zum Handwerk eines Theatermachers grundsätzlich dazu. Nur die eigene detaillierte Kenntnis der Struktur eines Mediums verhindert, dass man mit ihm marginal und illustrativ umgeht, sei es Ton, Video oder Bühnentechnik. Man kann auch mit Licht nur in kreativer Weise arbeiten, wenn man weiß, wie es funktioniert, welche Möglichkeiten es bietet. Wenn man selbst um die Möglichkeiten des Programmierens, Fokussierens etc. weiß, lässt sich künstlerische Phantasie materialgerecht entwickeln. Nicht gegen die bestehenden Möglichkeiten, sondern sie klug nutzend.

Die Ausbildung ist im Übrigen dahingehend strukturiert, dass alle Studierenden sich mit allen Medien nacheinander vertraut machen. Im ersten Semester arbeiten sie z. B. im Tonstudio, um zu lernen, wie man kleine Hörspiele oder akustische Skulpturen baut. In diesem Studio, allein, sind sie künstlerisch freier als in der Zusammenarbeit mit Darstellern, weil sie über Sprache frei nachdenken können; man kann Sprache zerschneiden, in Räume legen, man kann über Rollen oder Nicht-Rollen anders nachdenken; man kann das ganze Gefüge von Klang oder Text, von Raum und Beschäftigung mit Literatur (oder nichtliterarischen Texten), mit Dokumentaraufnahmen, als Regisseur auf einer rein akustischen Bühne bauen und kann das tun ohne die Schwerkraft derjenigen, die sagen „inszeniere mich mal".

Ein anderes szenisches Projekt heißt z. B. „Lichtinszenierungen", in dem die Studierenden für eine dramaturgische Zeit verantwortlich sind, die sie nur mit Licht theatral gestalten – auf unterschiedliche Weise: mit Scheinwerfern, Kerzen, Video, mit einer Camera obscura, oder nur mit der Wärme, die von Licht ausgeht etc. Wir nennen es zwar nicht „Regie", aber im Grunde genommen lernt man nicht nur mediale Kompetenz, sondern auch eine Inszenierung von Aufmerksamkeitszeit, und seien es auch nur wenige Minuten.

Und beim dritten Projekt kommt vielleicht dann ein Performer, ein Schauspieler, ein Musiker dazu – vielleicht aber auch noch nicht oder nie. Eines meiner ersten Projekte in Gießen war ein „Theater der Dinge", bei dem Stefan Kaegi einen Tischtennisball inszeniert hat, dem nachzuschauen sehr vergnüglich war.

Da wir für keinen bestehenden Markt ausbilden müssen, können wir versuchen, das, was wir schon kennen und gesehen haben, auszuklammern. Wir folgen keiner festen Struktur, in der jeder nach dem Studium in der Lage sein muss, *Hamlet* oder *Don Giovanni* zu inszenieren, sondern wir können tatsächlich die Lehre als experimentelle Forschung begreifen. Das heißt aber auch: Wenn ein Studierender eine szenische Idee konzipiert, kann man als Lehrender nicht mit einem Kanon von Gesetzen und Handwerk darauf antworten, sondern muss herausfinden, was die jeweiligen eigenen Gesetze dieses künstlerischen Ansatzes sind, nach denen sich die Idee umsetzen bearbeiten weiterentwickeln und ins Ziel bringen lässt. D. h., man ist als Lehrer nicht immer schlauer, sondern muss letztlich bei der Beurteilung der künstlerischen Arbeit oft bei null anfangen.

Die künstlerische Erfahrung des Betrachters, eines Zuschauers oder eines irgendwie in diesen performativen Zusammenhang geratenen Menschen steht im Zentrum der Aufmerksamkeit. Daraufhin klopfen wir alles ab. Es reicht nicht zu verstehen, was gemeint ist oder was es bedeuten soll, sondern es zählt nur, welche Resonanz es im Betrachter hervorruft. Es geht um einen möglichst untrüglichen Blick auf die Realität der Theaterarbeit selbst, und es geht nicht darum, das Theater nur als symbolisch-repräsentativen Verweis auf eine außerhalb liegende Wirklichkeit zu akzeptieren, auch wenn sie sich in dem Raum der Aufführung tatsächlich gar nicht ereignet. D. h. wir versuchen, die Konvention immer zu bestreiten und auf dem zu bestehen, was tatsächlich passiert: Genau hinschauen lernen auf die Texte, auf die Bühne, auf die Vorgänge, auf die Menschen, die Gegenstände, die Technik, die Produktionsweisen. Genau hinhören lernen auf die Stimmen, auf die Geräusche, auf die Musik. Das zu organisieren, nicht die eigene Sicht und Interpretation des Stoffes, gehört auch zum Beruf des Regisseurs.

Das Vergnügen der eigenen akustischen, visuellen, biografischen Imagination, das man beim Lesen hat, implodiert am Theater oft und schnurrt zusammen auf lediglich *die eine* Lesart dieses Textes. Man kann sich nicht mehr entzünden an dem, was der Text (oder das Bild, der Körper, die Musik) an Möglichkeiten anbietet und was sich in einem selbst abspielen kann. Ein Theater zu erfinden, das den Blick öffnen kann und sich mit dem Vergnügen des Lesens messen kann, das könnte ein Anspruch auch für die theatrale Forschung sein. Immer wieder die Inspiration aus den anderen Künsten für das Theater der Gegenwart einzuklagen – und davon ist die Literatur und das Lesen nur eine, der Tanz und die bildende Kunst, Architektur, Musik wichtige andere etc., auch das gehört zu den Prinzipien der Ausbildung.

Wir haben jedes Jahr vier künstlerische Gastprofessoren, die aus völlig verschiedenen Richtungen besetzt werden und mit sehr unterschiedlichen Impulsen kommen, weil wir letztlich nicht wissen können, als was die Studierenden später einmal arbeiten werden: als Theater- oder Festivalmacher, Wissenschaftler, Dramaturgen, Redakteure oder Kritiker. Und wir versuchen ihnen damit die Chance zu geben zu sagen, „so wie der Architekt über Räume nachdenkt, das ist etwas, was ich in meinem Hörspiel verwenden kann“ – worauf der Student vielleicht dann mit Erfolg akustisch etwas baut, das durch einen Impuls aus einer ganz anderen Disziplin entstanden ist.

Die Arbeit mit Schauspielern ist nicht prioritär. In der Regieausbildung muss man lernen alle theatralen Mittel (Raum, Licht, Ton) ebenso wie den Umgang mit Schauspielern durchzubuchstabieren, bevor man der Komplexität gewachsen ist, die es bedeutet mit all diesen Ebenen gleichzeitig umzugehen.

Im Verlauf dieser Tagung breitete sich bei einigen Kollegen die Einschätzung aus, *ein* möglicher Grund für eine gewisse Konventionalität in der Ausbildung der Regieschulen läge in der Arbeit mit den Schauspielern, die eher handwerklich-konservativ sind und es mit Blick auf ihr in Aussicht stehendes Engagement am Berliner Ensemble vielleicht auch sein müssen. Hier stecke vielleicht die größte Gefahr für unhinterfragte ästhetische Annahmen, die die Spielräume der jungen Regiestudenten einengen. Richtig ist, dass wir an unserem Institut diese Einschränkungen nicht haben, sondern unter den Studierenden nur wenige „Schauspieler" sind, und dass gerade das die Chance bietet, Theater ganz anders zu denken. Auch wenn das – glücklicherweise unter Einbeziehung dieser Studierenden – gerade dabei ist, sich zu ändern.

Dennoch stellen sich damit Fragen an die Schauspielausbildung: Werden Schauspielstudenten ausreichend mit ästhetischen Widerständen konfrontiert? Werden sie dazu ausgebildet, sich mit Formen auseinanderzusetzen? Lernt ein Schauspieler in einer Übung z. B. so zu sprechen, wie Einar Schleef inszeniert hat (um mit sprachrhythmischen Textformen künstlerisch umgehen zu können und nicht nur mit psychologischen Stoffen)?

In den großen Orchestern lässt sich feststellen, dass es oft gerade die jungen Musiker sind, die zeitgenössischer Musik gegenüber die größten Vorbehalte haben, weil die Beschäftigung mit Neuer Musik in ihrer Ausbildung von den Lehrenden auf den Sankt Nimmerleinstag verschoben wurde (manche Instrumentallehrer arbeiten sogar nach dem Motto: Nur wer zu schlecht ist für ein Orchester, soll zeitgenössische Musik machen …). Ist das in der Schauspielausbildung ähnlich? Falls später mal ein Regisseur käme, der wie Schleef an einer starken übergeordneten Form arbeitet – sind sie dann darauf vorbereitet, wenn sie ihr Spiel nur nach dem „Innen" ausrichten? Werden sie mit den Impulsen der Theateravantgarden konfrontiert – von Craig, Marinetti, Meyerhold, Brecht bis zu Wilson oder der Wooster Group?

Die Gefahr einer konsekutiven Ausbildungsstruktur – erst die Tradition, und dann, wenn überhaupt, das Laboratorium – sehe ich vor allem darin, dass man Widerstände aufbaut und die jetzigen Studierenden später zum konservativen beharrenden Teil in der ästhetischen Entwicklung der Theatersprache werden. Das gilt für alle gleichermaßen: Schauspieler, Regisseure, Tänzer, Instrumentalisten wie für die Sänger.

DER KOMPROMISS IST EIN SCHLECHTER REGISSEUR

Theater als Museum oder Labor

Einem klugen Hinweis und dem Archiv alter E-Mails folgend konnte ich feststellen, was mir selbst kaum aufgefallen ist: dass sich nämlich unter der Hand das Thema dieses Symposions verändert hat. Wo ursprünglich einmal von „Neuen Formen" die Rede war, sind wir jetzt angehalten, von „Neuen Theaterrealitäten" zu sprechen. Nun kann man das verwechseln und schnell das eine für das andere nehmen, aber de facto ist es doch ein Unterschied, ob wir über das sprechen, was inzwischen bereits zu einer neuen Realität des Theaters geworden ist – wenn auch nur partiell, in experimentellen Spitzen –, oder ob wir über die Zukunft des Theaters sprechen, nämlich über Neue Formen, die uns noch überraschen werden.

Das Theater befindet sich in einer grundsätzlichen und schnellen Entwicklung des Aufbruchs. Wir sollten uns diesbezüglich zweierlei fragen: Wie muss ein Theater heute aussehen, wenn wir wollen, dass in ihm morgen etwas entsteht, was wir jetzt noch nicht kennen? Und wie können wir für neue Theaterformen ausbilden, von denen wir noch nicht einmal wissen, wie sie aussehen?

Es gibt eine relativ klare Abfolge für das Verhältnis von Repertoire und Ausbildung. Aus der Majorität einer künstlerischen Praxis (nicht aus der von Theateravantgarden) entsteht der Konsens eines Kunstbegriffs (oder umgekehrt) und daraus resultiert die Entwicklung eines Handwerks (des Musikers, Sängers, Schauspielers, Tänzers); dafür werden die Institutionen, die Konzertsäle gebaut (immer noch für eine Orchestermusik des 19. Jahrhunderts), die Opernhäuser und Theater, und für deren Nachwuchs wiederum sind schließlich die Ausbildungsmodelle und -strukturen entwickelt. Das heißt, wir sind mit der Ausbildung in der Regel am äußersten Ende einer langen Kette.

Es ist ein frivoler Wunsch, von unserem kleinen Institut vielleicht manches Mal mit Aussicht auf Erfolg geäußert, diese Kette umdrehen zu können: Aus der Seherfahrung und Reflexion der neuesten künstlerischen Praxis – und relativ unbeschwert von institutionellem Ballast und Handwerk – eine eigene Forschung zu betreiben, die (noch) nicht für den Markt ausbildet, sondern für alternative Strukturen, die nicht als beharrende Kraft den künstlerischen Prozess aufhalten, sondern in ihrer Unabhängigkeit Anteil haben könnten an der Herausbildung Neuer Formen.

Dabei gibt es einen untrennbaren, aber unterschätzten Zusammenhang von Produktionsweisen und ästhetischen Resultaten. Sie sehen einer Produktion an, wie der Regisseur gearbeitet hat, d. h., ob die Schauspieler (oder sagen wir im weitesten Sinne die Performer) eingeschüchterte oder gelangweilte Darsteller oder Schachfiguren sind, mit denen in autoritären Prozessen (nach dem Motto „Mensch, steh doch nicht so rum!") herumprobiert wird – oder ob sie als selbstbewusst agierende, ästhetisch eigene Entscheidungen treffende Akteure zu sehen sind, mit Talent und Humor begabt – wie zum Beispiel kürzlich im *Sommernachtstraum* bei Jürgen Gosch, behutsam angeleitet in einem Verfahren, das sie vor dem Abrutschen aus dem gemeinsam definierten Rahmen schützt.

Man sieht sogar einer Handbewegung an, ob sie nur einem Regieeinfall entspringt oder einer inneren Logik des „Materials" im weitesten Sinne: dem Körper des Schauspielers, der Szene, dem Text, einer choreografischen Logik etc.

Es geht mir nicht um eine weitere gewerkschaftliche Arbeitsschutzmaßnahme, die Reibungen und Konfrontationen vermeiden will – ich weiß sehr wohl, wie belastbar wir für interessante Arbeiten sind –, sondern um den Genuss einer produktiven Zusammenarbeit, in der die gemeinsamen Interessen aushandelbar sind, und um die Erfahrung, dass das nicht zum Nachteil des Einzelnen gerät, kurz: um einen unentfremdeten Arbeitszusammenhang, auch und gerade wenn wir über Kunst reden.

Es geht überhaupt nicht um „Visionen", um eine ungestört sich ausagierende Phantasie der Theatermacher, auch nicht um Theaterformen, die um jeden Preis gegen die Möglichkeiten eines Raumes, gegen die Möglichkeiten von Darstellern, gegen die Potenzen eines Textes oder einer Musik entwickelt werden, nur weil jemand eine Idee hat.

So ist es auch kein Zufall, dass sich an unserem Institut immer wieder Regieteams und Performancegruppen zusammenfinden, die programmatisch zu zweit, zu dritt arbeiten wie Rimini Protokoll, She She Pop oder Showcase Beat Le Mot, Hofmann & Lindholm, Auftrag: Lorey, Herbordt/Mohren, Eiermann/Hänsel oder das Duo Big Notwendigkeit und das Regiekollektiv Monster Truck – um nur einige zu nennen.

Die Arbeitsweise ist die Ursache wie die Folge einer versuchten Balance der Mittel, in der es nicht darauf ankommt, sein Ego auszustellen, nicht eine Sichtweise der Welt auf die Bühne zu bringen, sondern sie ist die notwendige Voraussetzung einer Vielstimmigkeit eines ästhetischen Resultats, das dem Publikum die Lust an einem Text oder einer Musik nicht mit einer einzigen Interpretation oder Vision verstellen, sondern eher das Material mit all seinen Möglichkeiten aufschließen will. Es geht darum, einen künstlerischen Prozess anzuzetteln, an dessen produktivem Ende das Vergnügen der Betrachter sich erst zu einer Auseinandersetzung entzündet, die reichhaltiger ist, als vieles, was wir uns vorher als Produzenten vorzustellen in der Lage sind.

Wir haben von Arbeitsweisen gesprochen; aber da das autoritäre Theater ohnehin am Aussterben ist, meine ich damit vor allem auch die Hardware des Theaters. Technik ist eben nie nur das, was sich der künstlerischen Produktion neutral zur Verfügung stellt und nur gebraucht werden muss, Technik hat eine eigene Dynamik, die die Produktionsweisen wesentlich definiert.

So schmal unsere Mittel auch sind, es ist eine Maxime, die wir unseren Studierenden zu vermitteln versuchen, von Anfang an mit allen Mitteln zu arbeiten. Denn nur das, was von Anbeginn reflektiert und auch infrage gestellt werden kann, hat die Chance, mehr als nur eine illustrative Rolle spielen zu können. Nur dann sind die strukturellen Potenzen der Technik entsprechend auch zu nutzen.

„Da ist noch eine andere Lektion Brechts, die ich hier erwähnen will“, schreibt Roland Barthes 1955 (in einem Text, den man dem Buch mit dem schönen Titel *Ich habe das Theater immer sehr geliebt und dennoch gehe ich fast nie mehr hin* entnehmen kann), „weil sie für uns unmittelbar greifbar ist: nicht nur das Repertoire, sondern auch die Theatertechniken müssen von Zwängen befreit werden [...] alle Techniken, selbst die ‚natürlichsten‘, bedeuten immer etwas: Es gibt [...] eine verantwortliche Art und Weise, einen Reflektor hier oder dort aufzustellen, einen Vorhang anstelle eines gemalten Bühnenbildes zu verwenden. Brecht hat diese Verantwortung für die Techniken wohl überdacht.“

Aus der institutionellen Schwerkraft und der in ihr fest verankerten Technik – und mit Technik meine ich auch den Automatismus von

Theaterabläufen und Arbeitsteilungen und Schichtbetrieb – entsteht ein Denken, das gewissermaßen aus sich selbst heraus alle weiteren Handlungen hervorbringt. Man sieht nur noch das, was bereits formuliert ist, erwartet und akzeptiert wird, sich bereitstellt. Wenn wir aber auf der Suche nach Neuen Formen des Theaters sind – und auf der Suche nach Neuen Formen sind wir nicht als Selbstzweck, sondern weil nur mit ihnen die starken künstlerischen sozialen politischen Erfahrungen möglich sind –, brauchen wir eine Risikobereitschaft, das Unmögliche denken zu können – anstatt es in die zahllosen Denkverbote, Konventionen und Automatismen des Theater- und Opernbetriebs einzureihen.

Wenn man eine eher schwächere Theaterarbeit sieht, und das kommt gelegentlich vor, dann kann man vom Regisseur oder von einem der Schauspieler oder vom Bühnenbildner eine ganze Kette von Argumenten hören: Die Besetzung sei eben sehr schwierig gewesen, die Schauspieler in zu vielen anderen Stücken beschäftigt, die Bühnenproben zu knapp, die Zeit für die Beleuchtungsproben nicht ausreichend, die Probebühne war licht- und tontechnisch nicht ausgestattet oder die Hinterbühne als Lagerraum gerade nicht frei etc. Man hört auch schon mal vom Regisseur, das Stück hätte er sich auch eigentlich nicht selbst ausgesucht, es läge ihm auch nicht, aber es wurde ihm aus spielplan- oder besetzungstechnischen Überlegungen nahegelegt. Sie wissen sehr wohl, ich übertreibe nicht. Und ich unterstelle nicht einmal, dass es sich hier um Ausreden handelt. Aber warum macht man das überhaupt? Dann kommt die Auslastung als Argument, das Repertoire, das man bedienen muss usw., der Lappen müsse eben hochgehen – eines der denkbar schlechtesten Argumente in der darstellenden Kunst. Natürlich ist das nicht überall so, ich will das nicht verallgemeinern. Aber man muss das Theater – auch im öffentlichen Bewusstsein und vor allem gegenüber den Vorgaben der Politik – zurückholen in den Anspruch einer Kunstproduktion, die dem Besucher eine einzigartige künstlerische Erfahrung verspricht. Der Kompromiss ist ein schlechter Regisseur.

Theater verhält sich Neuen Formen gegenüber am neutralsten bzw. geeignetsten, wenn es die wenigsten Denkmuster vorgibt, am wenigsten Entscheidungen per se von vornherein getroffen sind: also kein festes Ensemble (weder aus Schauspielern, Tänzer, Sängern noch aus Orchestern, die dann auch noch den gewerkschaftlichen Schwerkräften unterworfen sind), sondern freie Arbeitsverhältnisse, die wechselnden Produktionsteams zur Verfügung gestellt werden. Kein Haus mit hochgradig entfremdeter Arbeitsteilung, die man natürlich zur Aufrechterhaltung eines Repertoiretheaters braucht, um schnell umbauen zu können, sondern stattdessen ein kleines hochmotiviertes flexibles technisches Team, das bei Bedarf ausgeweitet werden kann; und ein Theater, das alle seine Kräfte auf eine Arbeit bündeln kann, um sie anschließend „ensuite" zu zeigen.

Ich erkenne gerne an, dass unser Theatersystem „eines der besten der Welt" ist – wenn es um das Repertoire geht. Und als solches ist es auch unbedingt schützenswert. Wenn wir wissen, was wir spielen und zeigen wollen und die Gesetze einigermaßen überschauen können, nach denen produziert wird, geht das hervorragend. Das ist „Theater als Museum" im besten Sinne. Im selben emphatischen Sinne, in dem ich mein letztes Stück *Eraritjaritjaka – ein Museum der Sätze* genannt habe. Aber man kann am Fließband – und zu dieser Assoziation verleitet der steigende Output der Repertoiretheater – keine neuen Autos erfinden. Das kann nur unter Laborbedingungen geschehen.

Die Ästhetik der Neuen Theaterrealitäten – ob René Pollesch oder Rimini Protokoll – wurde genau unter solchen, allerdings wenig subventionierten Laborbedingungen entwickelt, bevor sie an den großen Häusern zu arbeiten begonnen haben. Die wenigen Häuser, die es überhaupt noch gibt und die die Freiheit haben, unter solchen Laborbedingungen zu arbeiten, sind im Verhältnis zu den anderen Häusern in ihren finanziellen Möglichkeiten stiefmütterlich ausgestattet.

Deutschland hat über achtzig Opernhäuser, die alle „im Prinzip" dasselbe spielen (besonders in Berlin), und Hunderte von Stadttheatern. Warum wird nicht eine Handvoll dieser Häuser aus dem Repertoirebetrieb entpflichtet und einem Laborcharakter gewidmet, den die Gattung Oper dringend nötig hat, wenn sie den Anschluss ins 21. Jahrhundert noch erleben will, und von dem das Theater der Zukunft sehr profitieren wird?

Wie können wir unsere Studierenden auf die Komplexität neuer Formen vorbereiten, ohne uns eines Tages vorwerfen zu lassen, eine beharrende Kraft im künstlerischen Prozess zu sein und damit letztlich zu den Kompromissen beizutragen, die in der Kunst nichts verloren haben? Nur, indem man zugleich Handwerk vermittelt (für Regisseure, Sänger, Instrumentalisten, Tänzer, Schauspieler, oder quer zu diesen Kategorien – kurz: Theaterleute) und die Fähigkeit der Reflexion darüber, damit dieses Handwerk nicht das Einzige ist, worauf es in Zukunft ankommen wird. Es muss immer das oberste Kriterium der eigenen künstlerischen Arbeit sein, der Nachfrage nach einem zeitgenössischen Kunstbegriff standzuhalten. Und es kann im Übrigen auch nicht um die Beschäftigung an sich gehen. Es gibt keine Vollbeschäftigung in der Kunst. Neue Theaterformen haben im Bannkreis des Dienstleistungssektors nichts zu suchen. Sie entstehen nicht aus dem Kompromiss.

Neue Formen entstehen

- nur auf der Suche nach dem ungesehenen Bild – im weitesten Sinne. Jedoch erfindet man diese Bilder nicht; man findet sie: bei der genauen Beobachtung, dem Hinsehen und Bündeln der Kräfte – weil sie nur als kritisches Sensorium einer veränderten Gesellschaft eine Chance haben, mehr zu sein als ein Einfall;
- im Hinterfragen der Gesten und Bilder, beim Versuch, all das wegzulassen, was man schon tausendmal gesehen hat, und nicht die Klischees zu bedienen und zu wiederholen, die uns Film, Fernsehen und Theater immer wieder entgegenschleudern, beim Versuch, überhaupt nichts mehr aufzudrängen oder entgegenzuschleudern, auch keine Texte „nahe“ zu bringen, sie in der Entfernung belassen zu können;
- beim Versuch, die Zuschauer die Bilder entdecken zu lassen;
- mit dem Anspruch, zugleich medien-kompetent und medien-kritisch zu sein, um nicht die Gesellschaft des Spektakels nur zu bestätigen und sich damit ihren Gesetzen zu unterwerfen;
- im Vertrauen auf die kollektive künstlerische Intelligenz, die mehr weiß, als sich einer alleine auszudenken in der Lage ist;
- im Versuch, die Hierarchien zwischen den beteiligten Medien und unseren Wahrnehmungsweisen auszuhebeln;
- im Versuch, die sozialen Prozesse des Theaters nach künstlerischen Kriterien zu organisieren;
- im Versuch, verantwortungsvoll mit den Mitarbeitern, Ressourcen, Prozessen Materialien, Texten und Themen umzugehen;
- im Versuch, nicht nur in Theater- und Opernstoffen und -figuren zu denken, sondern vor allem beim Versuch, das Hören und das Sehen zu organisieren und zu untersuchen, was das eine mit dem andern zu tun haben mag;
- im Versuch, nicht nur narrativ zu inszenieren – sonst wird man zum Beispiel neuen Textformen, neuen Opern, neuen Themen und der

Komplexität unserer Wahrnehmung nicht gerecht (nicht mal die besten Texte und Opern der letzten fünfzig Jahre wird man angemessen auf die Bühne bringen können, wenn man nur psychologisch inszeniert);

- im Vertrauen auf die Form – d. h. sich nicht nur mit Inhalten zu beschäftigen, mit Stoffen, mit Rollenstudium, Figurenpsychologie, mit der Interpretation dramatischer Texte und dabei den alten Formen ungefragt ausgeliefert zu sein;
- durch neue Produktionsweisen und Strukturen, die Neuen Formen angemessen sind, oder aus denen sie entstehen können; diese auch finanziell möglich zu machen und Anträge zu schreiben;
- auf der Suche nach Alternativen zur Repräsentation, damit man auch mit Schauspielern arbeiten kann, die wie Josef Bierbichler sagen: „Ich hab keine Lust mehr, mich zu verstellen."

Anhang

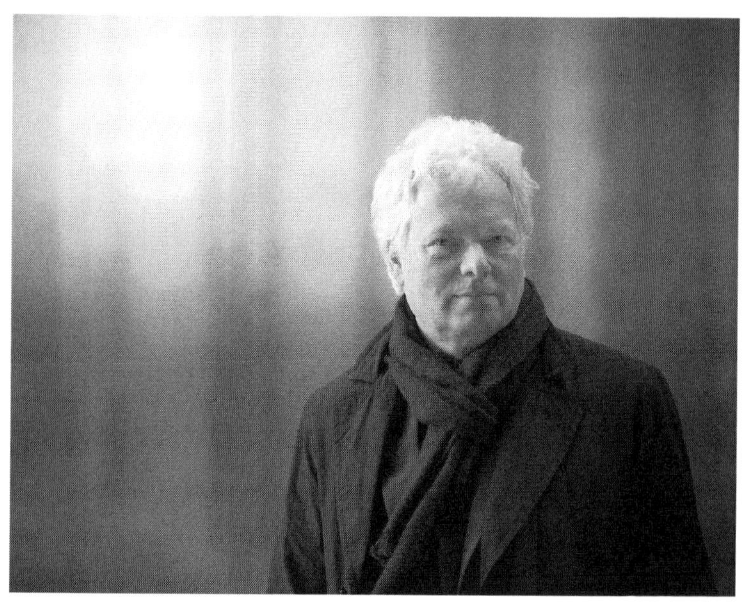

BIOGRAFIE

Heiner Goebbels, geb. 1952, lebt seit 1972 in Frankfurt am Main. Nach abgeschlossenen Studien in Soziologie und Musik komponierte er Musiktheaterstücke, szenische Konzerte, Hörstücke und Kompositionen für Ensemble und großes Orchester (*Surrogate Cities* u. a.).

Als Komponist hat er mit den wichtigsten Ensembles und Orchestern (Ensemble Modern, London Sinfonietta, Orchestra of the Age of Enlightenment, Berliner Philharmoniker) und Dirigenten zusammengearbeitet (Lothar Zagrosek, Sir Simon Rattle, Peter Rundel, Peter Eotvos u.v.a.).

Seit Beginn der neunziger Jahre komponierte und inszenierte er eigene und weltweit gefeierte Musiktheaterstücke, z. B. *Schwarz auf Weiß* (1996), *Max Black* (1998), *Eislermaterial* (1998), *Hashirigaki* (2000), *Landschaft mit entfernten Verwandten* (2002), *Eraritjaritjaka* (2004), *Stifters Dinge* (2007), *Songs of Wars I have seen* (2007), *I went to the house but did not enter* (2008), *When the Mountain changed its clothing* (2012), *Everything That Happened and Would Happen* (2018) u.v.a. Die meisten dieser Musiktheaterstücke wurden zu den wichtigsten internationalen Theater- und Musikfestivals in Europa, den USA, Südamerika, Australien und Asien eingeladen.

Sound- und Videoinstallationen documenta 8 und documenta X, Centre Pompidou Paris, Artangel London, Albertinum Dresden, MAC Lyon, New Space Moscow, Kunsthalle Gießen, Museo da Arte Bogota.

Zahlreiche CD-Veröffentlichungen bei ecm-records, für die er zwei Grammy-Nominierungen erhielt, Aufsätze, Vorträge. Er wurde mit zahlreichen internationalen Schallplatten-, Hörspiel-, Theater- und Musikpreisen ausgezeichnet.

Heiner Goebbels war Composer in Residence beim Lucerne Festival, bei den Bochumer Symphonikern und ist Mitglied meherer Akademien der Künste sowie Honorable Fellow am Dartington College of Arts und an der Central School of Speech and Drama in London; Fellow am Wissenschaftskolleg zu Berlin (2007/08), Artist in Residence an der Cornell University, Ithaca, USA (2010). Ehrendoktor der Birmingham City University und der National Academy for Theatre and Film Arts, Sofia. 2012 wurde ihm mit dem International Ibsen Award einer der renommiertesten Theaterpreise der Welt zuerkannt.

Heiner Goebbels war von 1999 bis 2018 Professor am Institut für Angewandte Theaterwissenschaft der Justus-Liebig-Universität Gießen. Von 2006 bis 2018 Präsident der Hessischen Theaterakademie. Intendant und Künstlerischer Leiter der Ruhrtriennale 2012 bis 2014.

2018 berief ihn der Präsident der Justus-Liebig-Universität zum ersten Amtsinhaber der Georg-Büchner-Professur.

Weitere Informationen siehe www.heinergoebbels.com.

TEXTNACHWEISE

Ästhetik der Abwesenheit
Wie alles angefangen hat
Überarbeiteter und ins Deutsche übersetzter Vortrag im Rahmen der Cornell Lectures on Contemporary Aesthetics am 9. März 2010.

Bildbeschreibungen, Tischgesellschaften und Komparative
Zur Oper *Landschaft mit entfernten Verwandten*
Zuerst erschienen in: Stiftung Lucerne Festival (Hg.): *Composers-in-Residence: Isabel Mundry – Heiner Goebbels,* Frankfurt am Main 2003, S. 111–123.

„Manches merkt man sich bloß, weil es mit nichts zusammenhängt"
Fragen beim Bau von *Eraritjaritjaka*
Überarbeitung eines Vortrags auf der Jahrestagung des Sonderforschungsbereichs, Arbeitsgruppe Wahrnehmung, Sinn und Sensationen, an der FU Berlin, 13. November 2004. Zuerst erschienen in: Christina Lechtermann, Kirsten Wagner, Horst Wenzel (Hg.): *Möglichkeitsträume – Zur Performativität von sensorischer Wahrnehmung,* Berlin 2007, S. 141 – 152.

Real Time in Oberplan
Stifters Dinge als ein Theater der Entschleunigung
Überarbeitung eines Vortrags auf der Jahrestagung des Sonderforschungsbereichs „Ästhetische Erfahrung im Zeichen der Entgrenzung der Künste" an der Freien Universität Berlin 2009. Zuerst erschienen in: Dirck Linck, Michael Lüthy, Brigitte Obermayr, Martin Vöhler (Hg.): *Realismus in den Künsten der Gegenwart,* Zürich 2010, S. 75 – 84.

Eigentümliche Stimmen
Zur Arbeit an *I went to the house but did not enter*
Zuerst erschienen in: *Theater der Zeit,* Heft 1/2009, S. 24 – 27.

Der Raum als Einladung
Der Zuschauer als Ort der Kunst
Vortrag beim Symposium „Topos Raum“ in der Akademie der Künste Berlin, November 2004. Zuerst erschienen in: Angela Lammert, Michael Diers, Robert Kudielka, Gert Mattenklott (Hg.): *Topos Raum – die Aktualität des Raumes in den Künsten der Gegenwart,* Berlin/Nürnberg 2006, S. 255 – 272.

„Ich wollte doch nur eine Erzählung machen“
Jean-Luc Godard als Komponist
Zuerst erschienen in: Patrick Primavesi, Olaf A. Schmitt (Hg.): *Aufbrüche. Theaterarbeit zwischen Text und Situation*, Berlin 2004, S. 327 – 331.

Was wir nicht sehen, zieht uns an
Vier Thesen zu *Call Cutta* von Rimini Protokoll
Zuerst erschienen in: Miriam Dreysse, Florian Malzacher (Hg.): *Experten des Alltags. Das Theater von Rimini Protokoll,* Berlin 2007, S. 118 – 127.

Im Rätsel der Zeichen
Für Robert Wilson
Laudatio zur Verleihung des Hein-Heckroth-Bühnenbildpreises an Robert Wilson am 19. März 2009. Zuerst erschienen in: *Theater der Zeit,* Heft 6/2009, S. 32 – 34.

Trau keinem Auge
Für Erich Wonder
Laudatio zur Verleihung des Hein-Heckroth-Bühnenbildpreises an Erich Wonder anlässlich der am 14. April 2003.

„Eine Gesellschaft mit bescheidenem Wohlstand umfassend aufbauen!“
Das Ensemble Modern als Beispiel
Zuerst erschienen in: Hanns W. Heister, Wolfgang M. Stroh, Peter Wicke (Hg.): *Musik-Avantgarde – Zur Dialektik von Vorhut und Nachhut*, Oldenburg 2006, S. 133 – 140.

„Fragen Sie mehr nach Alain Robbe-Grillet"
Über *Letztes Jahr in Marienbad*
Überarbeitete Fassung eines Einführungsvortrags im Museum für Moderne Kunst, Frankfurt, am 29. April 2016 im Rahmen der Vorlesungsreihe „Verkehrte Welten. Unordnungen des Films", organisiert von Angela Keppeler und Martin Seel.
Erstveröffentlichung in diesem Band.

Théâtre Vidy-Lausanne
Für René Gonzalez
Erschienen in französischer Sprache in: René Gonzalez, *Le théâtre pour la vie*, Paris 2014, S. 112f.
Erstveröffentlichung der deutschen Originalfassung in diesem Band.

„In der Nähe der Fehler liegen die Wirkungen"
Probenpraxis ohne Vision
Überarbeitete Fassung eines Vortrags beim Symposium „Proben-Prozesse" am Salzburger Mozarteum, 2015. Erstveröffentlichung in: Wolfgang Gratzer / Christoph Lepschy: (Hg.) *Probenprozesse – Über das Entstehen von Musik und Theater*, Freiburg 2019, S. 71 – 84.

Ensemble, Team & Polyphonie
„... aber bei einer starken künstlerischen Erfahrung ist man immer allein"
Überarbeitete Fassung eines Gesprächs mit Eliane Beaufils, Eva Hollung und Lorenz Aggermann, erschienen in englischer Sprache in: Eliane Beaufils und Eva Holling: *Being-With in Contemporary Performing Arts*, Berlin 2018, S. 75 – 96.
Erstveröffentlichung der deutschen Originalfassung in diesem Band.

Zur Musikalität des Theaters
Überarbeitete Fassung der Antrittsvorlesung zur Georg-Büchner-Professur, gehalten am 10.4.2018 im Biologischen Hörsaal der Justus-Liebig-Universität, Gießen.
Erstveröffentlichung in diesem Band.

Forschung oder Handwerk?
Neun Thesen zur Zukunft der Ausbildung für die darstellenden Künste
Überarbeitete und ins Deutsche übersetzte Keynote für das Symposium „On Talent Development" für das British Arts Council, gehalten beim Edinburgh International Festival 2010. Zuerst erschienen in: *Theater der Zeit,* Arbeitsbuch 2011, Heft 7/8 2011, S. 70 – 74.

Wenn ich möchte, dass ein Schauspieler weint, geb' ich ihm eine Zwiebel
Über die Arbeit mit dem Schauspieler
Überarbeitete Fassung eines Vortrags auf der Tagung „Wirkungsmaschine Schauspieler" der ZHdK Zürich im April 2010. Zuerst erschienen in: Bernd Stegemann: *Lektionen 3 Schauspielen – Theorie,* Berlin 2010, S. 227 – 234.

Eine riesige Holzpistole
Theorie und Praxis in Gießen
Zuerst erschienen in: Annemarie Matzke, Christel Weiler, Isa Wortelkamp (Hg.): *Das Buch von der Angewandten Theaterwissenschaft,* Berlin, Köln 2012, S. 53 – 67.

Das Hören und Sehen organisieren
Die Angewandte Theaterwissenschaft
Überarbeitete Fassung eines Vortrags auf der Tagung der Regieschulen an der Hochschule für Schauspielkunst „Ernst Busch" im Sommer 2008 in Berlin. Zuerst erschienen in: Nicole Gronemeyer, Bernd Stegemann: *Lektionen 2 Regie,* Berlin 2009, S. 58 – 66.

Der Kompromiss ist ein schlechter Regisseur
Theater als Museum oder Labor
Überarbeitete Fassung eines Vortrags auf dem Symposium „Neue Theaterrealitäten" beim Körber Studio Junge Regie 2008 in Hamburg. Zuerst erschienen in: *Theater der Zeit,* Heft 6/2011, S. 18 – 21.

ABBILDUNGSNACHWEISE

S. 26/27 *Stifters Dinge*: Foto Nicolas Pilet
S. 92/93 *Eislermaterial*: Foto Matthias Creuziger
S. 184/185 Eingang zur Probebühne des Instituts für Angewandte Theaterwissenschaft der JLU Gießen: Foto Heiner Goebbels
S. 142/143 Try-out zu *Everything That Happened and Would Happen*, PACT Zollverein, 2018, Foto Killa Schütze
S. 226 Foto Wonge Bergmann

Fotos Farbteil ab Seite 37

Landschaft mit enfernten Verwandten
Bühnenbild und Licht: Klaus Grünberg
Kostüme: Florence von Gerkan
Abb: Wonge Bergmann

Eraritjaritjaka
Bühnenbild und Licht: Klaus Grünberg
Kostüme: Florence von Gerkan
Video: Bruno Deville
Abb. 1: Mario del Curto, Abb. 2–7: Krzysztof Bielinski

Stifters Dinge
Bühnenbild, Licht, Video: Klaus Grünberg
Abb. 1–3, 5: Mario del Curto, Abb. 4: Klaus Grünberg

I went to the house but did not enter
Bühnenbild und Licht: Klaus Grünberg
Kostüme: Florence von Gerkan
Abb: Mario del Curto

Recherchen

1 Maßnehmen: Die Maßnahme . Kontroverse Perspektive Praxis Brecht/Eislers Lehrstück
3 Adolf Dresen – Wieviel Freiheit braucht die Kunst? . Reden Briefe Verse Spiele
4 Rot gleich Braun . Brecht-Tage 2000
6 Zersammelt . Die inoffizielle Literaturszene der DDR
7 Martin Linzer – »Ich war immer ein Opportunist ...« . 12 Gespräche über Theater und das Leben in der DDR, über geliebte und ungeliebte Zeitgenossen
8 Jost Hermand – Das Ewig-Bürgerliche widert mich an . Brecht-Aufsätze
9 Die Berliner Ermittlung von Jochen Gerz und Esther Shalev-Gerz-Theater als öffentlicher Raum
10 Friedrich Dieckmann – Die Freiheit ein Augenblick . Texte aus vier Jahrzehnten
11 Brechts Glaube . Brecht-Tage 2002
12 Hans-Thies Lehmann – Das Politische Schreiben . Essays zu Theatertexten
13 Manifeste europäischen Theaters . Theatertexte von Grotowski bis Schleef
14 Jeans, Rock & Vietnam . Amerikanische Kultur in der DDR
15 Szenarien von Theater (und) Wissenschaft
19 Die Insel vor Augen . Festschrift für Frank Hörnigk
22 Falk Richter – Das System . Materialien Gespräche Textfassungen zu »Unter Eis«
23 Brecht und der Krieg . Brecht-Tage 2004
26 Gabriele Brandstetter – BILD-SPRUNG . TanzTheaterBewegung im Wechsel der Medien
27 Johannes Odenthal – Tanz Körper Politik . Texte zur zeitgenössischen Tanzgeschichte
28 Carl Hegemann – Plädoyer für die unglückliche Liebe . Texte über Paradoxien des Theaters 1980–2005
30 VOLKSPALAST . Zwischen Aktivismus und Kunst Aufsätze
31 Brecht und der Sport . Brecht-Tage 2005
32 Theater in Polen . 1990–2005
36 Politik der Vorstellung . Theater und Theorie
37 Das Analoge sträubt sich gegen das Digitale? . Materialitäten des deutschen Theaters in einer Welt des Virtuellen
39 Stefanie Carp – Berlin/Zürich/Hamburg . Texte zu Theater und Gesellschaft
40 Durchbrochene Linien . Zeitgenössisches Theater in der Slowakei
41 Friedrich Dieckmann – Bilder aus Bayreuth . Festspielberichte 1977–2006
42 Sire, das war ich . Lessings Schlaf Traum Schrei Heiner Müller Werkbuch
46 Sabine Schouten – Sinnliches Spüren . Wahrnehmung und Erzeugung von Atmosphären im Theater
48 Die Zukunft der Nachgeborenen . Brecht-Tage 2007
49 Joachim Fiebach – Inszenierte Wirklichkeit . Kapitel einer Kulturgeschichte des Theatralen
52 Angst vor der Zerstörung . Der Meister Künste zwischen Archiv und Erneuerung
54 Strahlkräfte . Festschrift für Erika Fischer-Lichte
55 Martin Maurach – Betrachtungen über den Weltlauf . Kleist 1933–1945
56 Im Labyrinth . Theodoros Terzopoulos begegnet Heiner Müller
57 Kleist oder die Ordnung der Welt
58 Helene Varopoulou – Passagen . Reflexionen zum zeitgenössischen Theater
60 Elisabeth Schweeger – Täuschung ist kein Spiel mehr . Nachdenken über Theater
61 Theaterlandschaften in Mittel-, Ost- und Südosteuropa
62 Anja Klöck – Heiße West- und kalte Ost-Schauspieler? . Diskurse, Praxen, Geschichte(n) zur Schauspielausbildung in Deutschland nach 1945
63 Vasco Boenisch . Krise der Kritik? . Was Theaterkritiker denken – und ihre Leser erwarten
64 Theater in Japan
65 Sabine Kebir – »Ich wohne fast so hoch wie er« Steffin und Brecht
66 Das Angesicht der Erde . Brechts Ästhetik der Natur . Brecht-Tage 2008
67 Go West . Theater in Flandern und den Niederlanden
70 Reality Strikes Back II . Tod der Repräsentation
71 per.SPICE! . Wirklichkeit und Relativität des Ästhetischen
72 Radikal weiblich? . Theaterautorinnen heute
74 Frank Raddatz – Der Demetriusplan . oder wie sich Heiner Müller den Brechtthron erschlich
75 Müller Brecht Theater . Brecht-Tage 2009
76 Falk Richter – Trust
79 Woodstock of Political Thinking . Im Spannungsfeld zwischen Kunst und Wissenschaft
81 Die Kunst der Bühne . Positionen des zeitgenössischen Theaters
82 Working for Paradise . Der Lohndrücker. Heiner Müller Werkbuch
83 Die neue Freiheit . Perspektiven des bulgarischen Theaters
84 B. K. Tragelehn – Der fröhliche Sisyphos . Der Übersetzer, die Übersetzung, das Übersetzen
87 Macht Ohnmacht Zufall . Aufführungspraxis, Interpretation und Rezeption im Musiktheater des 19. Jahrhunderts und der Gegenwart
91 Die andere Szene . Theaterarbeit und Theaterproben im Dokumentarfilm
93 Adolf Dresen – Der Einzelne und das Ganze . Zur Kritik der Marxschen Ökonomie
95 Wolfgang Engler – Verspielt . Schriften und Gespräche zu Theater und Gesellschaft

Theater der Zeit

Recherchen

96 Heiner Goebbels – Ästhetik der Abwesenheit . Texte zum Theater
97 Magic Fonds . Berichte über die magische Kraft des Kapitals
98 Das Melodram . Ein Medienbastard
99 Dirk Baecker – Wozu Theater?
100 Rimini Protokoll – ABCD
101 Rainer Simon – Labor oder Fließband? . Produktionsbedingungen freier Musiktheaterprojekte an Opernhäusern
102 Lorenz Aggermann – Der offene Mund . Über ein zentrales Phänomen des Pathischen
103 Ernst Schumacher – Tagebücher 1992–2011
104 Theater im arabischen Sprachraum
105 Wie? Wofür? Wie weiter? . Ausbildung für das Theater von morgen
106 Theater in Afrika – Geschichten einer deutsch-malawischen Kooperation
107 Roland Schimmelpfennig – Ja und Nein . Vorlesungen über Dramatik
108 Horst Hawemann – Leben üben . Improvisationen und Notate
109 Reenacting History: Theater & Geschichte
110 Dokument, Fälschung, Wirklichkeit . Materialband zum zeitgenössischen Dokumentarischen Theater
111 Theatermachen als Beruf . Hildesheimer Wege
112 Parallele Leben . Ein Dokumentar-Theaterprojekt zum Geheimdienst in Osteuropa
113 Die Zukunft der Oper . Zwischen Hermeneutik und Performativität
114 FIEBACH . Theater. Wissen. Machen
115 Auftreten . Wege auf die Bühne
116 Kathrin Röggla – Die falsche Frage . Theater, Politik und die Kunst, das Fürchten nicht zu verlernen
117 Momentaufnahme Theaterwissenschaft . Leipziger Vorlesungen
118 Italienisches Theater . Geschichte und Gattungen von 1480 bis 1890
119 Infame Perspektiven . Grenzen und Möglichkeiten von Performativität und Imagination
120 Vorwärts zu Goethe? . Faust-Aufführungen im DDR-Theater
121 Theater als Intervention . Politiken ästhetischer Praxis
123 Hans-Thies Lehmann – Brecht lesen
124 Du weißt ja nicht, was die Zukunft bringt . Die Expertengespräche zu »Die Schutzflehenden / Die Schutzbefohlenen« am Schauspiel Leipzig
125 Henning Fülle – Freies Theater . Die Modernisierung der deutschen Theaterlandschaft (1960–2010)
126 Christoph Nix – Theater_Macht_Politik . Zur Situation des deutschsprachigen Theaters im 21. Jahrhundert
127 Darstellende Künste im öffentlichen Raum . Transformationen von Unorten und ästhetische Interventionen
128 Transformationen des Theaters in Ostdeutschland zwischen 1989 und 1995 . Umbrüche und Aufbrüche
129 Applied Theatre . Rahmen und Positionen
130 Günther Heeg – Das Transkulturelle Theater
131 Vorstellung Europa – Performing Europe . Interdisziplinäre Perspektiven auf Europa im Theater der Gegenwart
132 Helmar Schramm – Das verschüttete Schweigen . Texte für und wider das Theater, die Kunst und die Gesellschaft
133 Clemens Risi – Oper in performance . Analysen zur Aufführungsdimension von Operninszenierungen
134 Willkommen Anderswo – sich spielend begegnen . Theaterarbeiten mit Einheimischen und Geflüchteten
135 Flucht und Szene . Perspektiven und Formen eines Theaters der Fliehenden
136 Recycling Brecht . Materialwert, Nachleben, Überleben
137 Jost Hermand – Die aufhaltsame Wirkungslosigkeit eines Klassikers . Brecht-Studien
139 Theater der Selektion . Personalauswahl im Unternehmen als ernstes Spiel
140 Thomas Wieck – Regie: Herbert König . Über die Kunst des Inszenierens in der DDR
141 Praktiken des Sprechens im zeitgenössischen Theater
143 Ist der Osten anders? . Expertengespräche am Schauspiel Leipzig
144 Gold L'Or . Ein Theaterprojekt in Burkina Faso
145 B. K. Tragelehn – Roter Stern in den Wolken 2
146 Theater in der Provinz . Künstlerische Vielfalt und kulturelle Teilhabe als Programm
147 Res publica Europa . Networking the performing arts in a future Europe
148 Julius Heinicke – Sorge um das Offene . Verhandlungen von Vielfalt im und mit Theater
149 Julia Kiesler – Der performative Umgang mit dem Text . Ansätze sprechkünstlerischer Probenarbeit im zeitgenössischen Theater
150 Raimund Hoghe – Wenn keiner singt, ist es still . Porträts, Rezensionen und andere Texte (1979–2019)
151 David Roesner – Theatermusik . Analysen und Gespräche
152 Viktoria Volkova – Zur Konstituierung der Kunstfigur durch soziale Emotionen
157 Afrika II – Kooperationen zwischen Togo, Burundi, Tansania und Deutschland
159 Inne halten. – Jeaner Corona-Gespräche

Theater der Zeit